女子プロレスの誕生

冷戦期日本の大衆文化とインターセクショナリティ

瀬戸智子

春風社
shumpusha publishing

女子プロレスの誕生——冷戦期日本の大衆文化とインターセクショナリティ

目次

凡例

〔1〕引用文中の／は改行を、〔略〕は省略をそれぞれ表す。

〔2〕引用文中の旧漢字・旧仮名遣いは極力原文どおりに表記しているが、一部あきらかに読みづらい表記のみ現代仮名遣いに改めた。

〔3〕引用文中の誤字または脱字と思われる箇所には引用者による注として「ママ」とルビをふり、引用者による補足は〔 〕に記した。

〔4〕英語・韓国語文献からの引用の邦訳は引用者によるものだが、会話文と手紙の文言のみ敬体で表記した。

〔5〕本文中では引用書籍・論文の副題は省略する。

序章　「生きられた経験の断片」から浮かび上がるもの

『毎日グラフ』一九五六年四月八日号に、当時注目され始めていた女子プロレスを特集した記事「リングの女虎たち」が掲載されている。記事を共同取材・執筆した男女各一名の記者は、女子レスラーたちについて次のように書いている。

女性記者は、「エロでも、グロでもない。サバサバしたいい子たちばかり。ほんとうに真剣に試合している」と見たが、男性記者はそれを認めた上で、「そこがミソなんだ。それだからこそ、それを楽しむ男性の眼には、えもいわれぬエロと映り、グロと感じられるのさ」と解説したものだった。[1]

女性からは「ほんとうに真剣に試合している」と見えた女子レスラーが、男性には「えもいわれぬエロ」と映る。しかも「エロでも、グロでもない」という女性記者の意見を「認めた上で」「解説」した気になっている男性記者。女子レスラーのことも女性記者のことも、すべて俯瞰して理解したつもりの男性が決めつけて発言するという構図がよく伝わってくる。一九五〇年代当時の日本社会には多くの大衆向け娯楽が流通していたが、そのなかでも女子プロレスほど男性・女性で注目するポイントが大きく違っていたものはほかになかった。さらに掘り下げると、それは男女差だけではなく、階層、世代、思想、社会的立場など、さまざまな立ち位置によって違ってくるものだったということもわかってくる。本書の一番の関心は、当時の女子プロレスをめぐるさまざまな声がどのように現れ、その背景には何があったのかをあきらかにすることだ。

日本の女子プロレスは一九七〇年代中盤から九〇年代中盤にかけて絶大な人気を誇ったが、その功績は全日本女子プロレス興業（以降、全女とする）に所属したレスラーたちによるところが大きい。一九七五年のマッハ文朱のブレイクに続いて、翌年『かけめぐる青春』を歌って踊ったビューティ・ペアの大流行は、それまで中高年男性が占めていた女子プロレスの試合会場にたくさんの女子中高生ファンを呼び込んだ。近年でも、筆者が「ビューティビューティ〜」というあのサビを口ずさむと、実にうれしそうに一緒に歌って踊り出してくれる還暦前後の女性に何度か出会ったことがある。その後一九八四年に一世を風靡したクラッシュ・ギャルズとダンプ松本率いる極悪同盟は、メディアを通じて一般の人びとにも知られるようになり、「闘う宝塚」女子プロレスは人気の絶頂にあったといってよい[2]。さらに一九九〇年代前半からは、ブル中野、アジャコング、北斗晶、豊田真奈美などの実力派たちが、新興団体所属の神取忍やダイナマイト関西らとの対抗試合を含む「伝説」の激闘を繰り広げる。しかし、その後女子プロレス人気は徐々に下降。団体の林立とレスラーの離合集散を繰り返し、今世紀に入ってからは全女の倒産、新世代の団体とレスラーの興亡などの浮き沈みを経験している。近年では、全女のレスラーが育てた新世代の躍進、アイドルレスラーの台頭、一部の実力派レスラーのWWEでの成功を経て、団体、レスラー、ファンそれぞれの細分化に至っているようだ。本書執筆中の二〇二四年現在の女子プロレスは、全女の全盛期ほどの超メジャーな存在ではないように見えるが、マーベラス、スターダム、センダイガールズプロレスリング、マリーゴールドなどの団体所属、またはインディペンデントのレスラーたちが新旧のファンを魅了し続けており、その人気はやはり根強いといえる。

本書は、そんな紆余曲折を経て存続してきた日本の女子プロレスの、あまり知られていない草創期の約一〇年間に注目する。ここでいう草創期とは、進駐軍のキャンプでお色気とお笑いを交えた「コミック・ショウ」として女子プロレスが始まったとされる一九四八年から、五四年一一月のアメリカ人女子レスラーの来日興行、五五年から五六年にかけての「第一次女子プロレスブーム」、ブーム終息後から女子プロレスがメディアからほぼ完全に姿を消す六〇年代の衰退期に入る数年間までを指す。一九六八年に全女と日本女子プロレス協会によって復活してからの女子プロレスの歩みや個々の有名選手の詳細は多くの本や記事に書かれているが、それ以前の女子プロレスの全体像については、まとまった記述がなされているとはいいがたい。本書では、この草創期の日本の女子プロレスを、冷戦時代のジェンダーと階級と人種の差異が交差しつつ、あらたに模索されていた「日本女性」像とのズレや葛藤を表出させる場としてとらえる。筆者はフェミニストの立場から日本近現代文化史を専門に研究しているため、次からは本書の学術的な意義・方法・理論的枠組みを説明する。女子プロレスの歴史にのみ関心のある読者は第一章にお進みいただいてもかまわない。また、本書がどのような経緯で書かれたかはあとがきに詳述したので、まずそちらに目をとおしていただくのもわかりやすいだろう。

多様な立ち位置からみた「経験」や「表象」——本書の学術的な意義

冷戦時代初期の日本社会は、家族や国家のための女性の献身を自明とする在来の帝国主義的家父長制と、女性の自立を消費者主義の文脈で鼓吹する冷戦期アメリカ型民主主義の両方の価値観がせめぎ合い、ときには融合する空間でもあった。当時の新聞・雑誌記事や大衆小説等の表象および女子レスラーの手記やインタビュー等「経験」にまつわる叙述の分析からなる本書の目的として、次の二点が挙げられる。第一に、冷戦時代初期の女子プロレスという、アメリカの存在に人的にもイデオロギー的にも影響されながら独自の形成過程をたどった娯楽形態の特徴を考察すること。第二に、ともすれば現代のフェミニストからも無批判に称揚されがちな非エリート層の若い女性の自発性やエンパワメントが、同時代の大衆文化における支配的言説とどのように関係していたのかをあきらかにすること。この二点をふまえたうえで、トランスナショナルな冷戦初期の文化空間にプロレスラーとして現れた若い女性たちは当時のジェンダー規範とどう関わっていったのか、また彼女たちの「エロさ」や「強さ」のメディア表象は多種多様な読者にどのように受容されたのか、できる限り多角的に描いていきたい。

まず本論に入る前に、女子プロレス草創期の研究の射程と先行研究について触れておく。占領期からポスト占領期の大衆文化（ここでは広く非エリート文化とする）の研究では、一九九〇年代から国内外の歴史研究や社会学・文学研究・ポピュラー音楽研究などの分野で、ジェンダー認識の生成および変化と民族・階級・セクシュアリティの言説形成の過程が議論されてきた。[3] これらの論においては、当時のジェンダー規範形成における文化産業とアメリカ型民主主義との共犯関係とともに、その関係に亀裂を入れるような独自の表現や表象のあり方が、少女歌手、映画スター、職業婦人、性労働者、主婦、性的少数者などの事例を用いて多角的にあきらかにされている。

一連の研究で最も印象的なものを挙げるとすれば、支配・被支配の権力構造と知識人たちによる言説形成を考察する手段として大衆文化をとらえる「思想史」としての指向と、権力構造や思想の議論はいったん棚上げして、個別のジャンルにおける演者と観客の流動的な関係性をさまざまな立場にあった個人の（多くはポジティブな）記憶の領域でとらえる「個人重視的」な立場からの研究の二つである。前者の典型的なものには戦前・戦中から占領期のポピュラー音楽をめぐる国家や知識人層と制作者側との応酬をあつかった、Hiromu Nagahara（永原宣）*Tokyo Boogie-Woogie*（二〇一七）、後者の代表的な研究として、占領下の音楽を通じた米兵と日本人たちのさまざまな邂逅を論じた青木深『めぐりあうものたちの群像』（二〇一三）がある。[4] 両書ともに、日本人やそれ以外の人びとをも含む多様なアクターをとおした大衆文化の受容・形成の経験をあつかっており、思想史・音楽民俗学とそれぞれの立場から示唆的な論点が提示されている。だが本書では、「個人的なことは政治的なこと」というフェミニズムの基本に立ち返り、大衆文化のなかにみられる、無数の立場性をおびる個人のあいだの、ときには不合理で唐突で矛盾に満ちた経験（とその語り）の相互連関は、冷戦期の国家間の従属関係・資本主義・家父長制など重層的な構造がひきおこす問題と同時に考えられるべきであり、権力・資本側による言説構成、あるいは個人的経験の、どちらか「だけ」に偏向して大衆文化の表象や経験を論じることはできないという立場をとる。

そこで本書では、当時日本に生きていた若い女性たちに課され、また彼女ら自身によって内面化されてもいた戦前からの家父長制の制約と、婦人参政権など「女性の解放」言説に典型的にみられる、アメリカ型の民主主義イデオロギーの流布など日米の権力関係の特徴の両方を考慮しつつ、草創期の女子プロレスを初期冷戦期日本の生きられた経験の断片として描き出してみたい。後述するように、当時の女子プロレスは、進駐軍関係者と日本男性の観客に向けた「お色気エンターテイメント」一辺倒だったわけではなく、かといって入門した若い女性皆が自覚的・主体的に選びとったエンパワメントの機会だったわけでもない。むしろ、「日本」の「女子」による「プロレス」がそれぞれ国家・ジェンダー・(非エリート)階級に呼応することからもうかがえるように、それらの客体化と主体化の要素が、背景にあるジェンダー・階級・人種などの差異の錯綜、すなわちインターセクショナリティ(交差性)にまつわる不均衡な権力関係と相まって表象されたり経験されたりする、というように、せめぎ合いのなかでめまぐるしく変化するプロセスだったといえる。そのようなプロセスを可能なかぎりあきらかにするための方法として、当時の新聞・雑誌・小説・映画・パンフレットなどの史料と、かつての女子レスラーや関係者のインタビューで過去に出版されているものと筆者自身が聞き取りをおこなった結果を補完的資料として分析する。

日本の女子プロレスについての先行研究に限れば、その草創期が注目され始めたのはごく最近だ。現在までの研究には、一九七〇年代から九〇年代中盤までの全女全盛期に関するものが圧倒的に多く、次いで九〇年代から現れた諸団体のケースに注目したものも散見される。その代表的な著作には、全女の興行の場、若い女性ファンのあり方、レスラー自身の主体形成、観客と演者の関係性の変遷などを緻密な取材から描いた亀井好恵の名著『女子プロレス民俗誌』（二〇〇〇）、および身体論とパフォーマンス研究の立場から女子プロレスラーを論じた合場敬子による『女子プロレスラーの身体とジェンダー』（二〇一三）がある。[5] 前者は「女子プロレス」、すなわち興行全般に関わる人びとがつくり出す空間に注目し、後者は「女子プロレスラー」という表現者自身の身体づくりとジェンダー規範との関係の変化を分析している。両者はそれぞれ民俗学と身体論の立場からの考察であるため、本書のようにジェンダー史の一部として女子プロレスを分析する、というアプローチは取られていない。亀井と合場の単著以外にも、二〇〇五年に小田亮と亀井好恵によって編まれた『プロレスファンという装置』には、主に全女全盛期とそれ以降の他団体の女子プロレスについての学際的な論考が四編収録されている。[6] 二〇一一年には小野原教子が著書『闘う衣服』の一部で全女全盛期や一九九〇年代以降の女子レスラーのコスチュームやリングでの表象、特にそれらの記号論的「見え方」について独創的な見解を示した。[7] また、塩見俊一による二〇二三年の論考「戦後日本における女子プロレス生成に関する試論」は、一九五〇年代当時のメディア言説をもとに、草創期の女子プロレスを同時代の女子プロ野球およびストリップの「いかがわしさ」との関連性からあきらかにしている。[8] 特に塩見の論考は、数少ない草創期女子プロレスの歴史社会学的な研究としての示唆に富んでいるが、紙幅の都合からか当時の女子プロレスの、ストリップ・ショー的なものにとどまらないメディア露出の多様性や、女子プロレスに関わった日米の男性関係者のあいだの「冷戦ホモソーシャル」ともいうべき絆の構築など、当時の史料から読み取ることのできる冷戦期ジェンダー史的な要素までは考察しきれていない。二〇二一年にアメリカの学術誌に掲載された英文の拙稿「From the Stage to the Ring」（ステージからリングへ）では、占領期からの女子プロレスの始まりをジェンダー史の立場から概観しているが[9]、これも紙幅の都合で主要な論点の細かい部分は抜け落ちている。

多様な立ち位置からみた女子プロレスの「経験」や「表象」の分析は、ジェンダー論やフェミニスト研究を参照しながら、より実証的かつ詳細な史料批判をもってまとめられることが必要だ。

史料批判と「フェミニスト・キルジョイ」——方法

前述の理由から、本書では女子プロレス草創期の変遷をできる限り時系列に沿って追いながら、適宜ジェンダー論からみた指摘や史料のテキスト分析も試みる。依拠する一次資料に関しては、当時の新聞雑誌記事のほか、同時代の小説や映画等の創作物も分析対象とする。男子も女子も、日本でも海外でも、プロレスは独自の物語や伝説の世界を観衆や一般社会に見せることで存続してきた娯楽ジャンルであるため、あつかう史料の多くに誇張・捏造・憶測・伝聞・思い込み・勘違いなど、おおよそ「真実」「史実」とはほど遠い表現や表象が含まれていることが多い。だが学術書である本書では、それぞれの史料が誰が書いたどんな内容のものであれ、そこに残された記述やイメージは、等しく同時代の言説空間を形成しているテクストと考える。史料に貴賤はない。当然ながら、何が正しくて何が間違いか、などというファン向け媒体にありがちな関心もほぼないため、草創期の女子プロレスについて次の世代のライター等が憶測と偏見と願望を「真実」と称して綴っているような資料に関しては（それ自体も女子プロレスの語りの一部として貴重なものではあるが）、できる限り使用を避け、用いる場合は慎重にあつかう。当事者が後年インタビューで自身の経験を追想している場合はこの限りではないが、それも各自が振り返っている時点での「今」の価値観や感覚からは自由でないことを念頭におき、誰のものであれ「証言」の価値を過剰に評価することはひかえる。

そうした性質の史料の分析方法において特に本書で念頭におくのは、フェミニスト理論家サラ・アーメッドの「フェミニスト・キルジョイ」という考え方だ。「キルジョイ」とは、楽しみに水をさす人、皆が楽しんでいるときにつまらないことを言って興醒めさせる人のことを指す。アーメッドによれば、「フェミニストの人生を生きるということは、あらゆる物事を問いの対象とすることだ」という。[10] 自分が何かについてフェミニスト的な立場から問いを立てるとき、周囲の者はそれまで気にせずに楽しんでいたものを邪魔されるように感じ、邪魔した人物を面倒な者として疎外することがある。アーメッドが自身の経験として挙げた例では、家族の食卓で映画『クレイマー・クレイマー』（監督：ロバート・ベントン）について話しているとき、アーメッドは映画のなかで、メリル・ストリープ演じるジョアンナが悪魔化されていることへの疑問を口にした。

そして——雑音につぐ雑音！　「あなたは私たちにこの素晴らしい素敵な映画を楽しませてはくれないの」「ああ、父と息子の関係性がどんなに特別か分からないとは、彼女はなんて残酷なんだ」「ああ、あなたはいつも問題を探している」などなど。フェミニストは問題を探している。あなたが指摘するまで、まるでそのような問題はそこに存在しなかったかのようだ。あたかも、指摘することが問題を生じさせるかのように。[11]

一見、歴史研究における史料の分析には無関係な「フェミニスト・キルジョイ」だが、女子プロレスが始まったころの新聞雑誌等の史料は、シスヘテロ至上主義的家父長制規範と冷戦期アメリカ主導の消費礼賛型民主主義（両者は共依存関係にある）にもとづいた女性蔑視や性差別の表現がてんこ盛りで、フェミニストの立場、より厳密には反性差別、反人種差別、反階級差別の立場から「キルジョイ」になることを恐れずに問題を指摘しなければ、どれも「その時代ならではの表現」「女子プロレスなんだから仕方ない」など、つまりは時代的またはジャンル的な限界としてスルーされてしまう。だが資料の批判的な精査により、たとえば週刊誌が掲載したある女子レスラーの太ももをアップにした写真の背景に写りこんだ練習生たちが真摯に技を学ぶ様子から、「お色気」の背後にあった熱意を読むことができ、また「アブノーマル」なマゾヒストを自称した男性作家が理想とした女子レスラー像が実は「ノーマル」な家父長制的な価値観によるものだと指摘することも可能だ。ただし、資料に関しては現時点で管見に入ったものだけを使っているうえ、フェミニスト・キルジョイの立場からの読み方はさらに洗練させる余地のある発展途上のものだ。筆者自身も的外れな解釈をする場合があるだろうし、不満を感じる読者もあるだろう。特に女子プロレス愛好者で性差別を問題視しない読者には文字どおり興醒めでしかないはずだ。だが、ありもしない自分自身の中立性を装って史料と距離を取るよりは、できる限り当時の人びとと対話するように、かつ、現代のフェミニストの立場からの批判的視点をもって共感したり疑問をもつことで、当時の社会で内面化され自明化された価値観の根深さをより的確に指摘することが可能になると信じている。とはいえ史料によっては筆者自身の判断基準の限界を超えるシュールなものもあり、それについては素直にわからないと記す。読者による別の読み方の可能性に期待したいところだ。同時に、二〇二〇年代のフェミニストである筆者の立ち位置を本文中で都度表明することで、この時代の言説を調査する次世代の研究者が、一次文献として批判的に本書を読むことにもつながってくれればと思う。また一次資料に関しては、当時の女子プロレス関係者のご厚意で使わせていただいた書類や写真以外は、出典をできる限り詳細に明記してある。これらは、一部のレアなプロレス専門誌やパンフレットを除けばすべて国立国会図書館で入手可能だ。これにより、他の研究者も同一史料を用いつつ別の立場から分析・解釈をおこなうことにより、当分野の研究の裾野のさらなる広がりを期待している。

もう一点は、インタビューについてである。「あとがき」で詳述しているように、実は筆者は「日本の女子プロレスラー第一号」とされる、リリー猪狩《いがり》こと猪狩定子さん（一九三二〜）とは、友人としての交流を一五年以上続けており、女子レスラー時代の話もそれ以外のことも多く聞いている。当然ながら彼女の生活のうえでの変化や筆者以外の人びとが同席する場合など、状況によって思い出せることや人物への評価が変化したり、おなじことでも微妙にニュアンスがずれて話されたりする。ずっと「覚えていない」と言っていたことを何かの拍子に鮮明に思い出すこともある。これは彼女に限ったことではもちろんなく、自分の過去を語るときの一貫性のなさは、いつの時代の誰の場合でも大差はない。このため本書では、筆者自身による聞き取りの結果は副次的なものとしてあつかい、インタビューに関しては他のライターや研究者によって出版されたものをより多く採用する。これは、どちらに信憑性があるかという話ではなく、どのようなものであれ、出版されたインタビュー内容を「本人の本当の声」「当事者が語る真実」などと短絡的に解釈せず、話され記録されたものが編集され出版され流通したテクストとして、やはりある時期に特有の言説として、他の史料と同様に学術的な分析の対象としてあつかうことを意図してのものだ。

自発的行為の問題点と「インターセクショナリティ」――本書の理論的枠組み

本書の下敷きになる理論的枠組みとして、「女性の自発的行為と権力の関係性」と「冷戦時代初期のインターセクショナリティ」の両方を参照する。前者は、敗戦直後に家族が「食べていく」ためにきょうだいのユニットが始めた「コミック・レスリング」が、一九五〇年代中盤からは、若い女性が、多くは中学卒業後に進学せず親の反対を押し切ってまで入門する「女子プロレス」に変遷していく過程を論じる際に参照する、若い女性の自発性と権力関係の双方を同時に問題視する理論的枠組みだ。この枠組みは、二〇〇〇年代から英国のフェミニスト社会学者のロザリンド・ギル、アンジェラ・マクロビー、シェリー・バジェオンなどによって、[12]女性の自発的行為や合理的選択のみを過大評価する「新自由主義的フェミニズム」、およびその浸透を根拠に、構造的性差別の現実を「女性個人が努力して乗り越えるべきもの」、または「すでに克服されたもの」などとして矮小化する「ポストフェミニズム」に対する批判として議論されてきた。特にギルは、一部のフェミニスト研究者が若い女性の露出の多いファッションなどを「(古い規範に反抗する)若い女性の自発的な選択による自己表現」、すなわちagencyとして、背景の異性愛男性中心的メディア言説を無視して無批判に称揚することを「fetish」(崇拝、フェチ)として論難している。[13]このようにポストフェミニズムに対する批判が今世紀初頭から英国のフェミニストによって多く提唱されたのは、エリート家庭出身の高学歴の女性が職場での自己実現や「自発性」を自明のものとして享受するには労働者階級や移民の女性にケア労働の外注をすることが不可欠だという、苛烈な階級差別の現実とも無関係ではないだろう。本研究の文脈では、女子レスラーを、たんに自分の意志で「闘う女」と称揚して肯定的にのみ描くのではなく、[14]また、彼女たち自身がかつて言ったように「親にやらされている」受動的な存在としてのみとらえるのでもなく、その両極から逸脱する、権力構造のなかでの個人の葛藤や交渉のあり方を提示したい。

後者「冷戦時代初期のインターセクショナリティ」の独自性は、単に「戦後」ではなく、特に「冷戦時代初期」のインターセクショナリティをめぐる事象として女子プロレスに注目することにある。「インターセクショナリティ」は、差別の構造を、性・人種・階級・障害の有無などを個別の問題にとどまらず、それらの諸要素が連関し合い補強し合う重層的な抑圧形態として、キンバリー・クレンショー、ベル・フックス、パトリシア・ヒル・コリンズやスルマ・ビルゲなど[15]、もとは北米のブラック・フェミニスト思想研究者などによって一九八〇年代終わりごろから提唱され理論化されたものだ。インターセクショナリティという思考枠組みは、一九八〇年代まで白人女性が牽引したフェミニズム運動からも、黒人男性を中心とした反人種差別運動からも周縁化されてきた黒人女性が受ける、性差別や人種差別や貧困その他の問題が絡み合いつつ持続される社会構造の問題を指摘することから始まった。このフレームは、たとえば障害をもったトランス女性の政治難民や、さらに複雑な立場にある多くの人びとが経験する差別の構造を顕在化させる際に世界中で学際的に参照されてきた。現代日本の性差別に関する研究においても、堅田香緒里や清水晶子など多くの論者がインターセクショナリティの重要性を指摘している[16]。とはいうものの、歴史研究、特に冷戦期大衆文化の文脈では十分に浸透しているとはいえない。

本書でこの枠組みを参照することで、より鮮明になる冷戦時代初期特有の文化と政治のせめぎ合いの例は、具体的には次のとおり多岐にわたる。

女子プロレス興行を運営する日本人男性プロモーターと進駐軍関係者とのホモソーシャルかつ「国家間の力関係を強化する絆」、男性客が期待した「いかがわしさ」と少数の女性ファンからの「あこがれ」とのギャップ、一九五四年の来日時に「水爆的エロ」と評されたアメリカの白人女子レスラーの「核の矮小化」をともなうメディア表象、彼女たちがアメリカ本国で受けていた階級差別や性的搾取とは比較にならないほどの日本での「スター」待遇からみえるもの、女子プロレスのテレビ中継は子どもに観せられない「不健全」なものだと抗議する主婦の声と当時の「生活改善運動」にみられる既婚女性の政治参加との関連性、一九五五年からの「第一次女子プロレスブーム」の時期に女子レスラーが入門動機として挙げた「大女」コンプレックス、女性に暴力を振るう太陽族と闘ってくれる「フェミニスト的女子レスラー」への期待、「マゾヒスト」や「同性愛女性」など、当時のアンダーグラウンドなメディア世界で題材にされた人びとと女子レスラーの「想像上のつながり」など、おもにジェンダー・階級・人種をとりまく不均衡な関係性を、冷戦期の歴史的な条件や経済状況の変遷をふまえ多方面から考察する。女子プロレスをめぐる多様な経験や表象から、本書が新たなジェンダー史を構築する一助になれば幸いだ。

本書の構成は次のとおりである。

まず第一章で進駐軍クラブでの猪狩きょうだいの「コミック・レスリング」からストリップ劇場での「女のレスリング」を経て「女子プロ・レスリング」に至る一九五三年ごろまでの変遷をメディア表象と述懐から描く。第二章では、その後の「第一次女子プロレス」ブームのきっかけとなった、一九五四年一一月のアメリカ人女子レスラー六名による来日興行のメディア表象に注目する。第三章は、来日興行に誘発され日本各地で旗揚げされた複数の団体によって一九五五年から約二年間続いた「第一次女子プロレスブーム」について、そして第四章は第一次ブーム中に顕著に現れた女子プロレスラーのイメージの多様性をあつかう。

最後に用語に関する説明をしておく。「日本の女子プロレスラー」というように、本書で「日本の」「アメリカの」など、ある国を形容詞として表記する場合は、その国の社会に存在するもの、という程度の意味であり、該当する国のレスラーやプロレス関係者の国籍やエスニシティは、公言せずとも多様であったであろうことを前提としている。ちなみに筆者が当時の「日本の」女子レスラーに関する史料を見た限りでは、在日外国人や海外にルーツがあることを表明していた者はいなかったようだ。同様に、当時「女子レスラー」として活動した人びとはシス女性だけではなかったかもしれないが、その痕跡も現時点で集まった史料からはまったくたどれない。また、本書では女性のプロレスラーや女性がおこなうプロレスに関して、一般的に使われている「女子」という単語を使うが、同様に男性のプロレスラーや男性によるプロレスも「男子レスラー」「男子プロレス」という呼び方で統一する。これは、特に女性と小人男性によるもの以外の、「主流」の多数派男性によるプロレスを単に「プロレス」と表記することが自明視されてきたことに筆者は批判的だからであり、当然ながら一般的な表記ではないと自覚している。面倒な表現だと感じる読者には、その意義を批判的に再考する機会になれば幸いだ。次章以降では、一次資料に関わる人物の生没年はわかる範囲で記載するが、二次資料として参照する研究者等の生没年は表記しない。また、以降から敬称は省略させていただく。

註

〔1〕秋岡義之・山内道子「リングの女虎たち」、『毎日グラフ』一九五六年四月八日号（毎日新聞社）八頁。

〔2〕柳澤健『1993年の女子プロレス』（双葉文庫、二〇一六）三頁。この時期のダンプ松本の活躍は、ネットフリックスが『極悪女王』（監督：白石和彌）として二〇二四年にドラマ化して話題になった。

〔3〕二〇〇〇年前後から二〇一〇年代の代表的な著作は以下のとおり。ジョン・ダワー著、三浦洋一ほか訳『敗北を抱きしめて——第二次大戦後の日本人　増補版』上下巻（岩波書店、二〇〇四）、五十嵐惠邦『敗戦の記憶——身体・文化・物語 1945-1970』（中央公論新社、二〇〇七）、吉見俊哉『親米と反米——戦後日本の政治的無意識』（岩波新書、二〇〇七）、Mire Koikari, *Pedagogy of Democracy: Feminism and the Cold War in the U.S. Occupation of Japan* (Temple University Press, 2009)、マイケル・ボーダッシュ著、奥田祐士訳『さよならアメリカ、さよならニッポン——戦後、日本人はどのようにして独自のポピュラー音楽を成立させたか』（白夜書房、二〇一二）、Mark McLelland, *Love, Sex, and Democracy in Japan during the American Occupation* (Palgrave MacMillan, 2012)、斎藤完『映画で知る美空ひばりとその時代——銀幕の女王が伝える昭和の音楽文化』（スタイルノート、二〇一三）、Jan Bardsley, *Women and Democracy in Cold War Japan* (Bloomsbury, 2015)、Robert Kramm, *Sanitized Sex: Regulating Prostitution, Venereal Disease, and Intimacy in Occupied Japan, 1945–1952* (University of California Press, 2017)、坪井秀人編『ジェンダーと生政治（戦後日本を読みかえる 4）』（臨川書店、二〇一九）。

〔4〕Hiromu Nagahara, *Tokyo Boogie-Woogie: Japan's Pop Era and Its Discontents* (Harvard University Press, 2017)、青木深『めぐりあうものたちの群像——戦後日本の米軍基地と音楽 1945-1958』（大月書店、二〇一三）。

〔5〕亀井好恵『女子プロレス民俗誌——物語のはじまり』（雄山閣出版、二〇〇〇）、合場敬子『女子プロレス

ラーの身体とジェンダー――規範的「女らしさ」を超えて』（明石書店、二〇一三）。

〔6〕小田亮・亀井好恵編『プロレスファンという装置』（青弓社、二〇〇五）。

〔7〕小野原教子『闘う衣服（叢書記号学的実践27）』（水声社、二〇一一）。

〔8〕塩見俊一「戦後日本における女子プロレス生成に関する試論――「いかがわしさ」と「健全さ」のはざまで」、有賀郁敏編『スポーツの近現代――その診断と批判』（ナカニシヤ出版、二〇二三）一五一～一七三頁。

〔9〕Tomoko Seto, "From the Stage to the Ring: The Early Years of Japanese Women's Professional Wrestling, 1948–1956," *Journal of Women's History*, Vol. 33, No. 3, Fall 2021, 61–85.

〔10〕サラ・アーメッド著、飯田麻結訳『フェミニスト・キルジョイ――フェミニズムを生きるということ』（人文書院、二〇二二）九頁。

〔11〕アーメッド前掲書、七一頁。

〔12〕Rosalind Gill, "Critical Respect: The Difficulties and Dilemmas of Agency and 'Choice' for Feminism, a Reply to Duits and van Zoonen," *European Journal of Women's Studies*, Vol.14, No.1 2007, 69–80, Angela McRobbie, *The Aftermath of Feminism: Gender, Culture and Social Change* (Sage Publications, 2008), Shelley Budgeon, *Third-Wave Feminism and the Politics of Gender in Late Modernity* (Palgrave Macmillan, 2011).

〔13〕Gill, "Critical Respect," 70–71.

〔14〕ここでの「闘う女」という表現は秋山訓子による評伝『女子プロレスラー小畑千代――闘う女の戦後史』（岩波書店、二〇一七）を参照した。学術書ではないものの、猪狩定子の後輩にあたる、もう一人の草創期の代表的レスラー小畑の証言はたいへん参考になる。

〔15〕 Kimberlé Crenshaw, "Demarginalizing the Intersection of Race and Sex: A Black Feminist Critique of Antidiscrimination Doctrine, Feminist Theory and Antiracist Politics" *University of Chicago Legal Forum:* Issue 1, Article 8（1989）,139–167、ベル・フックス著、堀田碧訳『フェミニズムはみんなのもの――情熱の政治学』（エトセトラブックス、二〇二〇）、パトリシア・ヒル・コリンズ、スルマ・ビルゲ著、小原理乃訳、下地ローレンス吉孝監訳『インターセクショナリティ』（人文書院、二〇二一）。

〔16〕 堅田香緒里『生きるためのフェミニズム――パンとバラと反資本主義』（タバブックス、二〇二一）、清水晶子『フェミニズムってなんですか？』（文春新書、二〇二二）。

第一章　女子プロレスの誕生

はじめに

二〇二三年七月一三日付の『神戸新聞』夕刊の一面記事で、九一歳の猪狩定子は女子プロレスを始めたきっかけについて、「食べるためだった」と語っている。[1] 二〇二四年現在の日本では、一〇代の少女たちが夢や憧れに突き動かされて各種のプロレス団体に入門する、またはすでにアイドルなどの肩書きをもつ若い女性が、幅広いファンを獲得するためにレスラーとして「も」デビューする、というのが一般的だが、今から約七五年前に女子プロレスを生業とした定子にとって、その動機は自発とはほど遠く、敗戦直後の苦しい時代に両親を助け、家族で生き抜くための手段の一つだった。

日本で女子プロレスをショーとして始めたのは猪狩きょうだいであることはプロレスファンのあいだではよく知られているが、具体的にいつ、どこで、誰に向けてどのように開始したのかについての詳細は、いろいろ調べたり聞いたりしたものの、正直なところよくわからない。多くの書籍や記事によれば、終戦まもないころ、戦前からボードビリアンとして活躍していた長兄のパン猪狩（本名：猪狩登。一九一六～一九八六）が、五番目の弟ショパン猪狩（本名：猪狩誠二郎。一九二九～二〇〇五）とその下の妹のリリー猪狩（本名：猪狩定子）とともにパン・スポーツショウというユニットを結成し、一九四八年に進駐軍キャンプで「コミック・ボクシング＆レスリング」を催したのが端緒とされている。しかし、これらのことをはっきりと裏づける史料は現時点では見当たらないが、現存する二次資料や証言を総合すると、一九四八年か四九年ごろには日本各地の進駐軍クラブや劇場などで「コミック・ボクシング&レスリング」の演《だ》し物の一部として、パンがレフェリーを務め、リリーとショパンが対決するミックス・マッチのかたちで女子プロレスのパフォーマンスが行われていた、ということになるようだ。以降、本書では混乱を防ぐため猪狩家の人びとのみ姓ではなく名で呼ぶことにする。

猪狩家の人びと

ここで猪狩きょうだいの来歴を、現時点で管見に入るそれぞれのインタビュー資料をもとに、わかる範囲で紹介しておく。ただし、これらの資料のなかで自分たちの過去について話す三人は、女子プロレスに関わらなくなりそれぞれが芸人として身を立てていたころのものということもあり、自然と聞き手を喜ばせよう、笑わせようと話す傾向があるため、「客観的」には辻褄が合っていなかったり大袈裟だったりする。とはいえ、この「芸人の語り」をある種のパフォーマンスとして俯瞰すると、過去のある時点の自己について、別の「現在」というある時点から振り返って語るインタビュイーと、その「現在」を部分的に共有しながら語りを引き出し、さらに問いを投げかけて語りをうながすインタビュアーのあり方は、それぞれをめぐる関係の網の目のなかから紡がれる多くの歴史の語りのプロセス、すなわち歴史の表現・実践の一つであるとも考えられる。[2] そのなかから醸し出される過去の輪郭、もしくは「歴史を表現し実践する何か」は、筆者を含めた歴史研究者やライターが、実際にはありもしない「正しい歴史」や「正確さ」ばかりを過大評価し、世俗的で普遍化されうる歴史の描き方だけしか想像できない傾向へのカウンターとして、新しい歴史叙述のあり方の可能性を示唆するものでもある。

話を戻そう。猪狩きょうだいの父・太久《たきゅう》は一八八六年、宇都宮の生まれ。若いころから宮大工の修行をし、長じて東京・目黒の武蔵小山で、棟梁として「猪狩組」を率い、職人も五人程度雇っていたそうだ。母・タキは一八九〇年生まれで、家では夫と子どもを支えつつ、ショパン曰く近所の女性たちと博打をするのが趣味だったという。さらにショパンによれば、家族の住まいは「貧乏長屋」で、「親父は大酒のみだった。気が短くてけんかっ早い。おまけに体も大きく力もつよい。俺はいつも親父がこわくてビクビクしていた。アニキたちはそんな親父を煙たがり、親父も自分の仕事を継ごうとしない兄貴たちとは反りが合わず、何かにつけてぶつかり合い、しょっちゅうケンカばかりしていた」[3]。二〇〇八年に定子が父について語ったところでは「お琴も弾くしお茶〔茶道〕もやるし」と多彩な面もあり、「ウチのお父さんとお母さんは本当に優しい人だったね、怖い時もあったけど、お父さんもお母さんもあたしに一度も手なんかあげたことなかった」[4]と言う。おそらくどちらも本当なのだろう。ショパンによれば、戦争によって宮大工の商売は傾き、太久はちょうど終戦の日に五八歳で倒れ、ほとんど寝たきりになった[5]。ちなみにともに長兄パンを師匠と仰ぎ尊敬しているショパンとリリーだが、おそらくパン・スポーツショウのころから仲たがいしており、そのままショパンが二〇〇五年に亡くなるまで和解することはなかった。そのせいもあってか、両者の子どものころの思い出や女子プロレス時代の話は食い違っている点が多い。

猪狩きょうだいはパンを筆頭に全員で六人。一九一八年生まれの次男・源太郎、二六年生まれの三男・久一、二七年生まれの四男・久四郎、そして誠二郎（ショパン）と男子が続き、最後が長女で末娘の定子（リリー）となる。戦中、源太郎は中国戦線に配属され、敗戦後は捕虜になったという。久一は幼少期から「手がつけられない不良少年」で、「少年院と家の間を行ったり来たりしている札付き」だったが、刑務所から応召し戦死した。〔6〕久四郎は戦後ジャズドラマーとして成功し、植木等のバンドとも演奏していたようだ。〔7〕

ちなみにパンによれば、次男・源太郎は復員したあと、「戦争に負けたのは天皇陛下が悪いと思い詰めちゃったのね。天皇陛下を殺すって真面目に言うの。危なくてしょうがないから、ヤクザの楽団に連れてったわけ。旅回ってるうちに治ったけど」〔8〕とのこと。源太郎がどのような政治観をもった人物だったか定かではないが、敗戦直後に天皇の戦争責任を追求した復員兵は少なくなかった。もちろんそこから天皇殺害をほのめかすのは、確かにいろいろな意味で「危なくてしょうがない」が、だからといってその対処法が「ヤクザの楽団〔詳細は不明〕に連れていった」というパンの判断はたいへん斬新であり、しかもその方法で「治った」というのも、激動の時代ならではの不条理感が漂う。その後、実際に父に代わって家族を支え、後述するようにその過程で「アメリカ」とあからさまに手を組んでいくパンと、敗戦までは「父」的存在だった天皇を殺して再起しようと考えた源太郎の違いは、広い意味で「父」の不在を補完しようとするふたとおりの男性的な反応として、敗戦後の日本を象徴しているようでもある。

長兄パンは、一九三六年から日劇の大道具担当として芸能の世界に入り、すぐに芸人・喜劇役者として浅草の金龍館などに出演するようになった。並行して手がけていた商売が失敗したせいで父から勘当され、[9]その後は多くの劇団や音楽ショーに参加して「ドサ回り」をやっていた。[10]戦中は慰問劇団とともに上海や大連にも赴き、多国籍の多彩な演者の芸に触れたようだ。また、横浜では「チャブ屋」と呼ばれた、酌婦を雇った特殊飲食店に居候し、そこで用心棒をしていたギャングなどとも知り合ったらしい。戦後のパンの芸能活動の支えになった幅広い人脈は、外地慰問巡業も含めた「ドサ回り」と、裏社会にもつながる「チャブ屋」で培われていたと思われる。戦争が終わるころに応召し、海軍・藤枝航空隊で終戦を迎えた。[11]若いころから柔道の心得もあったため、復員後に「ドサ回り」を再開するなかでスポーツショウを思いついたのだろう。スポーツショウや女子プロレス興行と並行して喜劇役者として劇場の舞台にも立っていたが、一九五〇年代後半からは女子プロレスから離れ、喜劇の世界に移行する。のちにパントマイムと一人芝居を合体させたようなコントで独特の文芸的表現を編み出し、一部の芸能ファンには今なおその独創性が語り継がれる存在だ。弟子には早野凡平(一九四〇～一九九〇)がいる。

一方ショパンは、小学校を卒業したあと、東京湾岸の埋め立て工事を請け負う会社に入った。戦禍が激しくなってからはその会社の敷地に拘留されたイギリス軍の捕虜と関わったことで、英語がなんとなくわかるようになったという。[12]終戦は「俺に青春を運んできた」と語っているように、[13]貧しい生活に追われながらも闇市で文房具を販売したり八百屋で働いたりボクシングを習ったりと、当時の都会の若者らしい暮らしをしていたようだ。そのボクシングの経験から、パン・スポーツショウに引き入れられたショパンは、のちに兄が設立した全日本女子レスリング倶楽部(後述)ではレフェリーかつトレーナーを務め、レスラーの指導にもあたっていた。一九六〇年代からはお笑いユニット「東京コミックショー」のショパン猪狩として人気が出て、以来四〇年以上にわたり全国的に知られる存在となった。そのため本書の参照もととなった自伝的な著書も二冊出版している。

一人娘のリリーは、芸ごとの好きな父に勧められて幼いころから日本舞踊を習っていたそうだが、同時に「近所の同級生らと喧嘩しても無敗だった」[14]と語っている。一三歳で終戦を迎えてからは、パンに「連れ出され」地方巡業に出かけた。[15]パンによれば、最初は彼女に流行歌を歌わせて各地で稼ぎ、知り合いの人気浪曲師・鶴野一声に一時は弟子として預けたりもしたという。[16]リリーと同世代で、のちに芸能の世界で身を立てた女性の多くは、彼女同様小学校卒業直後くらいから家族に促されて、もっと明確にいえばやらされて、その道に入っているケースが多い。良家の子女が通える専門の養成所が用意されていた宝塚歌劇団を例外として、自分の意志で芸能の世界を目指す若い女性が増えてくるのは、一九五〇年代中盤以降からだ。

敗戦後、三鷹に落ち着いた猪狩一家は、父が病に倒れたことでそれまでの勘当を事実上解かれたパンを筆頭に、皆が「食べていく」必要があった。母もきょうだいたちもいろいろなことをやって食いつないでいたが、そのうちの一つがパンが再開した「ドサ回り」や、そのすぐあとから始まる進駐軍クラブでのショウだった。

女相撲と女子プロレス

パン・スポーツショウは、進駐軍クラブで最新のビーバップの演奏をバックに、パンがレフェリーを担い、リリーとショパンが闘うというかたちのボクシング・ショウだけをおこなっていたが、「次にレスリングに目ぇつけた」[17]という順序だったとパンは言う。さらに一九五五年、プロレス雑誌にパンが「全日本女子レスリング倶楽部　猪狩登」名義で「女子プロ・レス開拓の七年間」という記事で綴った経緯をみてみよう。[18]パンではなく猪狩登として、いつになく真面目な口調で「女相撲のある日本、戦後女子レスが生れるのは当然でした」と始まり、まずは「進駐軍クラブ廻りの催しにコミック・スポーツというのを考え」「妹を主役に、いわゆる「西洋女相撲」でスタートしたのです」とある。次いで「アクロバットの名手」田山勝美が応募してきたのを機に、一九四八年の暮れに「女子レスリング」として「京都京極の大映で幕を開け」た。これが事実なら、当初から日本人観客に向けた興行も同時に手がけていたのだろう。

同記事でパンは、冒頭から女相撲に言及し、また女子プロレスを「西洋女相撲」と表現してもいるが、この発想は特に珍しいものではなかった。というのも、明治時代から一九三〇年代にかけて、東北地方を起点に日本帝国領土の各地やハワイにまでも巡業してたいへんな人気を博していた女相撲は、敗戦後の日本の大衆にとってもなじみ深い娯楽だったからだ。一九三五年八月二七日付『讀賣新聞』のコラムで、アメリカのルビイ・アレンなる「女レスラー」が紹介されているが、ここですでに「西洋女相撲」「メリケン女相撲の横綱」という表現が使われている。[19]女相撲は男性力士による主流の大相撲とは違い、怪力や力技など特殊な身体的特徴やスキルをもった若い女性たちが襦袢に褌姿で躍動し、ときには動いた拍子に胸があらわになってしまう（ことを期待させる）ような、ちょっと「いかがわしい」ところもあり、一方で女性ファンも多い「健全な娯楽」ともいえるような興行だった。

代表的な女相撲一座「石山女相撲」は、明治期に山形県で始まった。ジャーナリスト・杉村廣太郎（楚人冠、一八七二〜一九四五）が、一九三三年、彼の住む千葉県・我孫子の「村」での石山女相撲の巡業の様子を伝えているが、女相撲は「如何さま〔イカサマ〕角力」とはいうものの、女性の観客も多く、「殊に若い女や幼い女の兒が多い。近在から出てきたらしい母子づれがあるかと思うと、この邉のお茶屋の女らしいのが、大きな肩かけに顔半分包んで来たのがある」。[20]「肩かけに顔半分包んで来た」のは茶屋の仕事中に抜け出したところから見つからないための工夫だったのだろうか。また石山女相撲の創始者の孫にあたる石山國彦（一九三九〜）によれば、石山の女性力士は経済的に恵まれない農家の娘が家族のために志願するケースが多かったが、ほとんどが自発的に継続していたようだ。「なにせ土俵にあがれば、みんなの注目と歓声を浴びる。みんなが喜ぶんだもの、晴れがましい気持ちだったでしょう。ご祝儀をもらってスターとして扱われて、宝塚歌劇みたいな追っかけも出現したんだから、そりゃ華やかだよ」[21]と石山は述懐する。

一九五〇年代初頭の女子プロレスは、当時オリンピック競技として認知度が上がったアマチュアレスリングの女性版という表現より、戦前からなじみ深い女相撲を戦後になって「西洋風」にアレンジし進化させたもの、と理解されていたと考えられ、スポーツというよりは興行・見世物のイメージが強かったといえる。ちなみに、因果関係は不明だが、石山女相撲を含む巡業型の女相撲が衰退していったのは一九五〇年代中盤からだそうで、これは女子プロレスが初めて「ブーム」になった時期と重なる。[22]とはいえ当時はテレビなど他の娯楽形態が発展した時期でもあるので、女子プロレスが女相撲に取って代わったとは一概にはいえない。ただ、一九五五年当時、猪狩きょうだいの団体には女相撲出身レスラーが少なくとも一人所属していたことからも、観客だけでなく演者の側でも女子プロレスと女相撲との歴史的・ジャンル的なつながりが認識されていたとはいえよう。定子は近年のインタビューで女相撲出身の巴靖子について、「基本がしっかりできていたから一緒に稽古するのに問題はなかった」と語っている。[23]

コミック・ボクシング&レスリング

進駐軍クラブでのパン・スポーツショウによる「コミック・ボクシング&レスリング」は、猪狩きょうだいがのちに語ったことを合わせると、ジャズバンドのアップテンポの演奏に合わせ、パンがレフェリーを務め、セパレート水着を着たリリーとトランクス姿のショパンがボクサーとしてコミカルに闘うが、徐々に白熱していき、両者ともグローブをかなぐり捨ててプロレス技をかけ合い始め、最後にはリリーがショパンのみならずパンをもなぎ倒して舞台を去る、というようなものだったらしい。「試合」

の合間には突然両者がスローモーションでボクシングをしたり、リリーがショパンの股間から顔を出すなど、全編お笑いとお色気とを意識したものになっていたそうで、進駐軍の観客にはたいへん好評だったという。[24]当時の進駐軍は、日本やその他冷戦期の西側ブロックの各国を「民主化」（と同時に反共化）する名目で女性解放政策を推進し、特に日本では映画での男女のキスシーンに代表されるアメリカ型の異性愛中心主義的な「自由」な表現も喧伝していた。「若い日本女性が二人の年上の日本男性にボクシングとレスリングで立ち向かい、最後には男性陣をやっつけて去っていく」というシンプルな物語で、ビッグバンドの奏でるジャズに乗って若い女性の強さとお色気を強調したコミカルな演し物は、進駐軍の観客が民主化、女性の解放といった「our job in Japan」（日本での自分たちの役割[25]）に疑問をもたず安心して楽しめるものだったのだろう。ちなみにショパンたちは、米兵の前では自分たちがきょうだいだとは明言していなかったようだ。

ただし、進駐軍クラブでのパン・スポーツショウの活動は、当人たちにとってはいつも楽しいだけのものではなかったようだ。ショパンによれば、将校クラブでのショウの最中に酔った将校がショパンのボクサーパンツのなかにふざけてタバスコを大量にかけて大事なところを痛い目にあわせたという、[26]今でいうヘイト犯罪のような暴力も振るわれたらしい。終戦直後の記憶については「順を追って思い出すのがはなはだむずかしい」と念を押しているショパンが、[27]この件については、彼が同時に目撃した、クラブ内で将校が日本の女性ダンサーに性行為を強いるような「乱交」があったことも含めてかなり具体的に語っていることから、よほど衝撃的かつ屈辱的な経験だったのだろう。進駐軍クラブで人気があったからといって、そこでの観客が日本の演者に必ずしも敬意をもって接していたわけではないことは強調しておきたい。戦勝国であり、かつ人種隔離が日常に根ざしていた白人至上主義国家のアメリカから兵士として派遣されていた観客たちにとっては、日本人は敗戦国の有色人種であり、この時点では日本人がアメリカ人から無条件で尊重されていたなどということはなかっただろう。

音楽学研究者の青木深は『めぐりあうものたちの群像』(二〇一三)で、二〇〇〇年前後に取材した、かつて日本にいた退役軍人や進駐軍クラブを回った日本人のミュージシャンたちの、流行歌や日本女性への郷愁たっぷりの思い出をもとに、占領下の音楽や娯楽空間におけるさまざまな人びとの邂逅のありかたを描いている。日本での多様な米兵の音楽経験に注目したエスノグラフィとしてたいへん有意義な調査ではあるが、そこで見過ごされているのは、当時の日米の権力関係や人種差別的・性差別的・階級差別的な価値観、もっといえば日米双方の人びとのあいだで内面化されていたアメリカ人対日本人、女性対男性、持てる者対持たざる者など、政治的にならざるを得ない権力勾配を前提とした緊張感のある対立関係だ。

青木の英語論文では、GIたちが日本で聞いた流行歌を、数十年経ってからうろ覚えで歌ってみる実践を、音楽理論家クリストファー・スモールの「ミュージッキング」という概念を用いて説明している。[28]しかしここでも、歌を想起する者にとって肯定的な記憶が語られがちになり、自明視されていた権力勾配は看過されていることが多い。スモールの言うミュージッキングは、音楽の経験を歌や曲のテクストに照準を合わせて分析するのではなく、演奏会など個別の音楽経験をかたちづくる場に関わるすべての人やモノや考えなど、あらゆるものが相互に作用しあう動的なプロセスである。[29]だがそれはスモールにとって、音楽をとりまく場から権力関係の構図や生活のなかでの差別や不平等など、個人の経験やその語りを左右する構造的な問題、すなわち政治の問題を取り除くということを意味しない。スモールの説明は次のとおりである。

ミュージッキングという行為は一連の「関係性」のなかで達成されるのであって、行為の意味は、それらいくつもの関係の中にある。ミュージッキングの意味は一般に思われているように組織化された音の中だけにではなく、あらゆる立場でパフォーマンスに参加している人々同士の関係の中にも見つけられるはずだ。そして、パフォーマンスで実現される関係こそが、ミュージッキングへの参加者が思い描く理想の関係のモデルとなりメタファーとなるだろう――それらは人と人との結びつき、個人と社会との結びつき、人間と自然界、さらには超自然的世界との結びつきについてのものである。[30]

特に敗戦後日本の娯楽が描いた「理想の関係」は、日本とアメリカと、国同士の軍事力と経済力の途方もない差異という「現実」の関係性だけでなく、それぞれの国の人びとが経験する経済的差異やジェンダー化された社会的立場がつくり出す重層的な抑圧や暴力の「現実」を抜きには浮き彫りにはできない。またそうした包括的な目配りによってみえてくる、個人がそれぞれ一度だけ生きた生の跡があるはずだ。

「女体レスリング」の「娘レスラー」

筆者が調べた限りでは、活字メディアで猪狩きょうだいの女子レスリングが取り上げられ始めるのは一九五〇年からだ。同年四月二三日付『サンデー映画』の「豊富な肉体相打つ！ 女レスラー出現」という記事【画像1】では、男性と思われる記者が稽古場でパンとリリーに取材した内容が、おさげ髪で笑顔のリリーの顔写真と、さらにリリーがもう一人の女子レスラーに飛行機投げをしている瞬間をとらえた写真とともに掲載されている。[31] このもう一人のレスラーは前出の猪狩登名義の記事で言及されている田山勝美かと思われる。田山は、定子の記憶によれば一九二二年生まれで、本名は斉藤きく江。戦前は日系アメリカ人の岡本姉妹のグループでアクロバットダンサーをしていたらしい。戦後はサックス奏者として、トランペッターだった夫とともにジャズバンドに参加し進駐軍クラブを回っていたが、夫がヒロポンの過剰摂取で急逝したのを期にバンドをやめ、猪狩きょうだいのコミック・ボクシン

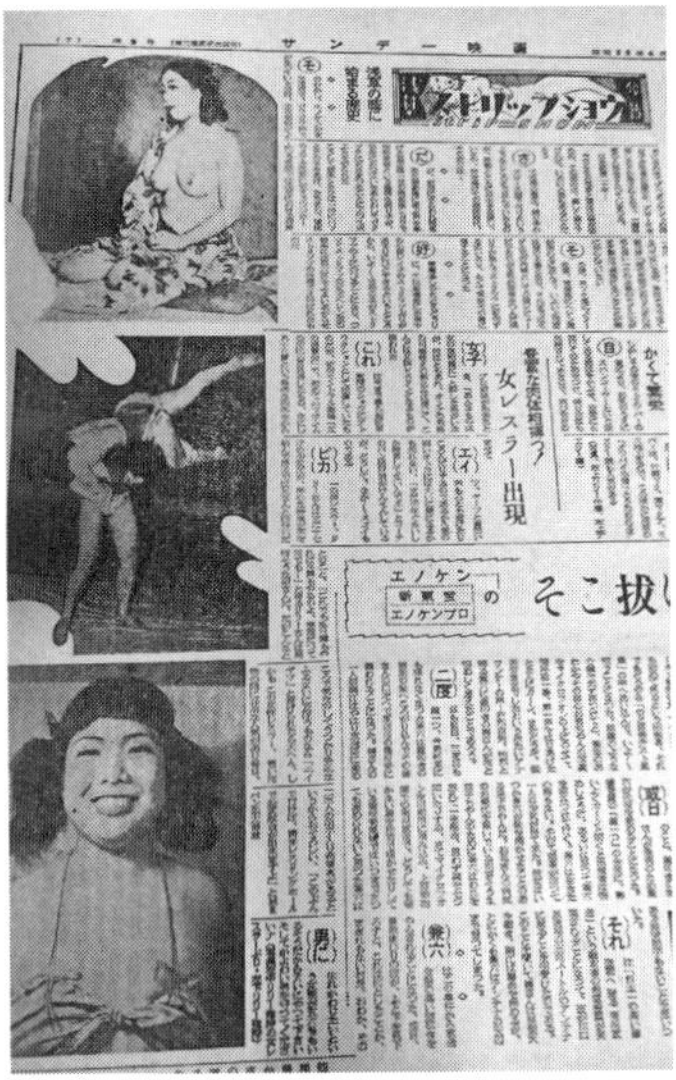
サンデー映画
ストリップショウ
かくて裏窓
女レスラー出現
エノケン
新東宝
エノケンプロ
の
そこ抜け

【画像1】『サンデー映画』1950年4月23日号（7頁）

グ&レスリングに合流したという。[32] 田山はアクロバットとジャズ演奏の経験からかレスラーとしての身体能力もリズム感も抜群だったそうで、当初は「ローズ勝美」としてリリー猪狩とタッグを組んで進駐軍クラブやキャバレーなどに出演。後述するように、一九五五年九月の第一回全日本女子プロレスリング選手権大会ではミドル級タッグ王座を獲得している。全盛期には凶器なども使っていたようで、元祖悪役レスラーでもあった。

『サンデー映画』記事の冒頭では、それまで進駐軍向けに供されてきた「女体レスリング」が新宿セントラル劇場で日本人に向けて「お目見得」した、とある。新宿セントラル劇場は、日劇小劇場とともに、当時の東京で圧倒的な人気を誇ったストリップ劇場だ。

ただし、この記事の冒頭以外の箇所ではストリップの要素は強調されていない。まず「コーチ」で兄のパン猪狩が「まだ半年しか練習してないんでネ」と謙遜気味に登場。それを受けて記者が「どうして、なかなかスゴイものである」と評している。リリーは「ピカ一の娘レスラー」として紹介され、「これでも私日舞もやれば洋舞もやるのよ。楽器だって何でも…」という彼女のコメントが続く。記者はリリーを「純情そうな娘さん」と形容するが、続けて「だがこんなところで気を許してうっかり失礼なふるまいに及ぼうものなら「エイヤッ」と投げられたら大へん」と、レスラーとしての特別なスキルの紹介も忘れない。フェミニスト理論研究者のケイト・マンによれば、ミソジニストは単なる「女ぎらい」ではない。ミソジニストは、家父長制を脅かす存在（特に「物言う」「わきまえない」女性）が、「直接的に連関する規範、あるいは女性という集団の成員として予期される役割に違反したり、それに逆らうならば、敵意ある帰結を掲げて脅迫する」[33]。つまり、家父長制を維持するためのジェンダー役割をこなさない人びとに「正しく」暴力的な制裁を加えるのがミソジニスト、ということになる。ミソジニストが振るう暴力の言い訳に正義感や被害者意識が混ざるのはこのためだろう。この記事で紹介されているのは、女子プロレスという、一見すると若い女性のおしとやかでない動作が呼び物とされている新奇な娯楽だ。記者も「投げられたら大へん」と大げさに怖がってみせている。にもかかわらず、彼女のイメージは家父長制を死守するためのミソジニーを挑発するものにはなっていないことは強調したい。むしろリリーは「純情そう」な見た目で、有能な兄のもとで真面目に練習に励む若い女性であると紹介され、家父長制における男性の優位性をおびやかさない範囲の、安心安全な性的対象への好奇心を煽っているかのようだ。言い方を変えれば、女子レスラーを管理し手なずける「兄」の存在によって、リリーはミソジニストの標的になることを免れているのだ。

記事の最後でパン猪狩は、「このぶんでいけば、将来レスリングホールで公開試合ができますよ」と胸を張り、これに対し記者は「MR《ママ》パン氏大得意」と結んでいる。冒頭の「まだ半年しか練習してないんでネ」という発言はこれまでの状況についての説明であり、最後のレスリングホール云々の話は文字どおり今後の展望である。記事上では、これらの過去と未来の時系列をレスラーであるリリー自身には表現させず、トレーナーかつ保護者である長兄パンがすべて代弁し、記者はそれに肯定的なコメントで返している。パンと記者は、このように異性の過去と現在と未来を掌握し代弁することで成り立つ同性同士の対話により、女性を排除することで強化されるホモソーシャルな「男同士の絆」を記事の空間に形成しているともいえる。また、おそらくこの兄の存在があったからこそ、当時の基準としては肌を多めに露出し、わいせつに近い動きの多いショウを見せていたリリーに対し、記者は「純情そうな娘さん」と敬意をもって表現したとも考えられる。記者にとって、リリーに「エイヤッ」と投げられることよりも怖かったのは、保護者であるパンの身内の女性の扱い方如何によっては「男同士の絆」が崩れ、大切な共存関係が失われてしまうことだったかもしれない。後述するが、こうした男性関係者たちのホモソーシャルな絆の構築は、この時期以降の女子プロレスにまつわる記事にも散見される。

内容が前後するが、「しかもこの女性レスラー、若い同性の間に非常な人気があり毎日二三人の弟子入り希望者があるというから恐ろしい」という一文も興味深い。記者はここまで「女体レスリング」「女レスラー」という表現を使っていたが、ここで初めて「女性レスラー」と、敬意を含んだ形容を用いている。当時の猪狩きょうだいの演目は、基本的には男性の観客向けに披露されていた。だがこの記事でリリーが「同性の間に非常な人気があり」「弟子入り希望者がある」と伝えることで、真偽はどうあれ、実際に誘発された若い女性がリリーに弟子入りしてレスラーになろうとする可能性もみせている。つまり、この記事自体が、はからずも今後の女子レスラー志望者のインスピレーションになったかもしれないのだ。しかし、もし実際に「女性レスラー」が増えてしまったとしたらどうだろう。コーチであり保護者でもある兄の管理を超えて実力をつけ、さらには、その女性たちが「庇護者」的存在を必要とせずに自分たちだけで練習・試合・広報・マネジメントまでできるようになってしまうとしたら。冗談めかしてはいるが、それはこの男性記者だけでなく日本社会の多くの男性たちにとって確かに「恐ろしい」可能性だったに違いない。ホモソーシャルやミソジニーの敵は、自立した女性たちによる仲間意識で結ばれた絆、すなわちシスターフッドなのだから。

ちなみに、同時期のストリップ劇場の女性観客のメディア上の言説分析をおこなった文学研究者の泉沙織によれば、女性客の数は全体的には少なかったものの、彼女たちの観劇後の反応としては、「同情」「共感」「拒否」など多様な感情を含めた、女性である自己との「同一化」があったと指摘されている。[34]この、おもに男性観客向けの演し物を観た一部の女性が感銘を受けるという、「脱コード化（decoding）」ともいえるような想定外の受容は、[35]ジェンダー化・階級化・ジャンル化されたものでもある。たとえば明治期には女相撲を観た女性が、自身の夫や子どもを捨てて一座に同行して女相撲の太夫（力士）になる例があったと指摘されており、[36]これは「同一化」の究極の例ともいえる。「自分もなりたい」という感情をストリップの女性客がもったかどうかは不明だが、当時のストリップについては性行為や売春との象徴的な近さもあり、そうした感情を喚起させる例はあまり多くはなかったと思われる。だが女子プロレスではどうだっただろう。メディア言説を分析する際には、書かれた内容には事実でないことも含まれている、と肝に銘じておくべきだが、同時代に女子プロレスを紹介する前述のような記事が書かれ、掲載され、流通したことだけは、情報が虚偽でない限り事実といってよいし、流通したからには当然多様な読者の目にこの記事が触れ、さまざまな感情をもって読み取られる可能性があったはずだ。そのインスピレーションの効果は、想像の枠を出ないとはいえ計り知れない。実際に、女子レスラー志願者は徐々にではあるがこの時期から増えていったようだ。

最後にもう一点注目すべきは、同記事が誌面ではストリップ劇場の紹介のすぐ下に掲載されている点だ。インターテクスチュアル（環テクスト的）に、メディアの誌面を構成する多様な画像や文字やその配置が、ときには偶然に独自の意味を生成する言説空間としてとらえると、記事のなかでは、「娘レスラー」として兄の指導で稽古に励む実直さと「女性レスラー」としての同性からの人気が伝えられているにもかかわらず、紙面のビジュアル的には上半身裸の踊り子の写真のすぐ下に飛行機投げの写真、そしてリリーの笑顔が縦に並んでいる。文字を読まず紙面に並ぶ写真を見ただけでは、あたかも「女体レスリング」はストリップと同じく煽情的で官能的であると、視覚を通じて読者に伝えているかのようだ。

「逞しき女レスラーの先駆者」に透けてみえるアメリカ

一九五〇年九月二一日付『サン写真新聞』の一面トップ、「逞しき女レスラーの先駆者」と見出しがつけられた記事【画像2】には、女子レスラー二人が組み合っている写真がアップで掲載され、「ワー凄い！　メカケ殺しの映画ロケか？　女同士の恋のサヤ当てか？　などとアワテてはいけません…これぞカイビャク以来はじめてわが国に登場した女レスラー必死のトレーニング風景です」と紹介されている。続く記事の全文は次のとおり。

相搏つ17貫の女性　髙橋美枝子にリリー猪狩と　16貫と22貫までの花恥かしい女たち9名がリング

上の厳しい修練に堪えてツカミ合いに明け暮れする　本場のアメリカでは年俸50万ドルをとる女レスラーもいるというが　日本では何しろ前代未聞のことだけに　世間の眼もうるさく縁談にも差し障るというもの…／これはツイ2週間前某米人の注文で企画された女子レスリングの集いで純粋スポーツとしては興行的に採算がとれないので　正式なルール勉強のかたわら　軽演劇俳優沢村い紀雄　猪狩パン氏らの指揮でバレエの基本型も身につけ　将来ステージにも立とうというねらい　17貫の巨体にモノを言わせ龍虎相うつ両嬢は　いまこそ先駆者としての険しく厳しい我が道をバク進しているわけだ　ヒザ小僧をすりむきながら　髪の毛をむしられながら…

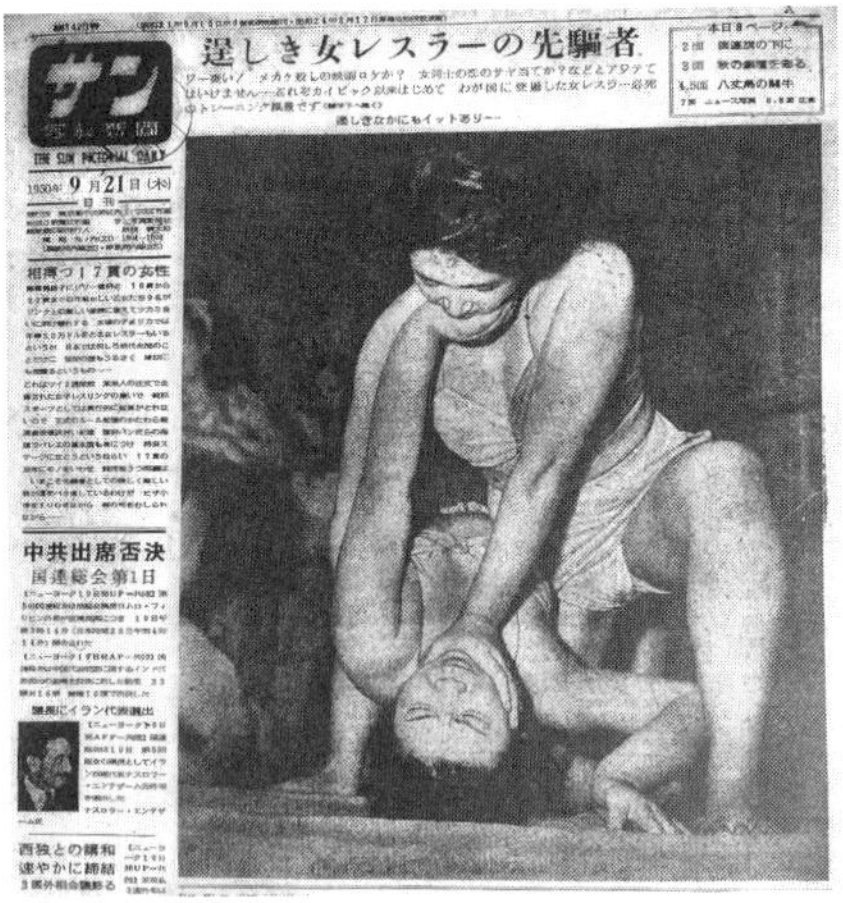

【画像2】『サン写真新聞』1950年9月21日（1頁）

写真で上になっている「髙橋美枝子」なる女性についての詳細は定かではない。二〇二四年の時点で、定子の記憶にもないようだ[37]。実際には彼女たちはすでに各地で興行をおこなっていたようだが、この記事では「将来ステージにも立とうというねらい」という表現で女子プロレスの「前代未聞」ぶりをアピールする内容になっている。先の『サンデー映画』の記事を受けてリリーの弟子が入門したからかどうかは不明だが、レスラーが九人に増えている点も見逃せない。同記事では女相撲にもストリップにも言及はなく、その代わり「本場のアメリカでは」「某米人の注文で企画された」と、アメリカの存在が随所に含まれている。いくら「前代未聞」の女性「先駆者」による新しい形態の娯楽でも、文化的先進国とみなされていたアメリカで前例があればそれは正当化されるうえに面白いに違いない、というアメリカ至上主義的な価値観が共有されていたようだ。

また、この記事に限らず、一九五〇年代の女子プロレスの醍醐味はつかみ合いなど「女性特有」の感情的なアクションとされることが多い。ここで暗に比較されているのは、理性的で合理的で「紳士的」「男性的」とみなされている、男性によるボクシングや武道である。そもそも「理性的」でも「合理的」でもない女性同士の「感情的」なつかみ合いが男性の観客に喜ばれるのは、先に挙げたシスターフッドの可能性を矮小化するからでもある。一見、「女の敵は女」を露骨に体現する女子プロレスは、女性間でいがみ合っている限り家父長制の脅威にはならないという、ミソジニー的でホモソーシャルな安心感を得られる娯楽でもある。だが当時の女子レスラーも、駆け出しとはいえプロとして興行をしており、当然だがレスリングは「女同士の恋のサヤ当て」などではなく、互いにケガをしないように協力しながら技を見せていくという意味では、シスターフッドとしか表現できないものでもあった。

さらに「世間の眼もうるさく縁談にも差し障るというもの」という飛躍した意見からは、若い女性に対する異性愛規範や結婚ありきの常識がうかがえる。こうした表現は、現代の価値観からみると性差別的で短絡的に過ぎるが、当時は家父長制至上主義が女性を含む多くの人びとに内面化され、社会を覆う空気を形成していた。プロレスをアメリカとの関係に触れながら新しい娯楽として紹介する記事であっても、それが若い日本女性によってなされているというだけで、「恋のさや当て」でケンカをし、世間からは白い目で見られ、果ては縁談が壊れるだろうという、「女性は感情的で受動的」という短絡的な思い込みを前提とした、家父長制を自明視した表現に終始している。

一方、当時のメディアにみられる「新しい」女性たち――今までの常識を破って新しい領域に進出した若い女性たち――は、社会階層上では両極に属する、あまりに違いのある二つのカテゴリーに分けられる存在だった。というのも、あこがれや誇りとともに描かれた「新しい女性」像は、日米の慈善事業に関わった皇族の女性や、一九五〇年代に「エア・ガール」として登場した日本航空の客室乗務員に代表される、アメリカの援助で復興した「新しい日本」を象徴するエリート階級出身者か、もしくは逆に日本の男性作家による小説や映画に過剰な思い込みとともに表象されたストリッパーや売春女性「パンパン」など、「裸を売り物にする」貧しくも「したたかでたくましい」女性たちをおもなモデルとしていたからだ。彼女たちもまた家父長制秩序の範囲内での「新しい」女性たちとして（おもに男性によって）描かれていた。ちなみに「逞しき女レスラー」だけでなく、「パンパン」もストリッパーもアメリカとの関わりが随所にみられた。いうまでもなく売春は進駐軍相手の場合が多く、またストリップも進駐軍兵士をも観客として対象にしていたからか、数多のストリッパーが西洋風の芸名を使い、公演パンフレットも日英両語併記だった。「リリー猪狩」と「ローズ勝美」も当初は進駐軍クラブやストリップ劇場で使われた芸名だが、一九五三年ごろにレスリングの試合を本格的に始めるようになってからは、それぞれ「猪狩定子」「田山勝美」と日本式の名前を使うことが多くなった。

とはいえ、この記事の一番の見どころは、一面に大きく載せられている、白と黒のコントラストの強い写真の圧倒的な迫力だ。白っぽいセパレート水着の二人のうち髙橋がリリーに馬乗りになり、両者が喉を押さえつけあい苦悶の表情を浮かべているさまがリング面に近い目線でとらえられている。若い女性の性的な消費を目論む男性読者にとっては、これもストリップやその他の「エロ表現」に見られたありきたりな構図かもしれないが、そうでない読者には、アメリカからきた新しいスポーツ娯楽の興奮と躍動感と華やかさを、日本の女子レスラーが自身の身体を使って存分に表現する様子が鮮明に伝わってくる。実際に試合を観にいってその興奮を間近で味わいたいと思った読者も、男女ともに多かったはずだ。

女子レスラーの「ガーター取り」

ボードビリアンでありアイデアマンでもあったパン猪狩は、「コミック・ボクシング&レスリング」の演し物の内容について、つねに試行錯誤していた。そのなかでいつからか始めたのが、女性二人ないし四人でおこなう「ガーター取り」だ（後年の資料には「ガーター獲り」表記も多いが、本書では一九五〇年代当時の表記「ガーター取り」を使用する）。「ガーター」（靴下どめ）は幅二センチくらいのレース状の伸縮性のある輪っか状の布で、各自の片方の太ももに巻いたものを奪い合う。定子はのちのインタビューで「パン兄さんは戦争中に特務機関の仕事で行ったフランスで女子プロレスのガーターマッチを観たと言っていた」と証言している。[38] 彼女の証言のほかにパンによるフランス洋行の記述は、パン自身が戦中の活動について放送作家の滝大作に語った「密航でアメリカに行ったし、フランスにも行った」というひと言以外には見当たらない。[39] しかもこれをうけて滝は、「ぼくとしてはこの大ロマン〈戦中の密航等のこと〉をぜひ詳細に聞き出したいところだったが、このあたりの話になると、パンさんはどうしてもそれ以上語ってくれないのである」と嘆いているため、虚偽または誇張の可能性もある。もちろんパンが「特務機関の仕事」についてはなんでも口外すべきでないと、敗戦後も固く信じていた結果かもしれないが。

では、パンはなぜ妹にガーターマッチをアメリカではなく特に「フランスで観た」と言ったのだろう。ヒントになるのが、東京・九段下の昭和館所蔵の一九五〇年五月二三日付『新日本ニュース』の動画だ。ここにはフランスでおこなわれた女性二人による「アプレゲールのレスリング」の様子が収められている。「靴下どめ」の取り合いの様子のバックにはアップテンポのジャズが終始流れている。男性アナウンサーの解説は次のとおり。

近ごろはアチラでも変なものが流行ります。これはパリ・モンマルトルのあるキャバレーでおこなわれたアプレゲールのレスリング〈水着姿の白人女性二人が対峙する中央のリングを囲むテーブル席の観客はほとんどが男性だが、なかには足をならして興奮するワンピース姿の女性もいる〉。髪の毛をむしると反則ですが、こうなるともうメチャメチャです。どちらが先に靴下どめを取るか、それで勝負が決まります〔ジャズ演奏に合わせるかのように早回しで試合が進む。最後に片方の女性が相手を引き倒し、片足にかかったガーターを下ろして取る〕。ただし、日本ではおすすめできません。[40]

このニュース映像は、当時は映画館で本編のあいだに流されていた。パン、あるいは周囲の者がこの映像を観て、すでに始動していたコミック・ボクシング&レスリングの新たな趣向として、「おすすめできない」日本版「ガーター取り」マッチの考案に至った可能性もある。プロレス研究者の岡本正史によれば、二〇一六年に出版されたフランスのプロレス史の書に、一九五〇年のガーター取りの試合展開の連続写真が掲載されているという点に鑑みても、少なくとも当時のフランスでは知られていた女子プロレスの演目だったようだ。[41]パンにとってこのニュース動画が契機だったと仮定するなら、「フランスからの影響」は多分にあったのかもしれない。

筆者が新聞メディアで最初に「ガーター取り」の語を確認できたのは、日本レスリング協会会長・八田一朗(一九〇六〜一九八三)のスクラップブック(国立国会図書館所蔵)のなかの一九五〇年一〇月三日付『東京毎夕新聞』の記事【画像3】で、同月始めから浅草ロック座と日劇小劇場で催される「女子レスリング・ショウ」を紹介したものだ。「女子レスリング・ショウ初登場　躍る太股、搖れる乳房　妖し・相うつ女體　近くエンコで初公開」という見出しがついている。この記事はパンについての言及はないが、前出の「逞しき女レスラーの先駆者」記事にパンとともに指導者として登場した「マネージャー」沢村い紀雄(一九〇五〜一九七五)に取材している。[42]沢村は戦前から軽演劇俳優として活動しており、一九五〇年代中盤以降は多くの東宝映画に出演している。

沢村の説明によれば、九人いるレスラーは「都内ショウ劇場の踊り子」で、青木拳闘ジムと「水の江ターキーの兼松プロなど」の後援を受けており、稽古場も猪狩家とは違ったようだ。だが後述するように、沢村はこの記事が掲載された一〇日後には、パンやリリーとともに日劇小劇場の舞台に上がっていることからみても業界仲間ではあったのだろう。ちなみに見出しにある「エンコ」とは浅草公園のことである。記事の一部を紹介しよう。

女子レスリング・ショウ初登場
躍る太股、揺れる乳房
妖し・相うつ女體
近くエンコで初公開
何れもダンサー上りの美人
十七貫五尺四寸の女丈夫も

【画像3】『八田一朗コレクション（20）1950. 8. 28- 1951』より

アメリカやフランスでは純プロの女子レスリングが盛んで、男子に劣らぬ果敢な試合をジャンジャン行っている、終戦五年、女子プロ野球、女子競輪、それに凄薄い（意味は不明）ストリップばやりだが、女子レスリングだけはいまだに現れないというのはどうしたことだろう？ と不審がる御仁は、今月初めから浅草ロック座で初公開される女子レスリングショウを篤とご覧じて、十二分に御堪能して頂きましょう。／そこで、こうした御仁に代って記者はある日、新生「女子レスリング・ショウ」のマネージャー沢村い紀雄氏にいろ〳〵うかがってみた。／女子レスリングが今日まで現れなかった原因は、つまりレスリング自体がまだまだ一般に普及していないためで〈略〉今度始める女子レスリング・ショウも、実は正規のルールでレスリングを行うわけで（プロでわ《ママ》ない）その中にコミック・ショウを加味した、しかも純粋な意味でのスポーツ精神を失わずにやってゆきたいと考えています／ちょっと聞いただけでは分かりにくいはなしだが、要するにレスリングのルールをそのままに、妖しく打つかり合う女体の魅惑と、スリルを満喫させ、合わせてショウも取り入れて、面白くおかしくスポーツ的な楽しさと、軽い笑いと、適当なエロを一時に展開してみせようというのがその狙いで、勝負は相手の太もものガーターを取るので決る、試合時間は、一、二分間[43]

ここでも女子のレスリングはスポーツとエロの混じり合った新しい何か、として紹介されている。試合時間がかなり短いのも特徴だろう。

　練習は一ヶ月のみ、という二人のレスラーが記者の前で実演した様子は、「お互いに相手のすきを窺っては足かけで転ばしたり背負い投げをかけたり太ももの附根もさけよとばかりに持ち上げたり、ねじ伏せたり、はては大きなお尻をいやというほど地べたに打つつけて組んずほぐれつ…」[44]というものだった。やはり「太ももの附根」や「お尻」が注目されてはいるが、素早くバラエティに富んだ技を出し合っていたこともうかがえる。

定子は二〇〇八年に「ガーター獲り」について次のように語っている。

なにしろガーターを獲ろうとすると、自然と闘いになっちゃう。ガーターも最初から太ももにつけていくんじゃなくて、レフェリーが出てきて、セコンドがガーターをレフェリーに渡して、それで太ももにつけさせるの。自分でつけちゃダメなんだよ。お互いが相手につけるんだよ。／ガーター獲りでは、笑いを取ろうとは思わなかったね。笑いはその前の時間で取って、その気持ちを切り替えてガーター獲りをやる。選手としてやっているあたしを含めた女の子たちからすれば、笑いを取るなんて、そんな余裕はないじゃない。完全に別物と思ってやっていたね。そうしないとケガしちゃうでしょ。／本当にマジにやりましたよ！　事前の打合わせなんて一切なし。だから「迫力がある」って言ってくれたお客もいたし、「うおー、すげえなあ」って言った人もいる。／派手さはなかったみたいね。太ももにガーターを巻いた状態なら、獲られてはいけないから足を引いた体勢になる。一方でお互いに獲りたいからタックルしたりひっくり返したりする。そうなると「見せる」という気持ちではなくて、本気でやっている姿を見てもらって喜んでいただいて。とんでもない技もできちゃったり色々あったわよ、偶然[45]。

定子はこの語りのなかで自分たちを「選手」と呼んでおり、彼女がより「真剣」なものとしてガーター取りを把握していたことがわかる。また、並行しておこなっていた猪狩きょうだいの男女混合マッチよりも多くの技をアマレスや格闘技から取り入れてもいたようだ。同時に、ケガをしないようにするため、各自の練習や注意、加えて選手間の連携が必要だったこともうかがえる。特にケガについては、巡業をしながらときには毎日毎回同じ試合をベストな状態で披露する必要性から、各自がとりわけ注意を払っていたようだ。一度で勝敗をつけて終了し、かつ巡業の必要がないアマレスやボクシングなどのスポーツとプロレスが本質的に違う点でもある。また、事前に打ち合わせもないとのことから、ハプニングに対応し即興で動くという、一般的にどんなプロレスラーにとっても重要なセンスも養われたとも思われる。つけ加えると、進駐軍キャンプでも、女性が登場するレスリングのショウを生で観るのは多くのアメリカ人観客にとって珍しい経験だったはずだ。というのも、当時はカリフォルニア、ニューヨーク、イリノイなど特に大都市を擁する州政府が、キリスト教団体が要請した風紀上の理由で女性によるプロレス興行を禁止していたからだ(46)。

「女のパクパク事件」で警察沙汰に

さらに、当時の一般向けメディアで少なからず話題になり、リリー猪狩の名前と「女のレスリング」をにわかに世に知らしめたのが、一九五〇年一〇月一二日、日劇小劇場でおこなわれていた『女のパクパク』というストリップの公演に「手入れ」が入り、そのうちの一景「女のレスリング」に出演していたパンとリリーが拘束されたという事件である。以降「女のパクパク事件」とするが、おそらくこのときに初めて、二つの全国紙、『讀賣新聞』と『朝日新聞』がこの「手入れ」とともに猪狩きょうだいによる「女のレスリング」について記事にした。

一〇月一三日付『讀賣新聞（夕刊）』の記事は次のとおり。

日小のストリップを送検　警視庁保安課ではかねてから日劇小劇場に上演中のストリップ・ショウ「女のパクパク」につきわいせつ興行として検討していたが十二日午後五時十分ごろ渡辺風紀係長ら八名の係員が同劇場に出張／同劇場支配人は浜田栄（三八）＝杉並区和田本町一〇五＝演出、振付および出演者の沢村い紀雄こと岡部静雄（四五）＝中野区鷺宮五の一一〇八＝俳優パン猪狩こと猪狩登（三三）＝北多摩郡三鷹町牟礼八八一＝同リリー猪狩こと猪狩定子（一八）＝中野区鷺宮五の一一〇八の四名をわいせつ物公然陳列罪で書類送検した、第一部第九景女性レスリングの場が露骨で煽情的であると訴えられたものである[47]

さらに一〇月一四日付『朝日新聞（東京夕刊）』は次のとおり報じた。

日劇小劇場に手入れ　警視庁保安課では十二日夜五時十分千代田区有楽町日劇五階の同小劇場を手入れし、出演者パン猪狩こと猪狩登（三三）リリー猪狩こと同定子（一八）と同劇場支配人浜田栄（三八）演出沢村い紀雄こと岡部静雄（四五）をワイセツ（一字判読不能）現行犯で検挙した。去る三

日から公演のバアレス「女のパクパク」第一部第九景「女のレスリング」があまりに煽情的でワイセツだというのである。(48)

どちらもいわゆる三面記事で、かなり小さい扱いではある。『讀賣新聞』は猪狩きょうだいを含む四人の住所まで書いてあり「書類送検」、『朝日新聞』の記事では住所は省略してあるが「検挙」と、微妙に違った内容にもなっている。(49)

ここで注目したいのは、これら二つの記事の描写の差異よりも、両者が伝える、「日劇小劇場で今月からおこなわれている『女のパクパク』というショウの第一部第九景『女のレスリング』が当局によってわいせつだとみなされた」というメッセージだ。どちらも事件にかこつけて、インパクトある『女のパクパク』なるショウの存在に言及し、さらにこのショウの「第一部第九景」で、警察が手入れに来るほどわいせつな「女のレスリング」が観られる、という情報を載せている。「第一部第九景」という情報があることによって、この『女のパクパク』内の演し物のうち「女のレスリング」は何時ごろ始まるのかおおよそ見当がつく。「有楽町日劇五階」と、場所を明記しているのも親切だ。ストリップに少しでも関心のある東京近辺の一部の読者にとって、このような表現の効果は小さくないものだったことは想像ができる。案の定、パンの回想によれば、「〔一夜明けて警察から〕帰ってみたらギャラが800円アップしてた(50)」という。さらにパンが冗談めかして語るには、この事件はラジオのニュースにもなったらしく、それを聞いた家族が「もう興奮しちゃったんだ。そのうち近所からも、お宅の旦那がニュースに出たって集まって来たの。でも誰も公衆猥褻陳列罪の意味がわかってないの。こりゃめでたいってことになって、家じゃお赤飯炊いたっていうんだから弱っちゃうよ」〔51〕という状況だった。拘束中、猪狩きょうだいは自分たちが兄と妹であることを必死に説明したというが、理解されづらかったという。〔52〕それどころかパンは、レスリングというものを知らない刑事たちのために、その歴史やルールについて講義するハメになったという。

では、そもそも『女のパクパク』とはどのようなショウだったのだろうか。パンフレットによれば、『日小バアレスク　女のパクパク』は二部二四景からなり、多くの演目にストリップ・ダンスと付されている。演出家・岡田恵吉の口上からは、ダンスにも音楽にも力を入れ、成人向けの質の高いミュージカルを目指していたことがうかがえる。〔53〕冒頭に歌われる主題歌『女のパクパク』の歌詞は、「娘の口は濡れている／おばあさんの口はしわだらけ…〔略〕浮気な女のパクパクは／うそと手練でパカパカよ」と何だか意味深で、第一部のタイトルも「チン藝・マン藝」と破壊力抜群だ。それぞれの景のタイトルも「お口の上では？」「チュウリップの様なお乳」「濡れるパクパク」など、現代の価値観からしてもかなり独創的であるため、そのなかに並ぶ「女性レスリング　パン猪狩　リリー猪狩　ローズ髙橋」の文字は、逆に比較的おとなしく見える。ちなみに「ローズ髙橋」は、前出の『サン写真タイムス』の記事にある髙橋美枝子かと思われるが、「手入れ」があったときには出演しておらず、拘束を免れたようだ。シヨパンの名前はそもそもパンフレットには載っていない。

その後も、「『女のレスリング』が猥褻なあまり手入れを受けた」という内容の記述は複数の雑誌で散

【画像4】『マダム貞奴』パンフレット、1951年（8頁）

見される。たとえば事件直後に刊行された週刊誌『真相』の記事では、パンと妹のリリーが「レスリングと称して上になり下になり、怪しげなポーズをくり拡げ『「性戯実演に紛らわしい」と摘発された」と紹介し、さらに「このねらいは功を奏して、連日平均一七〇〇名、月純益百万突破の好成績で一般ストリップ劇場をうらやましがらせていた[54]」と記した。月刊誌『新映画』一九五一年一一月号の「このごろのストリップ」欄でも、

ストリップのあの手この手も漸くタネがつきたと思ったらさにあらず、今度は日劇小劇場の「女のパクパク」に「女体レスリング」なるいとスサまじきものが登場した。ブラジュアーにパンツ一枚の美女（?）たちがくんずほぐれつするのだから「とってもたまりません」とばかり、多くの「自称紳士」がつめかけた。

とあり、やはり「手入れ」のエピソードがかえって宣伝になったと伝えている[55]。また、一九五一年六月・帝国劇場での越路吹雪主演『マダム貞奴』では劇中劇で「女のレスリング」が登場したが、これも

彼らの演目のインパクトにあやかってのことだろう[56]。パンフレットによれば、猪狩きょうだいは出演していないが、日劇小劇場で一緒に「手入れ」を受けた沢村がレフェリー役で出演している[57]。公演に先立って『讀賣新聞』に掲載された『マダム貞奴』の広告には、「笑いと涙とエロチック、ハダカ美人の牛乳風呂、女のたうつレスリング」とある[58]。「女のレスリング」はストーリー展開に直接は関係がなく、越路扮する貞奴たちがアメリカで見聞したパフォーマンスの一つとして演じられていたようだが[59]、話題になっていた「女」「レスリング」の文言を広告に入れることが効果的だという意識があったのだろう。

このように「女のパクパク事件」は、日劇小劇場のストリップならびに「女のレスリング」の宣伝に役立ち、「女のレスリング」は帝国劇場のミュージカルに登場するまでになり、また定子やパンにとっても、後年たびたび思い出して語るほどインパクトのある出来事だった。二〇一九年に筆者が当時の『朝日新聞』と『讀賣新聞』の「手入れ」記事を発見し、定子に見せにいったところ、どことなく嬉しそうな「あ、これねえ」という反応で、一八歳でストリップ劇場で警察に拘束され、実名も出るような新聞沙汰になったことを「黒歴史」とも恥ずかしいことともとらえておらず、むしろ懐かしく、面白く、ちょっと誇らしい出来事として思い出しているようだった。

地方のパン・スポーツショウ

「女のパクパク事件」から数ヶ月後の一九五一年の冬、パン・スポーツショウの名前は地方新聞に登

【画像5】『名古屋タイムズ』1951年2月1日（3頁）

場している。一九五一年二月一日付の『名古屋タイムズ』の広告欄には黄花園劇場に「パンスポーツショウ」が出演するとある【画像5】。ほぼすべてが手書き風の広告で、「全国で話題となって居る!! 豊満なる女体が火花を散して相搏つ興奮!」「女子レスリング団コミックボクシング[60]」と書かれている。イラストではトップレスの女性がグローブをつけているため、コミックボクシングも含まれていた可能性もある。メンバーはパンとリリーのほかは、ローズ髙橋、チェリー原、ショパン谷、ナンシー佐田。

二日後の同じ『名古屋タイムズ』には、「似て非なりや? あられもない女子プロレスリング」という記事が載っており、中区の「K劇場」での「日本唯一という女子プロレスリングチーム」の興行について記されている。[61]「パンスポーツショーと銘打ってあるだけにスポーツとショウの合いの子」と説明されているが、ボクシングに関しての言及はない。出演者はリリーとローズ勝美のほかパール堀、シルバー本田となっており、二日前の広告とは若干メンバーの名前が違っている。ここではガーター取りには触れられていないが、名前の記載のある四人の女性全員がガーター取りをおこなったかもしれない。パンは監督兼マネージャーとしてまず紹介され、次いで「「純粋のレスリングだけではまだ食べていけませんので」とは猪狩氏の嘆き」と、「あられもない」ショウと「純粋」のスポーツを二項対立的に並べることで幅広い層の観客の興味をそそるような工夫がされていたようだ。「東京公演でスポーツかエロショーかと警視庁が首をひねったというだけあって見事な女体から発散するあやしいふんいきに観客の顔も真剣そのもの？ だった」[62]と、「女のパクパク事件」については間接的に述べられているが、やはり「警察の手入れが入るほどのショウ」の宣伝効果はここでも発揮されている。掲載された写真【画像6】のキャプションはさらに露骨で、「体固めか？ 乳房のつぶし合いか？」とある。しかし写真を見る限り、技をかける方もかけられる方も必死の形相で、水着でもなく、特にエロチックな要素が強調されているわけではないように写っているため、記者の見慣れないものへの想像力に限界があったことも露呈している。

【画像6】『名古屋タイムズ』1951年2月3日（3頁）［名古屋タイムズアーカイブス委員会所蔵写真］

さらに、一九五一年三月二四日付の京都『都新聞』の広告【画像7】に、ほぼ同じメンバーの「パン・スポーツ・ショウ」がキャバレーホール・グランド京都に土日の二日間出演、見出しには「女子レスリング」「女子コミック・ボクシング」「トンデモハップン珍光景続出!!」とある。[63] ちなみにこの広告では「ショパン・イカリ《ママ》」も「女」と紹介されているのは、誤植なのか故

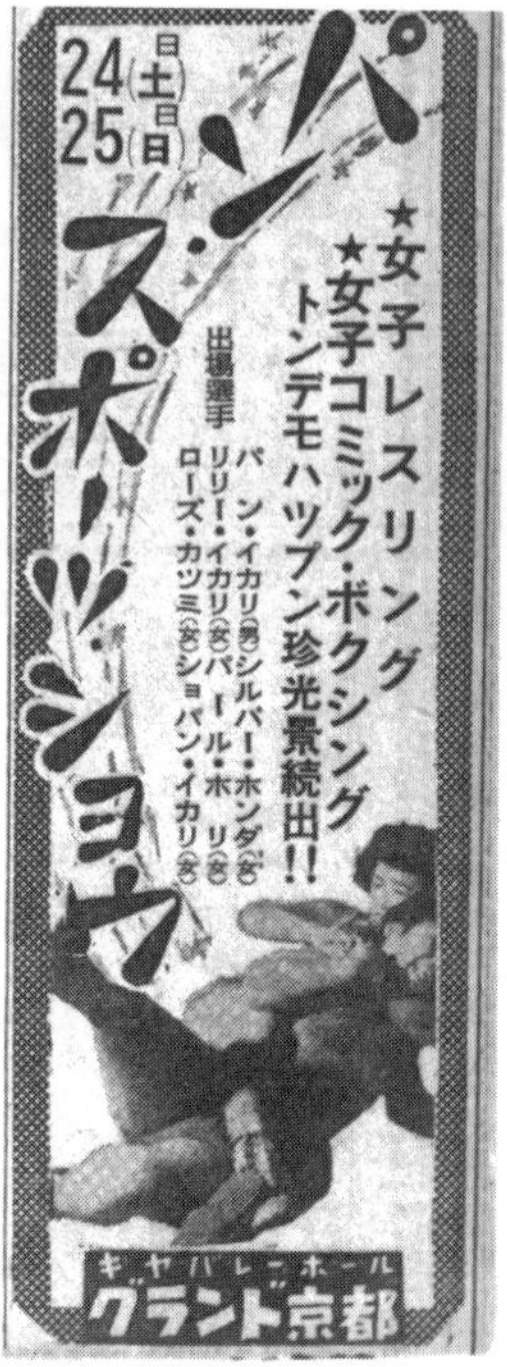

【画像7】『都新聞』1951年3月24日(2頁)

意なのか定かではない。「パン・イカリ《ママ》」のみ「男」とされていることから、女性の出演が多いと見せるためにわざとショパンも「女」にしてしまったとも考えられる。

短編小説「女のレスリング」

「女のパクパク事件」と「ガーター取り」は大衆小説家にも創作のヒントを与えた。『読切倶楽部』一九五二年一〇月号所収の野田開作「女のレスリング」は、あからさまに「パクパク事件」に言及し、また「ガーター取り」の描写も登場する短編小説だ。一九二〇年生まれの野田は当時パンと近しい間柄にあり、定子はきょうだいたちと野田とで一緒に撮った楽屋写真を保存している。小説家の島田雅彦による二〇二一年のエッセイ「散歩者は孤独ではない」には、コロナ禍の最中の二〇年に一〇〇歳を超えた野田と四〇年ぶりに電話でやりとりをしたときの感動が述べられている[64]。野田は小説家としての島田を最初に見出した人物のようだ。野田は福岡出身で、一九四六年『見晴らし亭の女たち』で夏目漱石賞佳作に選ばれ、五二年まで『三田文学』に短編を寄稿していたという。それ以降は海外の探偵小説やSFの翻案から成人向け小説まで、幅広く執筆していたようだ。

「女のレスリング」は、開始頁に「女レスラーの胸に秘めた戀をめぐる異色作！」との見出しがあるとおり、ラブ・コメディに仕立てられているが、内容はかなりホモソーシャルでミソジニー的だ。だが同時に、当時の女子レスリングの様子も透けてみえる貴重な作品である。(65)

【画像8】『読切倶楽部』「女のレスリング」1952年10月号(98-99頁)

冒頭で「数寄屋橋から銀座にかけての雑踏を見下す大きな劇場の五階に、これは又小さなストリップ劇場がある」と説明があり、そこに「女のレスリング　特別出演　ピン・アンド・ポンスポーツショウ」の絵看板があるとしている。地の文では「これはストリップショウではない。スポーツショウである。あくまでも健全なる「スポーツ」である」と念押ししている。(66)舞台では現実の猪狩きょうだいのユニット同様にリーダー「ピン東」がレフェリーを務め、レスラーの「リリー東」はピンの一九歳になる妹だ。現実と違っているのは、リリーの試合相手の若い男性「ポン成田」は猪狩きょうだいと血のつながりがない点と、大学でレスリングの経験があるという点だ。物語の序盤では実際の「女のパクパク」事件が参照されている。劇場に手入れに入った警察が、レスリングをする舞台上の三人に「公然ワイセツ物陳列罪」のかどで出頭を命じたというものだ。警察署でポンがレスリングとは何かを刑事に説明する場面がある。

「レスリングは角力と同じようなものなんです。角力とボクシングと、喧嘩とを一緒にしたようなものなんです。自然にいろいろな格好になります」とポンちゃんは、さっきからの言葉を繰り返した。レスリングの規則も説明した。〔略〕「男と女のレスリングが、正式の試合だとは、僕だって主張はしません。けれども、アメリカにもこういうスポーツショウがあって、健全な娯楽となっているのです。そりゃあ僕たちだって、お客さまを喜ばせるのが商賣だから、どんなにエゲツないことでも、キワどいことでもやりたいですよ。だけど、下手にふざけていた日にゃ、怪我をしてしまいます。そこが、レスリングの見世物でも、スポーツたる所以です[67]」

刑事への説明のかたちを借りて、不案内な読者にもレスリングを「健全な娯楽」で、「アメリカにもあるスポーツショウ」であると印象づけようとしており、また前述した定子の証言と同様、ケガへの細心の注意にも言及している。

さらにポンは続ける。「刑事さんたちは、最初から、僕たちのレスリングをエロショウと決めてかかっていたから、すべてがワイセツに見えたのです。冷静に考へ直して下さい。僕たちの真剣な試合ぶりを思い直してみて下さい。又、お客さんたちの熱狂ぶりは、野球を見る時の熱狂ぶりと同じものだった筈です。それは健康な興奮です。ね、刑事さん。見る人の心構へ次第で、崇高なる藝術もワイセツとなり、スポーツもエロとなるのぢゃないでしょうか[68]」。

実際にパン猪狩が警察でレスリングについて説明した際の様子をなぞるかのような記述だが、当時猪狩きょうだいと親しくしていた立場から、野田は女子レスリングをどうにかほかのスポーツと同じ「健康な興奮」として普及させたいと願っていたのではと思わせるくらい詳細な描写である。当時はアマレスも男子プロレスも知名度が高くはなかったうえに、ここでは現実の猪狩きょうだい同様に水着姿の女性と裸に近い男性の「試合」をストリップ劇場で演じていたため、当然ながら猥褻視されていただろう。「いかがわしさ」と「健全さ」とを絶妙に行き来する表現それ自体が男子プロレスとはまったく異なる女子プロレス固有の特徴だ、という解釈も可能ということに鑑みると、ここでの説明はかなり妥当なものといえる。また「崇高なる藝術もワイセツとなり」との言及は、本作が発表される前年の一九五一年から話題だった「チャタレイ裁判」の議論を思わせる比較だろう。

ちなみに三人が警視庁から釈放されて帰る場面では、次のようなくだりがあり、ストリップ劇場への出演は、賃金が若干高かった米軍クラブよりもさらに好ましいものとされていたことがうかがえる。

勿論、兵隊クラブの出演料にも段階はあって、ポンちゃんは、ずうっとCクラスだ。といっても、たった十五分の出演で七百圓である。三人合わせると二千五百圓くらいになった。割は小劇場よりいいし、土曜日や日曜日など、二カ所も三カ所ものクラブをかけもち出来るので、稼ぎとしては悪くない。ただ、やっぱり藝人である以上は、ちゃんとした劇場に出たいのが本音で…〔69〕。

実際、パンとショパンの兄弟も米軍クラブ出演者としての階級はCクラスで、女性であるリリーだけがBクラスだったうえ、出演料も飛び抜けて高額だったわけではないようだが、この「ちゃんとした劇場に出たいのが本音」というのは、おそらく猪狩きょうだいの当時からの考えだっただろう。また多くの芸人にとっても、言葉の通じる日本人の観客のために演じることは精神的にも象徴的にも敗戦からの復活を意味したと思われる。先に触れたとおり、進駐軍の観客からの暴力的なふるまいもあったことを考えると、たとえそれがストリップの幕間の余興であっても、出演者たちは「ちゃんとした劇場」の方が好ましいと感じていたようだ。

さて物語のなかでは、ポンは試合相手のリリーに密かに恋をしているという設定がとられている。だが、横須賀の兵隊クラブの舞台上でリリーと組み合っている最中、ポンのパンツのゴムが切れ、「急に下腹のあたりがサーと軽くさわやかになった〔70〕」、つまりパンツが脱げて全裸になってしまう。このアクシデントに米軍の観客は湧き立ち、バックのジャズバンドはテンポの速い「ブギウギ」を演奏して盛り上げたが、リリーの反応はというと、驚きと恥ずかしさのあまりしばらく立ち尽くしたのち、いたたまれなくなって舞台裏に走って退場する。「レスリングに於ては無敵のリリー嬢もこうしてみると、やはり花はずかしき年頃の娘であった」。リリーは楽屋で泣き続け、「ポンちゃんとは金輪際レスリングしない」と宣言し、その責任を感じたポンは姿を消す。[71] 前述した『サンデー映画』の記事同様、ここでもリリーは、レスリングは強くても気持ちは「純情」な若い女性、という描かれ方をしている。リング上での卓越した強さとレスラー個人の性格のギャップも、観客や読者から見た女子レスリングの楽しみの一つだったといえ、その楽しみには家父長制秩序をおびやかさない程度の、つまりミソジニストの気分を害さない範囲で新しいことに挑む、純潔で従順な女子レスラーという、一種のステレオタイプが作られつつあったようだ。そこには保護者代わりの兄が「かわいい妹を守る」ポーズを取ることで家の評判や正当性を保持するという、家父長的責任感もみえてくる。

物語の舞台は変わり、一年後、ポンは信州の温泉地で流しとして働いていた。一方、兄妹だけになってしまったピン・スポーツ・ショウの人気は下火になっており、観客のなかから力自慢の男性を募ってリリーの太ももにはめたガーターを取らせるという演目で地方のドサまわりをやっていた。ある晩、ポンは自分の住む町の場末の劇場にピン・スポーツ・ショウが来演することを偶然知る。さらに彼らの演目は、もしリリーがガーターを取られて負けると「一晩中、好き勝手に、御自由に、彼女をモノにする権利が得られる」というルールになっていることを聞きつけ、会場に向かう。[72] 観客の男性の勝利に伴いリリーを「好き勝手にする権利」が発生するという部分は野田の創作だと思われるが、前述のようにガーター取りの試合自体は、実際にパンの指導のもとなされていたリリーや田山など複数の女子レスラーによる実演を反映したのだろう。

さて、ポンが駆けつけた会場では、客席からリリーに挑戦した地元男性二人が次々に負け、三人目が棄権したところで次の挑戦者が出てこない。

「残念ながら、希望者のアトがつづかないようです。リリー嬢は、ここに於いても又、処女を全うすることが出来ました。それでは、これをもちまして…」とピン氏が結びの一言を云おうとしたときだった。どこで、いつのまに準備したのか、海水パンツを履いたポンちゃんが、ゆっくりと舞台に登場したのである。〔略〕ポンちゃんは、「リリーがまだ処女の王座を護りつづけている」という一言に奮起したのだった。[73]

突然のポンの登場にリリーはいつもどおりに戦えず、「女豹のごときリリー嬢が、急にナヨナヨと身をくねらせて、箱入り娘のお床入りみたいに押えこまれ、なんなくガーターをはずされてしまった」[74]。ポンに敗れたリリーは「ポンちゃんを深く愛している」ことに気づく。ここではピンとポン、そしておそらく作者によっても、リリーが処女であることが、女子レスラーの内面の純心さと正当性の象徴として特に重要視されている。作品中でピンが、「おまえには、ストリップだけはやらせないつもりだ」[75]とリリーに言うセリフがあるのも、ストリップがレスリングとは違って処女性を担保しないものと位置づけられていたことの証左だろう。また、レスリングもストリップも実践するのはリリーだが、その決定権は兄が当然のように握っていることもうかがえる。

最後の場面はさらにミソジニスト的でホモソーシャルだ。

「これ返すよ」とポンちゃんがテレ臭そうに、ガーターを差し出し、「東さん、いくら落ち目になっても、こんな商賣はひどすぎる」とボヤいた。すると東氏は、ニッコリ笑って、「いや、もう、やりたくたって、この商賣はダメさ。だって、リリーのガーターは、ポンちゃんによって見事にはずされたんだからね。リリーは、ポンちゃんのものさ。…それから先のことは、ワシャシランよ。よろしく」と、言い捨てたまま、その場から姿を消した。二人きりに取り残されたポンちゃんとリリーの手と手は、ガーターによって結ばれているのだった。(76)

物語の設定では、ガーター取りの試合は売春のリスクを併せもっている。だが最後に「純心」な「処女」リリーが売春婦に「堕ちて」しまうのを救い、彼女を正当な方法(つまり恋愛)で「モノにする権利」を得るのは、一度は彼女にはからずも全裸姿を見せて恥をかかせた(と描かれた)ポンだった。

さらに、そもそもガーター取りをする機会を与えたのはリリーの兄であるピンであり、リリーを一方から他方に「譲渡」する過程で、二人の男性はその絆をより強固なものにしている。ここで最後にポンに負ける選択をしたのはリリー自身だが、その選択はリリーの譲渡者である兄と受理者ポンの両方を同時に利することになる。つまり、前者は「妹に好きなことをやらせている」という、一見すると民主的なポーズをとりつつ家父長制の保護者としての責任を果たし、後者は「リリーのポンへの愛」を受け止めつつ今後の家父長制の保護者としての正当性を引き継ぐからだ。人類学者のゲイル・ルービンが示したように、「ジェンダーの非対称、すなわち交換する者と交換される者の差異は、女性のセクシュアリティを必然的に束縛する[7]」といえよう。しかし本作では、リリーがみずから負けて「自発的」に同意と愛情を表現することで、交換する男性側と交換される女性側における「ジェンダーの非対称」にみられる、女性側の性的自主決定権が「束縛」されていることを隠蔽しているとも読める。露骨な強制性を忌避する近代のジェンダー秩序には、こうした抑圧の構造を若い女性の「無垢」で「純心」な愛などで上塗りして不可視化し、あたかも女性の側に自発的に選び取る権利が与えられているかのような演出が不可欠だ。

また、作中のガーター取りが米軍クラブでなく地方の劇場で日本人観客の前でおこなわれたとする設定は、日本男性のあいだでの日本女性の譲渡を正当化し強化するような演出にもなる。つまりこれは、米兵に日本女性が奪われてしまうというような、占領下の軍事力・政治力・経済力の不均衡の現実によって日本男性たちのなかに蓄積されていた、ジェンダー化された屈辱感を浄化するような作用もあっただろう。この短編が掲載された一九五二年一〇月ごろというと、数ヶ月前に日本は独立したばかりだったが、実際には朝鮮戦争のさなかで駐日米兵の数は相変わらず多く、読者、特に日本男性には、フィクションのなかだけでも米兵に代わって日本女性を「自分たちの自由にしたい」という心情もあったかもしれない。その後、現実においては、女子プロレスにおける長兄・パンの家長としての役割はさらに広がっていく。

ホーキンス軍曹と女子プロレス

一九五二年一二月一四日の『サン写真新聞』の一面には、「日本にも女プロ・レスラーを」という見出しとともに、二人の女子レスラーのうち片方が飛行機投げをしているところと、それを中腰になって見守る軍服姿の黒人男性の写真が大きく掲載されている[78]【画像9】。この時期の女子プロレスの特徴は、内容的にも人的にも「アメリカ」との関係をより露骨に強調し始めた点にある。白いセパレート水着風のコスチュームのリリー猪狩に投げられているのはローズ勝美。見出しの下には、「…本場のアメリカでは、目のさめるほどきれいな美女がリングの規制をよく守り、フェアプレイの精神で堂々と活躍しているのです――日本に女子プロレスの精神と技術を導入・普及し、女だけのレスリング研究所も創設しようと駐留米軍のエルマー・ホーキンス軍曹は語る」と紹介されている。

【画像9】『サン写真新聞』1952年12月14日（1頁）

この軍曹はエルマー・L・ホーキンス（一九二二〜一九八六）という。記事によれば山口県岩国の基地に勤めており、「マサチューセッツ州ホリオーク市のスポーツマンクラブのマイモーター会長」なる人物から猪狩きょうだいのレスリングの活動を知らされ、一九五一年に神戸で初めてショウを観たらしい。さらに記事では、「スポーツマンクラブ」は女子レスラー育成のためのジム建設の資金援助も申し出ている、とある。[79] 記事の写真も、たとえば先に紹介した一九五〇年九月の『サン写真新聞』に載った「逞しき女レスラーの先駆者」の記事のそれと比べると、二人のレスラーは、色の薄いセパレート水着を着ていることに変わりはないが、手足も腰もより直線的に伸ばし、肉感的な印象が少なくなり、表情も淡々としているように見え、柔道やアマチュアレスリングの技をかけている様子により近くなっている。さらに左側にはその技の詳細を、腰をかがめて凝視するコーチ然とした制服姿のホーキンスがいる。テキストに書かれた「本場」「女プロ・レスラー」という表現も含めると、アメリカの女子プロレスを意識した、スポーツ色の強いショウに変化してきているのがよくわかる。とはいえ、当時の実際のアメリカの女子プロレスも、ストリップ劇場での出演こそなかったが、日本と同様グラマーな女性が水着で扇状的な動きをしながら取っ組み合うというような内容がほとんどで、だからこそ一部の州では禁止されていたことには留意したい。つまりここで演出されているのは、実際のアメリカの女子プロレスの模倣というよりは、アメリカ「的」なるものを強調することで、「女のパクパク事件」以来一部で広がっていた、女子プロレスをストリップと混同するようなイメージを改良する意図があったと思われる。

ショパンによれば、その後ホーキンスは東京の立川基地に移動し、レスリングのコーチを買って出て、三鷹の道場まで来てくれたという。[80] また、一九五二年に撮影されたというリリーとホーキンスが並んで写っている写真をもとにフェイスブックの立川基地関係者のグループの助けを受けて調べたところによれば、ホーキンスはニューヨーク州出身、米空軍所属で朝鮮戦争に従軍し、写真の制服は二等軍曹(Technical Sergeant)のものだが、のちに曹長(Master Sergeant)に昇級したようだ。[81]

【画像10】定子とホーキンス(1952年10月)［写真提供:猪狩定子］

当時三〇歳のアフリカ系アメリカ人で、レスリングの経験があるとされているホーキンスは、藤井重俊という、当初からパン・スポーツショウを支援し、自身もアメリカのプロレスファンだという日東紡績株式会社の社員の紹介状を手にきょうだいに会いにやってきた、とショパンは述べている。[82]ちなみに、藤井は一九二一年イタリア・ローマ生まれ。京都大学理学部卒業後、一九四五年に日東紡績入社、五九年の時点では同社の秘書課長を務めていたとある。[83] 次章で述べるが、藤井は来日興行実現のためアメリカの女子レスラーと書簡で直接交渉しており、[84] エリート会社員でありながら女子プロレスとかなり関わりの深い人物である。定子によれば、ホーキンスはコーチとしての腕をパンに売り込み、一九五三年ごろに稽古場が完成した折には「ホーキンスさんはポケットマネーでリングも買ってくれた」らしい。[85] ただし、前述のフェイスブックグループのメンバーによれば、当時の二等軍曹の給与はそれほど高くなかったようだ。定子に確認すると、「軍曹の給料じゃあんなの〔リングの費用〕払えるわけない、藤井さんが援助したんだろう、とパン兄さんが言っていた」とも語ってくれた。[86] 細かい事情は確かめようがないが、この時期、あたかも日本の独立とともに再構築された日米安保の同盟関係をモデルとするかのように、先の記事では象徴的に「本場」アメリカからの軍曹と「スポーツマンクラブ」による支援を喧伝し、女子プロレスをバーレスクの幕間のショウではなく、より「本場」のそれに近い「スポーツ・ショウ」に仕立て上げ始めたといえる。

文化史研究者のE・テイラー・アトキンスは、戦後日本のジャズ受容についての著作で、日本のジャズの世界においては「従来の人種のヒエラルキーが転倒していた」という。日本のジャズの演奏家や愛好家が、アメリカの黒人ジャズ演奏家たちの「本場」の「正当性」を無条件に称揚する傾向があったためだ。[87] 人種に関する無条件の思い込みは、たとえそれが肯定的なものであったとしても十分に差別的な場合が多いが、ともかく日本のファンがこぞって称揚・尊敬したことで、冷戦初期の「本場」アメリカからの黒人ジャズ演奏家は日本ではたいへん優遇されたようだ。

女子プロレスの世界では、特にホーキンスが黒人だったことに付随する過剰な思い込みがそこまでみられたわけではないが、コーチを買って出たホーキンスがプロレスの「本場」アメリカから来たということは、パン・スポーツショウにとっては好都合な宣伝材料になったため、当然猪狩きょうだいからは尊敬の念をもって迎えられた。ショパンの著作でも定子のインタビューでもホーキンスは非常に肯定的に思い出されている。パンにとっては、自分たちがやっていたことに「本場」アメリカから正当のお墨付きをもらえたうえに、実際にコーチとしても熱心だったようで、ホーキンスは女子プロレスの「スポーツ化」の始まりに貢献した重要人物のうちの一人といえる。一九五〇年代はアメリカでもテレビ中継を通じて多くのファンが女子プロレスの番組を観るようになったため、ホーキンスもテレビ放送で女子プロレスを知った可能性があり、また駐留米軍の軍曹として「女性の解放」に積極的だったとも考えられる。さらに、コーチとしての関わりは、家長であるパンからの了承を受けたことで初めて成り立つ。こうしてパン、ショパン、ホーキンスたちの絆は強固なものになっただろうが、一方の女子レスラーたちは自分たちのレスリングのあり方や稽古場についての意思や意見を表明する機会はあまりなかったようだ。

とはいえこの時期は、女子プロレスとアメリカとのつながりを強調することで、より「本格的」、または「スポーツ」としての要素が多く喧伝されるようになっていく。アメリカを意識したリリー自身の声が『読切倶楽部』一九五三年四月号のコラム欄に次のように紹介されている。

> 「女のレスリング」のマネージャー、猪狩登氏妹さんの女レスラー、猪狩リリー嬢は、このほどアメリカン・プロレスリングクラブの会員に推せんされた。MGMのニュース映画に撮られた時、彼女は男々しくも宣言したのである。「わたしは全米選手権保持者ネール・スチュアート嬢に挑戦する用意があります」と。これが実現すれば、女相撲そこのけの十萬ドル熱戦が見られるというもの

で、まったく恐妻的世の中になったもんだ。[88]

ここで触れられている、「アメリカン・プロレスリングクラブ」とは、前述『サン写真新聞』の記事の「スポーツマンクラブ」の誤記と思われるが、いずれにしてもアメリカでそのような「クラブ」が実在したかどうかは確認ができていないこともあり、捏造の可能性もなくはない。「MGMのニュース映画」に関しては、その撮影中にショパンとともに写された【画像11】を

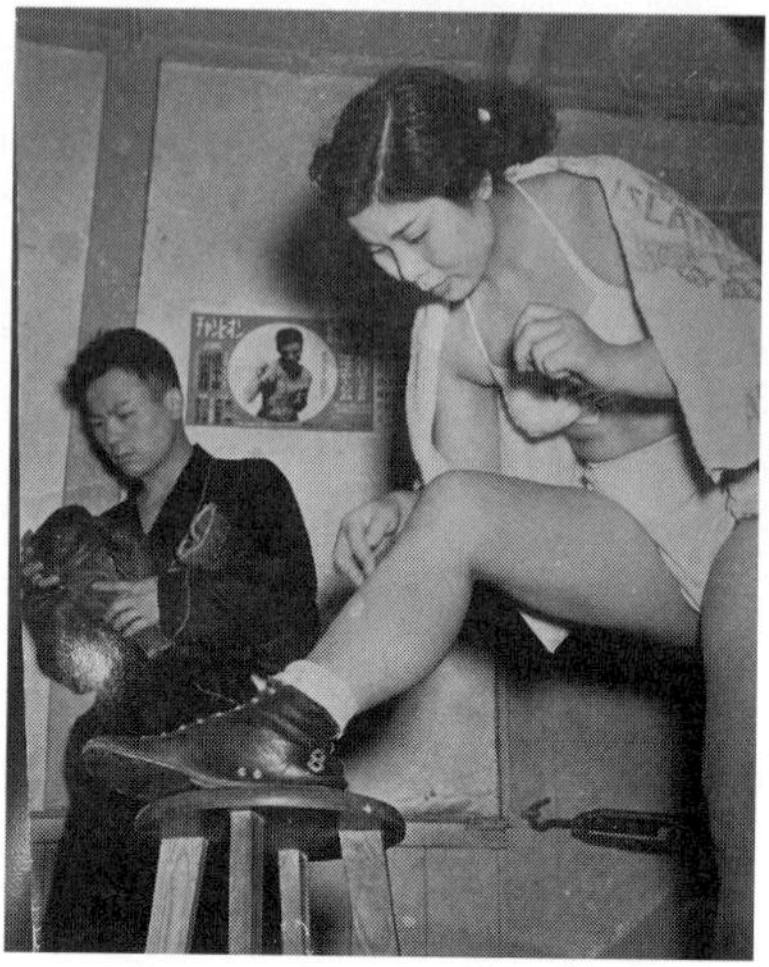

【画像11】MGMニュース映画撮影／1952年12月21日［写真提供：猪狩定子］

定子は所持しているが、実際のニュース映画はこれも確認できていない。また、この記事でも「マネージャー、猪狩登氏」と、兄の存在があたかも女子レスラーの身元を保証するかのように冒頭で伝えられるとともに、女相撲がまたもや比較対象として言及されている。

しかし興味深いのは、それまでの記事とは違い、ここでリリー自身による、全米選手権保持者に挑戦する、という「宣言」が紹介されていることだ。この「選手権保持者」は当時アメリカで次期チャンピオンと目された女子プロレスラー、ネル・スチュアート（一九二六～二〇〇一）のことだと思われるが、一九五三年の時点でチャンピオンと認識されていたのはジューン・バイヤース（一九二二～一九九八）、ま

たはミルドレッド・バーク(一九一五〜一九八九)だった。[89] とはいえ、当時アメリカの女子プロレスでは正式な統一選手権システムが確立されてはおらず、アメリカ各地でさらに複数のレスラーがチャンピオンを自称し、それぞれがベルトを所持していた可能性もある。いずれにせよ、この記事ではリリーが自分自身の意向を表明しているように描かれていることで、女子レスラーとしてのさらなる自立と、アメリカ人との試合を視野に入れられるほど技量が洗練されてきていることを伝えている。実際の状況はどうあれ、このような記事が出ることで、女子プロレスそのものに対する一般的な興味はより増し、また読者のなかから女子プロレスを「やる側」に回ろうという女性が現れる契機にもなり得たと思われる。「女レスラー猪狩リリー嬢」はもはやストリップまがいの演し物をおこなう女性とはあつかわれておらず、むしろアメリカ人との試合も恐れない向上心のある選手として、「恐妻的」とジェンダー・バイアスをまじえつつも紹介されている。

おわりに

初期の進駐軍クラブでの「コミック・ボクシング&レスリング」のころから、ストリップ劇場やキャバレーでの上演と「ガーター取り」を経て「本場」アメリカ出身のホーキンス軍曹による指導、そしてアメリカ人レスラーと戦う意志を表明するに至る約五年間のうちに、猪狩きょうだいの女子プロレスとアメリカとの関わりは徐々に変容していったことがわかる。きょうだいが「食べていく」ための演し物が本格派の「スポーツ・ショウ」になっていくにつれて、「アメリカ」はもはや単なる観客やインスピレーションの源としてあるのではなく、コーチとして日本の「兄」とともに女子レスラーを育成し、また女子レスラー自身にとっては将来の挑戦相手として、より具体的な、近しい存在になっていく。その関係は、冷戦初期時代の日米間の、決して平等ではないが協働することが自明とされる、アンバランスな同盟関係と一致するようにもみえる。ただし、こうした変遷は決して直線的なものではなかったことは強調しておきたい。たとえば『実話雑誌』一九五三年九月号では、猪狩きょうだいは「ドルを稼ぐ芸人たち」として巻頭グラビアを飾っている。[90] ここでの「パン・スポーツ・ショウ」は、米軍クラブの観客から人気をあつめている芸人グループの筆頭だが、同時に「サーカスのジンタを思わせる女のレスリング」とも紹介されていることから、スポーツ・ショウというよりはかつての見世物のイメージもいまだ流布していたことがうかがえる。

同時にあきらかになるのは、当時の記事や小説では、長兄であり保護者であるパンがほぼいつも最初に登場し、その存在があたかも女子プロレスと女子レスラーの正当性を担保するかのように描かれていることだ。おかげで女子レスラーたちは、少なくともメディア上で性的に愚弄されたり軽蔑されることはまずなかったようだが、同時に保護者であるパンから離れて自分たちの意思表示や意思決定の機会を得るまでには至らなかった。

その後ややあって、一九五四年一一月一七日付の『内外タイムス』に、「女プロレス・クラブ生る」「天晴れアプレ撫子　ストリップ界からも超弩級　「女力道」目指し猛練習」という記事が掲載された。[91]

冒頭で、「女プロ・レスの世界チャンピオンであるミルドレッド・バーグ嬢らの来日に刺激され、このほど『女力道山』を目指して日本にも女子プロ・レスリングクラブが誕生した」と伝えている。この年の二月からは力道山（一九二四〜一九六三）による空前の男子プロレス・ブームが起きており、また次章で述べるように、この記事が出る約一〇日前、一一月八日付の『産業経済新聞』で同月一九日からの「世界女子プロレスリング大試合」が告知され、「世界選手権保持者」ミルドレッド・バークを含む六名の女子レスラーの来日が発表されたばかりだった〔92〕。

「女プロレス・クラブ生る」の記事の一部は次のとおり。

三鷹市大沢のキリスト教大学裏に建てられた間口三間、奥行四間がこのクラブの道場、会長は銀座某レストランの経営者、顧問に柔道七段のレスラー山口幸夫氏、プロモーターにもとレスラーの藤井氏と猪狩登、同誠二郎の兄弟が指導に当たる〔略〕ひところ舞台でプロレスを演じた猪狩登氏は、ヒステリー性の強い日本の女性には格好のスポーツだという信念から三人の志望者を得て先月来練習を始めたことからこのクラブの結成となったもの〔93〕。

当然ながら日本女性だけが特に「ヒステリー性」が強かったとは思えず、また練習は数年前から続けていたはずだが、ともかく「猪狩定子（猪狩登氏の妹）」「ローズ勝見（田山勝美）」「法城寺ヒロ子（宏衣）」「浅草美人座の元踊り子で十七貫廿六歳のミス・ポテト、十五貫廿二歳のメリー京子」がこのクラブで

「本格的」な活動を始めるという、新しい段階にきたことが報道された。ミス・ポテトは元ストリッパーで、のちに一九五五年の第一次女子プロレスブームのころにヘビー級レスラー・香取由美として活躍する。この記事では猪狩きょうだい全員が本名で載っており、パン・スポーツショウのことはまったくわからないようになっている。芸名では本格的なプロレス・クラブの運営者としての真剣味に欠けるとの判断だろうか。

クラブ設立のニュースはバークたちの来日報道がさかんになされていた時期のものであり、「世界女子プロレスリング大試合」の宣伝の一部でもあったと思われるが、この記事で印象的なのは最後に、「なお、猪狩定子、法城寺ヒロ子の両選手は十九日から蔵前国技館で行われる世界女子プロレス試合に出場する」[94]と告知されていることだ。前座とはいえいきなり国技館で試合ができる、飛躍のチャンスがきていたといえる。

記事では触れられてはいないものの、猪狩きょうだいや田山は以前からこの場所（猪狩家）で稽古を続けていたが、バークたちの試合に前座で登場することを契機に、パンが日本で最初の女子プロレス団体として「クラブ」設立を発表したようだ。このクラブはのちに「全日本女子レスリング倶楽部」と名乗るようになり、定子によれば、複数名いたコーチにはホーキンスやその他米軍関係者のほかに柔道家で力道山のタッグパートナーでもあった木村政彦（一九一七～一九九三）も招聘され、寝技や関節技を教わったという。[95]この時期に形成されたアメリカとの象徴的な結びつきは、次章で詳述するように、バーク一行の試合の前座として出場するころにはより具体的なつながりとしても可視化されることになる。

註

〈1〉小谷志穂「女子プロレス——偏見と格闘」、『神戸新聞（夕刊）』二〇二三年七月一三日、一頁。同内容のオンライン記事のタイトルは「力道山よりもデビューは早かった——「日本初の女子プロレスラー」猪狩定子さんが闘ったもの」、『神戸新聞NEXT』(https://www.kobe-np.co.jp/news/society/202307/0016579316.shtml）二〇二四年一一月一三日閲覧。

〈2〉このような普遍性から逸脱する歴史のあり方については、保苅実『ラディカル・オーラル・ヒストリー——オーストラリア先住民アボリジニの歴史実践』（岩波現代文庫、二〇一八〈第三版〉）が示唆的である。

〈3〉ショパン猪狩『レッドスネークCOME ON!——笑いの王様東京コミックショウの誕生まで』（三一書房、一九八九）七〜一一頁。

〈4〉柴田恵陽による猪狩定子インタビュー書き起こし（二〇〇八）。

〈5〉ショパン猪狩前掲書、九六〜九七頁。

〈6〉ショパン猪狩前掲書、一九〜二〇頁。

〈7〉太田稔『ヨコスカ・ジャズ物語——霧につつまれた栄光の軌跡』（神奈川新聞社、二〇〇三）五六頁。

〈8〉滝大作『パン猪狩の裏街道中膝栗毛』（白水社、一九八六）六一頁。

〈9〉ショパン猪狩前掲書、一七頁。

〈10〉滝前掲書、三六〜四六頁。

〈11〉滝前掲書、五六頁。

〈12〉ショパン猪狩前掲書、六八〜六九頁。

〈13〉ショパン猪狩前掲書、九六頁。

〈14〉小谷前掲紙。

（15）柴田前掲インタビュー。
（16）滝前掲書、六三〜六四頁。
（17）滝前掲書、八五頁。
（18）尾方圭史「女も負けないプロレス時代來る（プロレス合宿訪問記）」、『ベースボール・マガジン増刊号　プロレス』一九五五年一〇月号（ベースボール・マガジン社）一一頁。
（19）「強い女レスラー」、『讀賣新聞』一九三五年八月二七日、四頁。
（20）杉村廣太郎（楚人冠）『續々湖畔吟』（日本評論社、一九三五）一八九〜一九〇頁。
（21）千葉由香「やまがた女相撲異聞——興行団石山女相撲の八〇年（前編）」、『別冊東北学』第六号（東北芸術工科大学東北文化研究センター、二〇〇三）二八五頁。
（22）千葉前掲論文、二七八頁。
（23）筆者による猪狩定子電話インタビュー（二〇二〇年四月）。
（24）前掲。演目の内容については、二〇一一年のYouTube動画を参照した青木深『進駐軍を笑わせろ！——米軍慰問の芸能史』（平凡社、二〇二二）九二〜九四頁にさらに詳しく記されている。
（25）*Our Job in Japan*は*Our Job in Germany*とともに、米軍によって一九四四年に制作された進駐軍向けプロパガンダ映画のタイトル。
（26）ショパン猪狩前掲書、一七七頁。
（27）ショパン猪狩前掲書、九八頁。
（28）Shin Aoki, "Singing Exoticism: A Historical Anthropology of the G.I. Songs 'China Night' and 'Japanese Rumba'", *Journal of American History*, March 2017, 943–955.

〈29〉クリストファー・スモール著、野澤豊一・西島千尋訳『ミュージッキング――音楽は〈行為〉である』（水声社、二〇一一）三三頁。

〈30〉スモール前掲書、三八頁。

〈31〉「豊富な肉体相打つ！　女レスラー出現」、『サンデー映画』一九五〇年四月二三日（サンデー映画社）七頁。本記事は西条昇氏からご提供いただいた。

〈32〉小泉悦次「「日本最大のショー」は本当に行われたのか」、『G Spirits　Vol.49』二〇一八年一一月号（辰巳出版）四一〜四三・四七頁。

〈33〉ケイト・マン著、小川芳範訳『ひれふせ、女たち――ミソジニーの論理』（慶應義塾大学出版会、二〇一九）四二頁。

〈34〉泉沙織「ストリップ「黄金時代」の女性観客――新聞・雑誌記事の言説にみる同一化」、日本メディア学会編『メディア研究』二〇二三年一〇三巻（日本メディア学会）二二六〜二二七頁。

〈35〉Stuart Hall, "Encoding, decoding", *The Cultural Studies Reader*, edited by Simon During. Routledge, 1990, 102-103.

〈36〉亀井好恵『女相撲民俗誌――越境する芸能（考古民俗叢書）』（慶友社、二〇一二）六四頁。

〈37〉二〇二四年二月に小泉悦次氏を通じて猪狩定子さんに確認いただいた。

〈38〉松永高司述、柴田恵陽取材・構成『女子プロレス　終わらない夢――全日本女子プロレス元会長松永高司』（扶桑社、二〇〇八）三〇頁。

〈39〉滝前掲書、五三頁。

〈40〉『新日本ニュース』第二二八号、一九五〇年五月二三日、制作・日本映画社、フランス・パテー特約ＳＥＦ

提供。
(41) 岡村正史『「プロレス」という文化——興行・メディア・社会現象』（ミネルヴァ書房、二〇一八）一八頁。
(42) O記者「女子レスリングショウ初登場　躍る太股、搖れる乳房　妖し・相うつ女體　近くエンコで初公開」。この記事は、国会図書館所蔵のスクラップブック『八田一朗コレクション（20）1950. 8. 28–1951』に貼られていたもの。他にもレスリング関連の記事や試合のチラシ等が貼りつけてある。枠外に「東京毎夕　二十五年一〇月三日」と手書きされているため『毎夕新聞』からと思われるが原典は未確認。頁番号は書かれていない。
(43) 前掲。
(44) 前掲。
(45) 松永・柴田前掲書、三六〜三七頁。
(46) スコット・M・ビークマン著、鳥見真生訳『リングサイド——プロレスから見えるアメリカ文化の真実』（早川書房、二〇〇八）一三二〜一三三頁。
(47) 「日小ストリップを送検」、『讀賣新聞（夕刊）』一九五〇年一〇月一三日、三頁。
(48) 「日劇小劇場に手入れ」、『朝日新聞（東京夕刊）』一九五〇年一〇月一四日、三頁。
(49) 『讀賣新聞』記事で沢村とリリーの住所が同一なのは誤植のようだ。
(50) 滝前掲書　八七頁。
(51) 滝前掲書　八六頁。
(52) 西条昇「笑う神拾う神　浅草編」、『東京新聞』二〇一九年八月二八日、一四頁。
(53) 日劇小劇場パンフレット『女のパクパク』七〇号、一九五〇年一〇月。

(54) 「楽屋から見た全裸ショウ繁盛記」、『真相』第五三号、一九五〇年一一月（真相社）四〇～四一頁。
(55) 「このごろのストリップ」、『新映画』一九五一年一月号（映画出版社）五六頁。
(56) 「ストリップ帝劇に進出」、日本近代史研究会編『画報現代史　戦後の世界と日本』第一〇集（一九五一年一月～六月）（国際文化情報社、一九五五）六五八頁。
(57) 『マダム貞奴』パンフレット（帝国劇場、一九五一）一六頁。
(58) 『讀賣新聞（夕刊）』一九五一年五月二五日、四頁。
(59) 前掲『マダム貞奴』パンフレット、一六頁。
(60) 『名古屋タイムズ』一九五一年二月一日、三頁。
(61) 『名古屋タイムズ』一九五一年二月三日、三頁。
(62) 前掲。
(63) 『都新聞』一九五一年三月二四日、二頁。
(64) 島田雅彦「散歩者は孤独ではない」、『文學界』二〇二一年二月号（文藝春秋）六七～七一頁。
(65) 野田開作「女のレスリング」、『読切倶楽部』一九五二年一〇月号（三世社）九八～一一八頁。
(66) 野田前掲誌、一〇二～一〇三頁。
(67) 野田前掲誌、一〇三～一〇四頁。
(68) 野田前掲誌、一〇四頁。
(69) 野田前掲誌、一〇六頁。
(70) 野田前掲誌、一〇八頁。
(71) 野田前掲誌、一〇九～一一〇頁。

〔72〕野田前掲誌、一一四～一一五頁。
〔73〕野田前掲誌、一一八頁。
〔74〕前掲。
〔75〕野田前掲誌、一一一頁。
〔76〕野田前掲誌、一一八頁。
〔77〕Gayle Rubin, "The Traffic in Women: Notes on the 'Political Economy' of Sex," *Toward an Anthropology of Women*, edited by Rayne R. Reiter (Monthly Review Press, 1975), 183.
〔78〕「日本にも女プロ・レスラーを」、『サン写真新聞』一九五二年一二月一四日、一頁。
〔79〕のちに猪狩定子、田山勝美、力道山も会員になったといわれている「スポーツマンクラブ」のアメリカでの所在に関する情報が皆無であるため、ご存じの方がいたらどうかご教示いただきたい。
〔80〕ショパン猪狩前掲書、二一〇頁。
〔81〕二〇二〇年のコロナ禍のころおこなった筆者の「ホーキンス探し」については20世紀メディア研究会会員専用ブログに詳述した。瀬戸智子「第54回　日本の女子プロレス草創期の研究とFacebookのコミュニティ」、『Intelligence 購読会員専用ブログ』(http://intelligencem20th.blog.fc2.com/) 二〇二四年一月二四日閲覧。
〔82〕ショパン猪狩前掲書、一九七・一九八・二〇四・二一〇頁。
〔83〕『建設界紳士録　関東編』（城南書院、一九六二）九一〇頁。『ダイヤモンド会社職員録　全上場会社版1959年版』（ダイヤモンド社、一九五九）八四頁。
〔84〕The Ruth Boatcallie Collection, courtesy of Chris Bergstrom.

〈85〉松永・柴田前掲書、三八頁。

〈86〉筆者による猪狩定子電話インタビュー（二〇二〇年四月）。

〈87〉E. Taylor Atkins, *Blue Nippon: Authenticating Jazz in Japan* (Duke University Press, 2001), 251.

〈88〉「スポーツ・ゴシップ」、『読切倶楽部』一九五三年三月号（三世社）二八〇頁。

〈89〉Jeff Leen, *The Queen of the Ring: Sex, Muscles, Diamonds, and the Making of an American Legend* (Grove Press, 2010), 205.

〈90〉「ドルを稼ぐ芸人たち」、『実話雑誌』一九五三年九月号（三世社）一一・一三頁。

〈91〉「女プロレス・クラブ生る」、『内外タイムス』一九五四年一一月一七日、三頁。

〈92〉「世界女子プロレスリング大試合」、『産業経済新聞』一九五四年一一月八日、七頁。

〈93〉前掲「女プロレス・クラブ生る」三頁。

〈94〉前掲。

〈95〉筆者による猪狩定子電話インタビュー（二〇二〇年四月）。

第二章　一九五四年　世界女子プロレスリング大試合

はじめに

一九五四年一一月、世界チャンピオンと謳われたミルドレッド・バーク（一九一五〜一九八九）を含む六人の女子プロレスラーがアメリカから初来日し、「世界女子プロレスリング大試合」（以降「大試合」）がおこなわれた。会場は、すでにその年の二月から力道山など男子プロレスの試合が中継されていた、東京の蔵前国技館（一一月一九〜二一日）を始め、大阪府立体育館（同二三・二四日）、神戸王子体育館（同二五日）、京都アイスパレス（同二六日）という、各都市の大型から中型のスポーツ施設だった。[1] バーク一行の様子は一一月一〇日の羽田国際空港到着の前後から新聞や雑誌が報じ、二〇日土曜の午後八時からの国技館での試合は日本テレビが生中継し、さらに各地の映画館は彼女たちの試合の実録映画『紅の激闘』[2]を上映した。

バークたちの来日興行が契機となり、女子プロレスの団体が日本各地で設立され、その翌年からの「第一次女子プロレスブーム」につながった、という認識がプロレスライターやマニアのあいだでは定着している。だがこの「大試合」には、単なる新奇なスポーツエンターテイメント以上の意義があった。本章では、このとき来日した女子レスラーのメディア表象と、「大試合」について書き残された記録を精査し、一九五〇年代中盤、冷戦初期のアメリカからやってきた女子プロレスを、多様な立場の人びとの経験と想像力が錯綜する重層的な場として分析する。冷戦期の国家間と人種間の権力勾配と、社会におけるプロレスが占める位置の両方を背景にした「大試合」は、日本の男性と女性それぞれにとっての「新しい女性」像を議論する機会になった。そればかりでなく、ほとんどがアメリカの地方貧困層出身の女子レスラーたち自身にとっては、日本での初めてのスター待遇がエンパワメントとして経験されたということもあきらかにする。

一九九〇年代以降、占領期からポスト占領期におけるジェンダーと大衆文化の研究では、少女歌手、映画俳優から女学生や主婦に至るまで、さまざまな女性たちが、戦争経験の都合のよい部分だけを抽出した「国民の記憶」とアメリカからの物心両面にわたる援助に支えられながら、国民的自尊心の復権にどのように関わったのかが論じられてきた。[3] こうした研究の意義は、占領期・ポスト占領期日本の日常生活経験のなかで、消費至上型の民主主義のお手本でありつつ、日本で経済復興が進んだ社会を想像する際の希望や不安の源泉としてアメリカを位置づける、広い意味での冷戦期の文化政治のとらえなおしにある。

本章での議論はこれらの研究成果の延長線上にあるが、特に一九五〇年代を探求するうえで参考になるのが社会学者の吉見俊哉による、一九五〇年代後期の日本に顕在化してきた「二つの「アメリカ」」という考え方だ。吉見によれば、一つは消費の対象である想像上の「アメリカ」、もう一つは核実験に代表される軍事的脅威など現実の「アメリカ」である。[4] この二つの「アメリカ」の台頭とともに淘汰されていったのは、それより前の占領期に、日本人がさまざまな立場から経験した無数の多様な「アメリカ」だという。想像上の「アメリカ」の例として挙げられている、一九五八年から人気を博した日劇ウェスタン・カーニバルでは、ほとんどが日本人男性で構成されたバンドによるロカビリーやカントリー音楽のアメリカ「的」なパフォーマンスが若いファンを魅了した。このようなバンドが当時の米軍について直接歌にすることはなかったが、同時に日本社会の背後につねにそびえていたのは現実の「アメリカ」、すなわち各地の米軍基地周辺での日常的な暴力と、それに向けられた不安だ。

この考え方をふまえると、一九五四年一一月のアメリカ人女子レスラーの日本ツアーは、五〇年代後半にみられた「二つのアメリカ」のせめぎ合いを先取りしていたともいえる。その背景にあったのは、同年二月からの男子プロレス界でアメリカ人と闘った「日本人」力道山の圧倒的な人気と、同三月からの米軍による太平洋上での水爆実験で日本漁船が被曝したことによる不安と不信である。このような時期に来日したアメリカの白人女子レスラーたちは、ハリウッドスターばりの化粧をし、サテン生地の水着を身につけ、鍛えられた筋肉と高度な技術を見せつけたが、しかし彼女たちは多くの日本男性にとっては脅威ではなく性的好奇心の対象だった。リング上の女子レスラーを、ある記事は力道山のように「怪物的」と報道し、またある記事は「水爆的エロ」と評した。こうした反応には、敗戦と占領によって「去勢」されていた感のあった日本男性たちが徐々にそのプライドを復権させつつあった様子が見てとれる。自分たちがあたかもアメリカ人男性と同等になったかのように白人女子レスラーのイメージを都合よく消費したともいえるが、そのような消費は、同時に起きていた米軍による太平洋上での水爆実験の日本人への影響や放射能への不安感を矮小化することで可能になるものだった。

一方、日本女性もアメリカ人女子レスラーを好奇の目で見ていたが、日本男性の反応とは一致しない部分も多かった。女性観客はレスラーの迫力に圧倒され、また前座試合に出場した日本の女子レスラーはバークたちの技術はもとよりその容貌も含めた「見せ方」からも多くを学んだ。テレビ中継や映画でバーク一行の試合に誘発された若い日本女性のなかには、自分たちもレスラーになろうと奮起した者も現れた。次章で詳しく説明するように、バーク一行の興行から数ヶ月のうちに、新聞では各地のストリップ劇場やキャバレーで、男性プロモーターや経営者の運営による女子プロレス・ショウの広告が打たれ、さらには複数の女子プロレス団体が都市部で設立されたことも伝えられた。同時に、日本の女性からは真逆の考えも表明されている。二〇代の母親がバークたちの試合のテレビ中継について新聞に投書した内容は、女子プロレスはあまりに卑猥すぎて子どもたちに観せるには不適切、というものだった。

来日した女子レスラー自身にとっても、「大試合」の経験は稀有なものだった。試合の宣伝のため、四台のオープンカーに乗って東京の繁華街をパレードしたのがそのもっとも象徴的なものだろう。実は当時の日本の都市部では映画や興行の宣伝としてオープンカーでパレードすること自体は珍しくはなかったが、[5]女子レスラーたちが本国アメリカでこのように大々的なパレードをした記録はない。バークの未発表の自伝では、日本でのスターとしての破格のあつかいが驚きや誇らしさとともに述べられているが、日本の次の巡業先だった香港とフィリピンでの体験については多くは触れられていないことから、日本での「セレブ待遇」はバーク自身にとっても特に思い出深いものだったようだ。また好待遇だからといって、彼女たちが日本の男性からの性的な視線を回避できたわけではない。とりわけ試合内容については、ほとんどすべての新聞・雑誌記事がその性的な面について、ときには侮蔑的な表現も交えて報じている。後述するが、英語が話せる男性ライターがハラスメントまがいの質問を直接バークたちにぶつけたケースもある。

本章では、日本男性・日本女性・アメリカ人女子レスラーという三者の表象と経験に注目するが、それによって当時の日米文化外交における女性の役割についての内外の先行研究に、さらに複雑な見解をつけ加えることも意図している。二〇一〇年代は、冷戦初期の日米間交流について、おもにアメリカの理想として喧伝された「民主的」で「近代的」な女性らしさが日本女性にもたらしたインパクトについて学際的な研究がなされている。これらの研究では、より「進んだ」アメリカ女性から教えを受ける「遅れた」日本女性の成長が日本の戦後復興の一部として描かれ、また彼女たちもみずからを冷戦期の世界に向けた新しい日本のイメージづくりに貢献する主体として認識していたことがあきらかにされている。[6] これらの研究は、日本女性とアメリカから来た熟練労働者、知識人、活動家、音楽家の女性たちとの交流を、アメリカから日本への一方向的なエンパワメントの枠組みでとらえがちで、そこでは日本側の「生徒」たちがより自由なアメリカの「先生」から学び、ときには積極的に交渉するさまが描かれている。とはいえ、そのような関係がジェンダー規範だけではなく、冷戦期に特有の人種や階級・階層その他の権力勾配にいかに条件づけられていたかということには十分に配慮されているとはいえない。これは研究対象がおしなべて日米の中流・上流層出身の、文化資本も教育レベルも(日本側は英語力も)高かった女性たちで、国境を越えた交流や交渉がそれほど難しくはなかったからだと思われる。さらに、新自由主義的競争や自己責任論と容易に同化しうるイデオロギーでもあるエンパワメントが、たんに女性の自立にとって好ましい現象として短絡的に称揚されてしまうのもまた問題だ。

前記の先行研究と同様に、この章では冷戦期のトランスナショナルな文化の一部としての「大試合」を分析するが、特に注目するのは、ジェンダーとインターセクショナリティ、特に人種と階級の違いが日本側とアメリカ側の双方からさまざまなかたちで経験され表象される、そのあり方だ。冷戦初期の日本はアメリカの自由と豊かさをときには目標とし、ときには反面教師として復興していった。その過程において、日本の女性と男性だけでなく、アメリカ本国でも一般的には「低俗」な娯楽であるとされた女子プロレスに関わっていたアメリカ女性たち自身の経験も視野に入れて、冷戦によってつくられた国際的な上下関係が人びとにどのように作用し、展開したのかをあきらかにする。以降、まず「大試合」の背景を説明し、次に試合の前と後のさまざまなメディア表象を、記事や日記、さらには評伝などの二次資料から分析する。

日本における男子プロレス

一九五四年の「大試合」が実現した背景には、まずなんといっても同年二月からの日本での男子プロレスの大ブームがある。一九五三年のテレビ放送開始の数ヶ月後からは、多くの日本人が公の場に設置された「街頭テレビ」や客寄せに喫茶店や銭湯に置かれた「営業用テレビ」を体験したが[7]、一九五四年二月一九日、蔵前国技館でおこなわれた力道山と柔道の覇者・木村政彦の「日本人」チームと「アメリカ人」シャープ兄弟（実はカナダ人）との対決のテレビ中継は、日本全国の視聴者をとりわけ熱狂させたといわれている。現代史研究者・五十嵐惠邦は次のように説明する。

国技館に駆けつけた人たちや、街頭テレビの前に集まった人たちは、目の前で起こった、日米の役割の劇的な交替に魅せられた。日本人がふたりのアメリカ人の男を打ちのめしていたのである。力道山のパフォーマンスを観るものは正義が報いられる満足感に酔いしれた。試合中、アメリカ人レスラーは非力な木村を卑劣な技を使っていためつけつづけた。それに反して、力道山は苦難を耐え、木村を助けだし、フェアプレイに徹したのであるが、最後には怒り心頭に発して、敵を「空手チョップ」で張り倒した。タッチなしにリングに飛び込んだり、自コーナーだけで戦ったり、素早いタッチでエネルギーの消耗を防いだりしたシャープ兄弟の「汚い」やり方に彼は忍耐力をもって対抗して最後の手段に訴えるだけの道徳的な説得力を作り上げたのである。[8]

力道山は、自身が朝鮮半島出身だということは一応公表しないまま、新しいタイプの力強い「日本のヒーロー」として登場し、ポスト占領期の国民が進むべき新しい方向を人びとに示したといえる。

力道山は一九六三年に亡くなるまで、いろいろな意味で型破りなスターとしてファンを魅了したが、このシャープ兄弟との試合では、会場や街頭テレビで初めてプロレスを目にする観客をたんに圧倒しただけではなかった。そこで彼は、当時の日本人のお手本になるような義理堅さ、力強さ、有能さを完璧に体現してみせた。それは現代からみれば、占領が終わり本格的な経済成長期に突入していく一九五〇年代の日本という国を象徴しているかのようだった。

初期男子プロレスの研究者やライターは、思想家ロラン・バルトがフランスの男子プロレスについて著した一九五七年の論稿「プロレスする世界」を頻繁に引用する傾向があるため、語られ尽くされた感もあるが、ここでの文脈に限れば次の部分が重要だ。

> とりわけプロレスが身振りで表わすべきものは、正義という純粋に道徳的な概念である。仕返しという発想は、プロレスにとって本質的なものであり、群衆の「やつを痛めつけてやれ」は何よりも「仕返しをしてやれ」を意味しているのだ。というわけで、重要なのはもちろん内在的な正義である。「卑劣漢」の行為が下劣であればあるほど、彼に対して正当に返される反撃は、それだけ観客を喜ばせる。〔9〕

同様に、力道山も単純でわかりやすい道徳や正義を「仕返し」というかたちで表現することで、ポスト占領期の国民的な神話を演じていたといえる。バルトは続ける。

> 豊かな経験を積んだ人間であるレスラーたちは、自然に発生した戦いの挿話を、観客がその神話学の驚異的な偉大なテーマから作り出すイメージの方へ完璧に転換することができる。〔略〕その身

振りは、影の中に隠しているものは何もなく、すべての余計な意味を切り落とし、純粋で充実していて、〈自然〉のごとく欠けたところのない意味作用を儀式ばったやり方で観客に提示する。[10]

あたかも用意された物語の型にきれいにはまるように、リング上ではそれぞれの男子レスラーが、アメリカ人の卑劣漢、日本人の柔道家、その柔道家がアメリカ人から集中攻撃されて窮地に陥っているところを正義の「空手チョップ」で救う新しいスター・力道山という、各自に期待された役割を正しく「自然」に演じている。元力士で、アメリカでプロレス修行をした力道山の、起源は琉球だが日本風の「空手」とアメリカのプロレス風味のある「チョップ」を合わせた必殺技は、無敵の柔道家・木村が体現した「伝統的な日本」を凌駕する新しい武器として、ポスト占領期の日本国民の神話づくりには欠かせなかった。

また、国民の神話と同時にここで創出されていたもう一つの「神話」とは、多くの観客を楽しませる良質な試合が、身体的にも技術的にもレベルの高い「日米」の男同士の連携によって成立するという、冷戦期の理想としての「男たちの神話」だった。この神話を成り立たせるためには、現実の日米関係の不均衡な面を無視するだけではなく、日本でのプロレス・ショウ自体の端緒はすでに女性が開いていたという事実にも触れないでおく必要があった。後者への言い訳を要する場面があったとしてもそれは簡単で、「あれは若い女のたんなるストリップ・ショウなので、正しいプロレスと呼びうる真剣勝負ではない」と軽蔑しておけばよい。だがこの言い訳は妥当だろうか。そもそも男子プロレスは、裸に近い服装の成人男性の肉体が、ぶつかり合うだけではなく複雑な技をかけ合い悶絶し合い、うめき声をあげたりため息をもらしたり、という動きを少なくとも一五分間、長くなると一時間近く手を変え品を変え観客に見せるものだ。女子プロレスにはない「真剣勝負」なるものは、男子のプロレスにも性行為を連想させる要素が少なからずあるということから目を逸らしてこそ成り立つのではないだろうか。日本に限らず男子プロレスが盛んな各国で、つねに女子プロレスに「エロ」のレッテルが貼られ続けてきたことで逆照射されるのは、男子プロレスは、試合するレスラーたちに実はすでに否応なしにそなわっている同性愛的でエロティック（homoerotic）な側面を排除することが必須で、そのために同性愛嫌悪と女性蔑視を強固にせざるを得ないという実情だ。余談だが、そのように排除されるべきゲイ男性「的」な要素を逆にギミックとして強調して観客を煽るタイプのレスラーの系譜に位置づけられるのは、第二次大戦直後のアメリカで超絶的な人気を博したゴージャス・ジョージ（一九一五～一九六三）、一九八〇年代メキシコのルチャドールで映画にもなったカサンドロ（一九七〇～）、現在日本で活躍する男色ディーノ（一九七七～）など多彩な面々だが、このスタイルが男子プロレスの多数派になることはまずないだろう。[11]

さらに、当時の日本ではボクシング、アマレス、柔道、空手など、男子による「真剣勝負」のスポーツ競技や格闘技が流行していたことをふまえると、観客は、男子プロレスはそれらのスポーツや格闘技とは一線を画す、神話的な要素のあるスペクタクルだということを言語化せずとも理解していたと思われる。民衆文化研究者のジョン・フィスクによれば、「プロレスはスポーツのパロディだ。プロレスが他のスポーツの一部を誇張することで、他のスポーツそのものと、それに通常そなわっている価値の両方に疑問を呈するのだ」[12]という。同様に、力道山のリング上の動きは、「真剣勝負」に擬態化した「国民の神話」と冷戦期日米の「男たちの神話」を一緒くたにして創出した。ただし、そのパロディ的誇張はフィスクが示したような他のスポーツに疑問を呈することにはつながらず、むしろ男子レスラー固有の力強さや道徳心を大袈裟に、そして肯定的にドラマ化することになった。ひるがえって、他の男性スポーツ選手や格闘家には自身の男らしさをそこまで露骨に示すことはできなかっただろう。というのも、それらの競技では仕込みの試合は（原則として）できないため、観客から見て男らしくない負け方や、楽しめない試合展開、入場料に見合わないと思えるほど短すぎる（または長すぎる）試合なども当然ながら頻繁にあるからだ。

同時に、社会学者・小林正幸が指摘する、力道山のプロレスへの同時代の観客・視聴者からの反応は決して一枚岩でなく、特に年齢層や社会階層によって差異が顕著だったという点は重要だ。[13]このような差異は後述する女子プロレスへの反応にもみられる。とはいえ、一九五四年二月に多くの日本人にその存在を知られるようになった力道山が特に日本の成年男性と少年を魅了したのは、彼のプロレスが顕在化させた一連の神話が、当時の彼らがあこがれ理想とするものだったから、とはいえるだろう。それに反して、同年一一月のアメリカ人女子レスラーの来日試合は、おなじように意義のある神話の誕生には至らなかった。そもそも日米の男子プロレスと違い、当時すでに存在した日本人女子レスラーと来日した女子レスラー同士が闘ってさえいないという点も大きな違いだ。アメリカ人女子レスラーたちがその代わりに提示したのは白人女性の新しい性的なイメージであり、その奇抜さや異質さは、日本の男子プロレス周辺の神話を補強することになった。

アメリカの女子プロレス

歴史的にみて、アメリカの女子レスラーは性的な関心から集まってくる男性観客の視線をつねに相手にしてきた。一九世紀の終わりごろのアメリカで、「ドサ回り」のショウや地域のカーニバルでの演し物として男子プロレスの人気が定着しつつあったころ、おなじイベントに女子レスラーも登場するようになった。おもに「男の観衆向けの、きわどい見せ物」として提供されていたが、なかには洗練された技を披露していた女性もいたという。[14]最初の女子選手権試合があったのは一八九一年だそうなので、そのころには少なくとも互いに競い合えるくらいの数の女子レスラーがいたことになる。その後、一九一四年にはコーラ・リビングストン（一八八七〜一九五七）がチャンピオンになった。彼女はカーニバルや芝居小屋に登場し、観客のなかから募った女性が一〇分間でもリビングストンと闘い続けられたら二〇ドルを賞金として出す、というようなショウや、男子レスラーとの試合と称してマネージャーでもあった夫と闘っていたという。[15]他の女子レスラーも似たような設定でプロレスをしていた。

変化をもたらしたのは一九二九年からの大恐慌で、このころから全米各地で女子レスラーが増えたと報じる三三年の記事がある。[16]この流れを受けて、日本の新聞も新奇な流行としてアメリカの女子レスラーについて報じるようになった。たとえば、前章でも触れた一九三五年八月二七日付の『讀賣新聞』の「強い女レスラー」と題した記事【画像12】では、当時のアメリカの新聞マンガを模したようなユーモラスなイラストとともに、「アメリカではルビイ・アレン嬢といふのが女レスラーの選手権保持者として勇名を馳せてゐる、レスリングなんだからたまらない、拳闘の方がまだおとなしいみたいなものだ　この西洋女相撲はウエイトの制限などおかまひなしといふのだから、アレン嬢は本當に強いのだらう[17]」と記されている。

この記事では、おそらくはプロレスそのものについての情報量の少なさゆえ、選手権保持者の強さを、当時流行していたボクシングとの比較や「女相撲」と形容して伝えるにとどまっている。また「メリケン女相撲の横綱」との文言が添えられたイラストには、おそらくアレンを描いたと思われる、技をかけている側のレスラーの余裕綽々な表情と力強さを表すような逆立った髪の毛、対照的に（これは男性か女性か判別しづらいが）技をかけられている側のレスラーの表情と足の震えとため息の描写で、その技が効いているさまが効果的に表現されている。テキストにも、イラストにも、一九五〇年代のメディアにもよくあったような、

珍記録物語 ④

強い女レスラー

日本では以前女拳闘家が現れて警視廳からリングに出てはイカンと止められてしまつたがアメリカではルビイ・アレン孃といふのが女レスラーの選手權保持者として勇名を馳せてゐる、レスリングなんだからたまらない、拳闘の方がまだおとなしいみたいなものだ　この西洋女相撲はウエイトの制限などおかまひなしといふのだからアレン孃は本當に強いのだらう

モグリと目方持

先日外國の水泳珍記録をいろく紹介したが、名だゝる「水上日本」であるからには日本にも無論ある筈である、併し日本の水泳は古來武術の一部門であつたから「記録」には重きをおいてゐないで、手ぢかな一、二のものを擧げてみると、昭和二年夏芝プールの日本游泳大會で某選手が七十餘米潜行したといふのが、記録上ではモグリの大関　この時一緒に泳いだ某は六十米

【画像12】『讀賣新聞』1935年8月27日（4頁）

女子レスラーの身体や技についての露骨に性的な描写は見られない。

さて一九三〇年代、アメリカの男子プロレスは「ギミック（仕掛け）」の時代に入り、プロモーターは男子小人レスラーや女子レスラーを前座試合に組むようになっていく。メディア史研究者のスコット・ビークマンによれば、「女子レスラーの多くは、初歩的なテクニックしか知らなかったが、裸同然でリングをころがり回る姿はもの珍しく、きわめて客受けがよかった。この時期の女子レスラーの成功は、リング上のテクニックではなく、見かけにかかっていた」[18]という。ほとんどの女子レスラーが性的な対象としてあつかわれる風潮のなかで、ミルドレッド・バークはそうした視線を受けとめつつも技術的にも優れたレスラーとして頭角をあらわしていった。

一九三四年、ミズーリ州カンザスシティで、一九歳のバークはプロレスラーのビリー・ウルフ（一八九六〜一九六三）のもとでプロレスを始めた[19]。バークは当時、母が営む食堂でウェイトレスをしており、離婚後に第一子を産んだばかりのシングルマザーでもあった。すぐにバークの並外れたプロレスの才能と熱意に気づいたウルフは、バークのコーチ兼プロモーター兼二度目の夫となるが、ほどなくしてバークはウルフのDVに悩まされることになる。ウルフによる他の女子レスラーたちへの性的搾取も常態化しており、またバークはバークでウルフの息子と親密な関係になったそうだが、バーク・ウルフ夫妻のビジネスパートナーとしての関係は盤石だったようだ。

バークはそのキャリアをカーニバルで男性観客の腕試しの相手になるようなプロレスから始めたが、ウルフの指導とマネジメントの甲斐もあって、一九三七年一月二八日、テネシー州チャタヌーガで当時の王者クララ・モーテンセン（一九一七～一九八八）との試合に勝ち、チャンピオンになったとされている。ウルフと知り合ってからプロレスを始めたバークとは違い、モーテンセンは幼少のころから、レスラーだった父や兄とプロレスを稽古しており、一九三〇年代中盤からレスラーとして活動していた。チャンピオンになる以前、バークは少なくとも一〇回はモーテンセンに負けなくてはならなかったというが[20]、これは当時モーテンセンの知名度のほうがやや高かったためだと思われる。また、当時のプロレスの世界では男女ともに選手権保持者の定義が曖昧で、チャンピオンを自称するレスラーが各地で複数いたことは強調しておく。

そのころ、カリフォルニア、イリノイ、ミシガン、ニューヨークの各州では女子プロレス興行は禁じられていた。にもかかわらずバークは、これらの州以外の全米各地を巡業して試合をしていくうちに、やがて女子レスラーとしては初めて全国的に知られる存在になっていく[21]。新聞・雑誌記事によれば、バークは高度なプロレスの技術と鍛えられた上腕二頭筋とともに、自身の女性的な雰囲気やファッションへのこだわりも強調していた。のちにバークは、「私がチャンピオンでいるあいだは、女子プロレスを見世物（freak show）にはしないつもりだった[22]」と書いている。とはいえ、一九三〇年代に男子レスラーが始めたタッグマッチの流れに乗り、四〇年代初頭には女子レスラーのタッグチーム対男子小人レスラーのタッグチームの試合も組まれるようになっていた[23]。

バークがレスラーとして成功するにつれ、女子プロレスラー志望の若い女性も増えていった。影響を受けた女性のなかにはメイ・ヤング（一九二三～二〇一四）とファビュラス・ムーラ（一九二三～二〇〇七）

という、一九五六年のバーク引退後にアメリカ女子プロレス界を牽引し、九〇年代終盤にはＷＷＥのリングに「シニア・レスラー」として出演してふたたび話題になった二人もいた。後述するように、ヤングは一九五四年の来日ツアーにも参加している。また幼少時からサーカスのアクロバットをしていたマーズ・ベネット（一九二二〜一九五七）のように、バークの試合に感化されて女子プロレスに転向した女性もいた。[24]

観客の男女比に関しては、全体的には男性の方が多かったようだが、一九四一年の記録ではプロレスの観客の四〇パーセントは女性だったということに鑑みても、[25]そのなかにおそらくは女子プロレスの女性ファンも一定数はいただろう。戦中は、ときには応召した男子レスラーの代役として、バークやその他の女子レスラーは精力的に各地を巡業した。戦争によって、それまで男性だけのものと思われていた仕事に女性がつく機会が増えたのはどこの近代国家でも似たようなものだった。アメリカの貧困層の若い女性にとっては、従軍により男子レスラーが減ったことで女子レスラーが参入しやすくなった状況は経済的な自立のチャンスでもあった。

戦後も引き続きチャンピオンとして君臨したバークは、全米で急速に普及しつつあったテレビを通じてより多くのファンを開拓していった。テレビ中継では、ラインストーンが縫い込まれたシルクのガウンをまとい、ダイヤモンドで飾られたチャンピオンベルトを巻いて登場した。一九四五年一二月三一日付の『ライフ』誌はバークについて、「世界チャンピオン」「ドル箱スター」「平均年収は二五万ドル、趣味はダイヤモンド蒐集[26]」と報じている。おなじころ、その派手な貴族風の服装と傲慢なゲイ男性「的」

キャラとで人気者になった前述の悪役男子レスラー、ゴージャス・ジョージと同様に[27]、バークもまたテレビ映えする風貌と洗練された技術の両方を武器に、テレビ中継が広まった時代のプロレスファンを魅了した。メディア史研究者のチャド・デルによれば、一九五〇年代のアメリカでは階層や人種を越えて「何百万もの」女性プロレスファンが会場に足を運び、テレビ中継に熱狂し、プロレス雑誌やファンクラブを通じてつながっていた[28]。一九四〇年代後半からの約一〇年間は、アメリカでもプロレスブームが起きていたといえるだろう。

この時期、女子プロレスファンのなかにはそろそろ次世代のチャンピオンを期待する者もいたようだ。成人向け雑誌『ピープル・トゥデイ』の一九五一年一月二日号の記事は、「ダイヤモンドつきの一万ドルのベルトを保持するミルドレッド・バークは、三五歳でいまだ女子プロレスの世界チャンピオンだ」「〔一九〕三六年に王者になって以来、一度たりとも負けていない[29]」と書いている。一見するとバークの長年保持している記録を賞賛するような内容だが、「三五歳でいまだチャンピオン」「三六年に王者になって以来」というくだりでは、そのキャリアの長さも強調されており、そろそろ若いレスラーに取って代わられるべきだ、というようなファンの声を代弁しているようにも読める。

そうした声を具体化するかのように、一九五四年一一月に来日したころにはバークのアメリカでの名声は衰退しつつあった。主な理由は、ウルフの暴力や経済的搾取などに長年悩まされていたバークは一九五三年についに離婚し、その結果プロモーター、債権者、有力な男性ファンなどからそれまで受けてきたほとんどすべての援助を失ったからだ。長年チャンピオンではあったものの、ウルフと結婚しているあいだ、バークにはプロとして自立する機会はなかったといえる。ちなみに当時のアメリカの女子プロレスだけでなく、世界各国の女子プロスポーツや女性がプロとして演じるエンタメ興行の多くは、いまだに男性が主体となって運営・管理・指導されているのが現状だ。バークと離婚したあとのウルフは、一九五四年八月一〇日アトランタでの試合でジューン・バイヤース（一九二二〜一九九八）がバークに勝利したとメディアで宣言した。バイヤースは、あらたにウルフが公私ともに親密になっていたレスラーのうちの一人だ。バークは、この試合は引き分けで自分は負けていないと主張したものの、全米の女子プロレス興行をほぼ独占していた強者ウルフがバイヤースの勝利を宣言したため、その他のほとんどすべてのプロモーターが彼の意向に従うことになった。[30] バークが干されるのは必至だった。

「世界女子プロレスリング大試合」の背景

にもかかわらず一九五四年一一月、バークは「世界チャンピオン」として「大試合」のために来日した。アメリカのプロレス誌『レスリング・ライフ』一九五五年三月号によれば、この日本ツアーのアメリカ側のプロモーターはジェリー・ズコールとレオ・レヴィット、日本側は「ニト紡績会社のシゲトシ氏」と「日本柔道新聞編集長のクドー氏」とのこと。[31] アメリカ側のプロモーターについての情報は、ジェフ・リーンが著したバークの評伝のなかでの「とあるホノルルのプロモーター」という記述以外は見つけられなかったが、[32]「シゲトシ」はおそらく前章で述べた日東紡績社員の藤井重俊、そして「クドー」は当時『柔道新聞』編集長だった工藤雷介だろう。工藤はプロレス界にも人脈があり、ライターの小島貞二によれば、一九五五年二月には、不仲になっていた力道山と木村政彦を和解させたという。[33]藤井は猪狩きょうだいの支援者だっただけでなく、「大試合」後もアメリカから再度女子レスラーを招聘する準備をしていた痕跡があるところから、有能なプロモーターでもあったようだ。[34]『レスリング・ライフ』の記事では、バーク一行は日本を離れてから香港とフィリピンに出向いたことも言及されているが、詳しく述べられているのは日本での様子のみだ。

バークがのちに自伝で「バーク東京ギャング」と称した、来日時に同行したレスラーは次の五人。ビバリー・アンダーソン（生年不詳）、グロリア・バラチーニ（一九三〇〜二〇一四）、ルース・ボートキャリー（一九三四〜二〇一五）、リタ・マルティネス（生年不詳）、前述のメイ・ヤング。[35]この興行が「世界女子プロレスリング大試合」と名づけられているとおり、当初日本の新聞・雑誌に掲載された広告や宣伝記事では、バークとボートキャリーとヤングの三人がアメリカ出身で、アンダーソンはスウェーデン人、バラチーニはイタリア人、マルティネスは「中南米出身」というように、国際色の豊かさを演出していた。[36]日本で発行されていた英字新聞『ニッポン・タイムズ』（のちの『ジャパン・タイムズ』）だけは、それに加えて日本の女子レスラー四人も前座で出場することを紹介していたが、[37]これは在日の英語圏出身の読者に、日本人の女子レスラーという、さらに新奇な存在を特に知らせようとしたためと思われる。「大試合」に前座で出場した日本の女子レスラーは、前章で言及した、猪狩定子、田山勝美、法城寺宏衣と柔道出身の橋本雅子である。

ところで、バーク一行の来日については米軍発行の『星条旗新聞（太平洋版）』も報じているが、これは彼女たちが日本人観客向けの試合の前に座間、中野、立川、朝霞といった、東京とその近郊の米軍基地各所のクラブでおこなう予定の興行を宣伝する記事だった。マルティネス以外の五名はすべて「アメリカ人」として、それぞれの出身地も書かれていた。バークはミズーリ州カンザス・シティ、アンダーソンはカリフォルニア州サンタ・アナ、バラチーニはメリーランド州ボルチモア、ボートキャリーはテキサス州ヒューストン、ヤングはオクラホマ州サンド・スプリングスの出身、というように。[38] この記事でバークは、自分たちの来日目的は、「ボーイズ（米兵）に楽しんでもらうため」と「我らが祖国は変わらず安泰だと伝えるため」[39]と、愛国的なコメントをしている。日本の新聞、日本の英字新聞、駐留米軍用の新聞と、それぞれの記述内容に相違があることからわかるように、それぞれが読者層に合わせて違った情報を提供していた。

バークの自伝には来日したレスラーが多国籍だったとは書かれていない。バークによれば「東京ギャング」は、「それぞれタイプは違うが、どんな試合でも日本の観客を楽しませられる」と、全員の能力を高く評価していたようで、各レスラーのスキルや前歴を簡潔に書いている。アンダーソンとボートキャリーは「前途有望」、マルティネスとヤングは「ベテラン」という具合だ。バラチーニについては「女子レスラーには珍しい」裕福な家庭の出身で、オペラ歌手志望だった前歴があるという。[40] この時期、女子レスラーはほとんどが地方や郊外の労働者階級または貧困層出身だったようで、バラチーニのオペラ歴、すなわち文化資本の高さはアメリカのプロレスメディアでも繰り返し言及されるほど珍しかったようだ。とはいえ一九五〇年代のプロレス雑誌には、階層にかかわらず若い女性が選択できる正当な職業の一つとしてプロレスを挙げる女性読者の意見も掲載されるようになっていたことをふまえると、[41] 女子レスラー志望者も出身階層の面で多様化しつつあったのかもしれない。

バークが「ベテラン」と呼んだマルティネスは、ウルフとは無関係に一九三〇年代からアメリカとメキシコでレスラーとして活動していたようだ。日本でも、一九三七年八月一日付の『讀賣新聞』の「これは珍！女レスラー」という記事に、「世界女子選手権保持者」モーテンセンの対戦相手の「メキシコの女レスラー」として紹介されている。[42] さらにマルティネスは、ロバート・C・デルターノ監督が一九五一年に製作したアメリカン・フィルム・ノワール映画『女レスリング』に本人役としてモーテンセンとともに出演している。ちなみに現在この映画（原題『Racket Girls』）はYouTubeで観ることができるが、試合のシーンではマルティネスもモーテンセンも自分たちの技術をしっかり見せているものの、それ以外の場面で登場する他の女子レスラーたちは、主人公の男性が経営するジムにおいて水着姿で練習したり着替えたりするばかりで、レスラー個人としての技術や人格の描写もほとんどなく、物語の核になる人物は一人もいない。[43] 当時のアメリカでの女子プロレスへの関心の高さと同時に女子レスラーに対する性的なだけのまなざしのあり方がよくわかる作品だ。日本でも「大試合」前の一九五四年九月に『殺人者はバッジをつけていた』（監督：リチャード・クワイン）との「同時封切」として、少なくとも都内数件の映画館で公開されていたことが確認できる。『女レスリング』の新聞広告の見出しには、「エロか！グロか！　全男性必見の大壮観」「ストリップ顔負け！　金髪女の肉体がのたうち廻る大格闘！」[44] とあり、日本でもストリップ以上のものを「金髪女」に期待する「全男性」が観客として想定されていたようだ。

ちなみに、マルティネスに関しては生没年を含めて不明な点が多い。映画での風貌と来日時の広告に写る顔もまったく違うように見えるため、「大試合」に参加したのは同名の別人という可能性もある。

バークとともに来日したレスラーのうち、マルティネス以外の四人は、全員ウルフのマネジメント下にあったと思われる。ということは、レスラーとしての活動を継続する引き換えに全員がウルフと性的関係をもたされていた可能性が高い[45]。いずれにしろ、バークは自伝のなかで次のように誇らしげに書いている。

この興行は、あのコロンバスの詐欺師の援助も邪魔もなしに、すべて私が一人で仕切った。四万の観衆がそれにお金を払って入場して待っている。これまでやってきたすべてがこの日のためにあるようだった[46]。

ここでいう「コロンバスの詐欺師」とはオハイオ州の同市を拠点にしていたウルフを指している。四人のレスラーがバークとの海外ツアーに参加することをウルフが認めた経緯は不明だが、約二〇年間に及んだウルフの支配と抑圧から公私ともに自由になった三九歳のバークにとって、このツアーは自身の独立と再出発の契機だったようだ。

「大試合」の前評判

一九五四年一一月八日付の『産業経済新聞』に掲載された「世界女子プロレスリング大試合」の告知の見出しは「日本で最初の公開」「身体障害者救済基金募集」と謳っている[47]【画像13】。主催は、地域の企業・経済活動、スポーツ、娯楽などの報道に注力していた、当時はまだ新興の産業経済新聞社、後援は社会福祉法人・友愛十字会となっている。一九五一年に設立された友愛十字会は傷痍軍人の援助をおこなうキリスト教系の社会福祉事業団体で、ハワイ在住の日系人による支援も受けていた[48]。この団体のハワイとの関係が、先の「ホノルルのプロモーター」の介入につながったのかもしれないが、詳細は不明だ。

【画像13】『産業経済新聞』1954年11月8日（7頁）

告知の文言は次のとおり。

わが国最初の女子プロレスリングの公開戦として、世界選手権保持者ミルドレッド・バーク嬢以下六名の美人ぞろいの一行が来る十日に来日するのを機会に、本社では世界女子プロレスリングの真髄を広く紹介することになりました。一行は米軍慰問のため来日しますが、特に本社を通じて、日本における身体障害者救済基金募集を行ないたいという熱意ある申し出がありましたので、左記のとおり世界選手権保持者バーク嬢を中心として、各国五選手相搏つ世界女子プロレスリング大試合を開催致します。スピード、技術、闘志において男子に劣らぬ六人の美女レスラーがくりひろげる激闘こそは満場を圧し、華麗のうちに一層の豪壮さを加え、ファンの御期待にそうでありましょう。[49]

一見すると他のスポーツの公開試合の告知と同様の文言だが、各レスラーの顔写真とともにテキストでも強調されているのは、「美人ぞろい」「美女レスラー」といった容貌についての言い回しだ。そもそも、「美人」への言及は当時の『産業経済新聞』にとっては通常運転だったのかもしれない。同社は一九五二年からミス・ユニバース日本コンテストを主催しており、[50]新規読者獲得と既存の読者サービスの一環として、若い女性の見た目を特に重視するような機会に積極的に関わっていたようだ。「大試合」の入場料は、リングサイド一〇〇〇円、指定席六〇〇円、一般席三〇〇円と書かれている。一九五四年当時、映画館の入場料が一〇〇円、日雇労働者の一日の賃金が平均四〇七円だったというから、[51]この入場料は比較的高かったといえる。同告知で日本人レスラーによる前座試合については触れていない。

さらに観客を開拓するため、日本の主催者は女子レスラーがオープンカーに乗って銀座や神田などの繁華街をめぐるパレードも開催した。【画像14】を見る限り、このパレードは通行人の目をかなり集めたようだ。[52] バークや他のレスラーたちにとって、このような大掛かりなパレードは初めてのものだっただろう。日本人女子レスラーたちも振袖を着て同乗したという。[53] バークはのちに、「私がチャンピオンだった二〇年間で、これほどまでの歓待を受けたことはなかった」と回顧している。[54] このパレードの写真は、裏面に「とてつもなく歓迎されました」というメッセージを添えてアメリカにいる自分の息子と母親宛にも送られていたことから、[55] バーク自身も相当気に入っていたことがわかる。さらにバークによれば、一行が羽田空港に降り立ったときにも、「何千という日本人が出迎えに来ていた。フェンスによじのぼっている人もいたし、車やトラックの上にあがって見ている人もいた。みんな笑顔で、手に持った小さな星条旗を振っていた」という。[56] 管見の限りでは、アメリカ国内では、長年王者の座にいたバークも含めて、女子レスラーがこのように盛大かつ熱烈な歓待を受けたことはなかった。女子レスラーたちはまさに「ビッグ・イン・ジャパン」だった。

【画像14】『産業経済新聞（大阪版）』1954年11月11日（7頁）

　続いて掲載された「大試合」の新聞広告は、バークを容貌の美しさと技術の高さを兼ねそろえたアスリートとして宣伝した。一九五四

【画像15】『サンケイ（夕刊）』1954年11月11日（6頁）

年一一月一一日付の『サンケイ（夕刊）』の広告【画像15】には、「来日した女子世界選手権保持者ミルドレッド・バーク嬢は語る。「レスリングこそ女性の体を近代美に作り変えます」」(57)とある。もり上がった二の腕とチャンピオンベルトを誇示するバークの顔写真が示すとおり、ここでいわれる「近代美」とは、しっかりと鍛えて自信に満ちた白人女性の身体を意味し、また間接的にはアメリカ型の自由主義・民主主義の根幹をなす価値観である不断の努力と競争への参加を鼓吹しているともいえる。ここではバークとヤングというアメリカ人選手二人の存在感が大きく、他の四人のレスラーの顔写真はあまり目立たない。バークの写真は広告上部の真ん中に大きく位置するとともに、右側には水着姿のヤングの全身写真があり、胸とハイヒールを強調するようなポーズをとっている。(58) 筋肉も目立たず、典型的な白人のピンナップ・ガールのような風貌のヤングは、多くの読者に同年二月に来日したマリリン・モンロー（一九二六〜一九六二）の姿を彷彿させただろう。

主催者の広告で「大試合」参加の女子レスラーは「多国籍」と謳っていたにもかかわらず、他新聞の記事はその点を無視してレスラーたちの「アメリカ的」な部分を強調したのは興味深い。一九五四年一一月一二日付『讀賣新聞（朝刊）』に掲載された短い記事の全文を紹介する。

駐留軍慰問のため、十日来日したアメリカ版女相撲「女子プロ・レスリング」の一行は十九日から三日間蔵前国技館で初の試合をするが、十一日午後一時から青山のレスリング会館で公開練習ということになっていた。／ところがチャンピオンのミルドレッド・バーク以下五選手は、同館にはシャワーの設備などがないから練習はできないと「アメリカ女」らしいうるさいところを発揮。結局、海水着（ユニフォーム？）にガウンをひっかけて姿を見せ、ハイヒールをはいたまま一応の型だけを紹介した。／このあと前座をつとめる日本の女性選手猪狩定子（十九）（元ステージダンサー）も同様一人で型を見せたが、これははだしでいかにもうれしそうに写真を取《ママ》らせていた。[59]

冒頭から「駐留軍慰問」「アメリカ版女相撲」と紹介していることから、記者にとっては彼女たちがアメリカ人であるのは当然のことだったようだ。さらに、シャワー設備がないために本格的な公開練習はできない、というのはレスラーにとっては当然のように思えるが、わざわざ「「アメリカ女」らしい」「うるさいところ」と書かれているところから、記者にはそれがわがままに映ったらしい。また「ハイヒールをはいたまま」という表現にも、それが無礼であるとでも言いたげな不満がにじみ出ている。対照的に日本選手の定子は「はだしでいかにもうれしそう」というから、この記者は従順で謙虚で「うるさいところ」がなく、ハイヒールを履かない日本人の定子の方に好印象をもったようだ。全体的に上から目線で日米双方の女子レスラーを品定めしているような印象が否めないが、初めて女子レスラーを見た、おそらくは男性記者の一つの典型的な反応だったと思われる。ちなみに定子は「元ステージダンサー」ではなかったが、これ以降メディア上では複数の虚偽の経歴をもって紹介されることになる。

おなじ公開練習について取材した『週刊サンケイ』一一月二八日号掲載の「漫画ルポ　女子プロレスリング拝見記」は、マンガ家の松下紀久雄（一九一八～二〇一〇）によるもの。ここで強調されているのはレスラーたちが登場した際の「女らしい」礼儀正しさと、技を披露し始めてからのアグレッシブな態度とのギャップだ。このように女子レスラーたちの豹変するさまは、他の記事でも誇張して書かれたものが散見される。松下は、「……六名の選手は派手なガウンやら長いマントをなびかせ、軽い会釈を忘れずに入場。真っ赤なガウンには金糸で龍をあしらったのや、はてはオトギの国の女王様のようないでたちもあって、マットを囲む黒っぽい谷間へ花のように流れていきます」と、レスラーたちの服装の豪華さとエレガントな所作を強調する。[60]「マットを囲む黒っぽい谷間」とは、つめかけた報道陣や関係者を指している。ヤングとバラチーニが技のかけ合いを始めると、「今までまったくしとやかな娘であった筈の両嬢の顔はいきなり豹と虎に変わり」、その後は「ヘッド・シザー」「ボディ・シザー」など技の名前も交えて両者の動きを説明するも、次第に「あられもなく」蹴飛ばす、髪を引っ張る、「奥義の引っ掻き合いもあれば噛みつくのもございます」という具合。これだと事実上の公開練習になっていたようにも読めるが、ここで松下が特に注目しているのは白熱した彼女たちの「あられもない」動きのほうだ。

松下は丁寧にも、「ハアー―ハア、ヒイ、ヒイ」「ハア、フウ、ウーン」といううめき声もつけ足している。このようなうめき声は男子レスラーの試合中にも聞かれることがあるが、新聞記事で強調して描かれているのを筆者は見たことがない。女性の「あられもない」うめき声が男性にとっての性的興味をそそるという、シンプルだが根強い嗜好を意識しているのだろう。最後は、「見物の男衆はキモを抜かれたウナギのように、ただこの女傑たちのフンセンを深ァい溜息きの中で眺めて何を感じたのでありましょうか」と締めくくっている。

【画像16】『週刊サンケイ』1954年11月28日号（18頁）

レスラーに対する性的好奇心全開の叙述もさることながら、松下のマンガ家としてのセンスは挿絵のコラージュ作品に秀逸に示されている【画像16】。挿絵ではヤングが背後からバラチーニを羽交い締めにしている写真が中央に配置されており、両者とも水着姿にハイヒールだ。彼女たちを背後から見つめるのは、イラストで描かれた男性観客たち。彼ら一人ひとりの、驚いたり喜んだり呆然としたり、はたまた感情を押し殺したりといった、さまざまな表情を細かく描写することで、男性たちの下世話な好奇心を文字どおり戯画化して見せているといってよい。

民俗学者の亀井好恵は、女相撲と女子プロレスについての著作で、前記の松下による記事、特にハイヒールを履いたヤングとバラチーニの画像を、女子プロレスの境界侵犯性を象徴するイメージとして取り上げ、このようなイメージこそが男子レスラーや男子プロレスファンを不快にさせたのだ、と推察している。[61] 亀井によれば、

ハイヒールを履いて美人レスラーがリングに登場する時、その強調された女性性は観客を大いに魅了するだろう。しかし、ハイヒールを履いたままでは思うように動けないのは自明なので、途中で脱ぐまたは劣勢を挽回しようとして脱がれたハイヒールは、次の段階で「凶器」として使用されることになるだろう。間違いなくハイヒールは凶器となる。男性主体のアイデンティティにとってハイヒールはグロテスク性を象徴する嫌悪と魅惑の対象である。嫌悪と魅惑を象徴する対象（ハイヒール）をアイテムとする発想は、女子プロレスのグロテスク性、境界侵犯性をより強調した形で観客に呈示することになるだろう。[62]

亀井の主張は、一九五〇年代中盤以降の日本では女子レスラーが男子レスラーから敵視されていたということが前提になっているようだ。確かに当時は（最初期の猪狩きょうだいによる男女混合試合やその他のケースを例外として）、一つの興行では、女子レスラーのみが所属する団体の女子レスラー同士の試合のみのカードが組まれていた。アメリカのプロレスでは一回の興行に男子レスラー同士の試合も女子レスラー同士の試合も組まれることが多いのとは対照的である。女子プロレスと（小人以外の）男子プロレスが、

団体も興行もまったく別に運営されているという形態は、日本においては一九九〇年代初頭、全女以外の団体が男女混合試合をするようになるまでは一般的なものだった。男子プロレスと女子・小人プロレスという分離には複合的な理由があるだろうが[63]、亀井は、バーク来日時はそれまでの女子プロレスにストリップ的なイメージがあり、それを当時は「真剣勝負」を看板にしていた男子レスラー、特に力道山が敬遠または嫌悪したせいだったと考えたようである。

【画像17】バーク一行と力道山との対面
［写真提供：Chris Bergstrom, The Ruth Boatcallie Collection］

　しかし、本当に力道山は女子レスラーを嫌悪していたのだろうか。確かに彼は、一九五四年四月一一日付の『週刊サンケイ』誌上で、「アメリカには小人のレスリング、女のレスリングがあって、これなんかまるきりのショウですよ。日本でやったらどうかと冗談に言われたけど、そんなものもってきてどうして日本でやってゆけるかと僕は断ったですよ」[64]と語っている。ところが、バークたちが力道山の稽古場を訪問した際は、「「ようこそ」と遠来の珍客を握手で迎えた」[65]ことも報道されている。ちなみに力道山は『婦人生活』一九五五年三月号のドクトル・チエコ（一九二四〜二〇一〇）との対談で、「女の人の練習所も造るつもりなんですよ」「あんたもやってみたら」[66]とまで言っている。力道山の女子プロレスに対する見方は一貫していなかったととらえる方が正しいようだ。

亀井も言及するように、女子レスラーのハイヒール姿は試合中ではなくおもにメディア向けの会見時に見られるものだ。特に、青山レスリング会館で記者向けの公開練習時に本格的な試合を披露するまでに至らなかった理由は、先の『讀賣新聞』が書いたとおりシャワー不完備が理由だと思われる。前述した『星条旗新聞（太平洋版）』の記事では米軍関係者向けにバーク一行が同様に技を披露した様子が描かれているが、この記事の写真ではオープントゥのハイヒール姿のバークが裸足の別のレスラーを背後から羽交締めにしながらポーズをとっている【画像18】。

U.S. Girl Grapplers Hit Tokyo

Japan Tour To Include NCO Clubs

By Cpl Robert Schmidt

TOKYO (S&S)—"We are here," said the girl in the two-piece white bathing suit, "to entertain the boys."

"We want to remind the boys that everything back home is still the same," she continued.

And, so saying, took hold of another girl, this one in a one-piece red bathing suit, lifted her over her head and started spinning.

Girl Spins Girl

"This," said the girl in white, still spinning, "is an airplane spin. From this you can either turn your opponent loose and let her sail out of the ring or you can stop suddenly and begin turning in the other direction."

She set the girl in red down, smiled, and asked, "Are there any other holds you'd like me to show you?"

It is very probable that the girl in white knows more holds than any other woman in the world. She is Mildred Burke, undisputed wrestling champion of the female universe.

Four Other Girls

And she is in Japan along with four other girls and one who'll arrive next week to do her stuff for the boys.

Their rigorous schedule starts Saturday at Camp Zama, continues Sunday at the Tokyo Stockade NCO Club, takes them to the Tachikawa NCO club Tuesday and to Camp Drake Wednesday.

Nov. 19, 20 and 21 they will wrestle at the Kuramae Koku-

S&S Photo

WRESTLING CHAMPION MILDRED BURKE
'Any More Holds You'd Like Me to Show'

【画像18】『星条旗新聞（太平洋版）』1954年11月12日（14頁）

この記事は、女子レスラーへの性的な関心がほとんど感じられないのが特徴だ。むしろ強調されているのはバークの技術の高さで、「世界中で誰よりも多くの締め技をあやつる女子」と紹介されている。前述したような、米兵たちに楽しんでもらうために来日した、という愛国的コメントとともに、バークはレスラーとしてもアメリカ国民としても優等生のようなあつかいを受けている。[67]このように、ハイヒールを履いた女子レスラーのイメージはいつも「グロテスク」で「境界侵犯」的だったわけではなく、女性が美しさも強さも両輪で追求することができるという「自由なアメリカ」を象徴していたともいえる。もちろん、米軍発行の新聞による描写と、米軍の観客が実際に基地内の試合で観た女子レスラーの印象には大きな違いがあったことも容易に想像できるが、いずれにせよこのようなオフィシャルな媒体が女子レスラーを敬意とともに紹介したという事実は、バークや他の女子レスラーに「愛国的」という正当性を与えたうえに、日本人向けにも興行をおこなう彼女たちもまた、駐留米軍とおなじように日本人を「民主化」する使命がある、という冷戦期ならではの自負心につながっただろう。アメリカ本国の一般メディアで女子レスラーが特に「愛国的である」と描かれることは今も昔も考えにくいため、このような正当性や自信も、やはり冷戦期日米間の不均衡な関係によってもたらされたものだといえる。

さらに、女子レスラーの存在は「境界侵犯性」「愛国的」以上の象徴的な意味があったことも付言しておく。確かに、髪も化粧もアスリートというよりは映画スターのそれに寄せ、露出の多い水着で躍動することで、彼女たちはほぼいつも性的な視線を向けられており、それと同時にそなえている「女性らしくない」攻撃性が、男性から見れば「グロテスク」なものとして楽しまれていた。けれどもさらにそのような観客の前にさらけ出されるのは、男女ともにレスラーという人たちの職能である。彼らは、ときには軽業のような動きで攻撃したり、見るからに痛そうな技を受けたりよけたりしながら制限時間いっぱいにわかりやすく決着をつけ、しかも互いにケガをさせないよう専門的な訓練を受けたプロとして観客を十分に魅了できる。自明ではあるが、個々のレスラーの卓越した身体能力と表現力があればこそ、観客はプロレスに没入できるのだ。さらに、どの社会も「怒ってはならない」「叫んではならない」「暴れてはならない」という規範を女性には特に強く押しつけることを考えれば、一見するとその規範に従っているかのように着飾った女性によるプロレスの逸脱度合いは男子プロレスとは次元が違う。女子レスラーが髪を引っ張ったり顔をひっかいたりという、「キャットファイト」的な試合運びが部分的にあったとしても、おなじ試合ではヘッドロックのかけ合いやドロップキックをまともに受け（たように見え）てもすぐに立ち上がり攻撃に回る等のことを考えれば、単なる女同士のケンカ以上のアクロバティックな応酬を楽しんでいた観客も多かったはずだ。ちなみに、当時アメリカでは男子レスラーも試合中に相手の髪を引っ張ったり顔をひっかくことはあったが、特にその部分が「キャットファイト」として注目されることはなかった。女子プロレスの面白さは、エロとグロとスキルが混在し、予測できない形で展開される、その驚きやスリルにもあったはずだ。

試合前のバーク一行についての記事は主催者の『産業経済新聞』系列の媒体が多いが、なかでも女子レスラーとの会話を再現したという点で、一九五四年一一月一四日付の『サンケイ（夕刊）』に掲載されたマンガ家兼著述家の富田英三（一九〇六～一九八二）による「女子プロレス会見記　負けに行った男」が興味深い。この記事もレスリング会館での公開練習を取材したものだが、富田はその英語力を活かして実際にヤングとバークに話しかけ、セクハラまがいの質問を直接ぶつけている。とはいえ富田が再現した会話には、ヤングのウィットに富んだ返しとバークの身体能力も同時に描かれてしまい、結果として女子レスラーには「まじめでおとなしい」部分があると伝えられている。テキストが著者の意図を超えて織りなす多声性・偶然性の妙ともいえる。

記事によれば、富田は自身の滞米経験をもとに、「噛む、跳ね飛ばす、髪の毛をかきむしる、嬌声をあげる――そんなこんなで〔アメリカでは〕夜のショーとして人気のある女子プロレス。さぞ荒くれジャジャ馬女の一行に違いあるまい」[68]と期待して公開練習に出かけた。富田は続ける。

ひとしきり練習の済んだところで「ハロー」と声をかけた相手は一行の花形メイ・ヤング嬢――美しい。〔略〕「あなたはミセスか?」というと、「ノー・ナット・メリード・イエット」とニッコリ笑ってから「日本へハンサムなハズを探しに来たのですよ」という。エヘ、冗談にしても嬉しい!「案外小さいですね?」と僕の感じたままをしゃべると「ええ。レスリングは五尺五寸くらいが一番いいのです。」「からだで、どこの部分が一番大事です?」変な質問だけれど、実は「オッパイよ」と答えさせたかったから――これも肩すかしを食って「肩が一番大切です」/まことにまじめでおとなしい一行である。[69]

引用するだけでも気持ち悪さ全開だが、富田にとっては、失礼な質問や卑猥な想像も含めてこのような記事を書くこと自体が男性読者とシェアしたいホモソーシャルな「ネタ」なのだろう。だが、ヤングが返した手慣れた感のある「肩すかし」からは、彼女やその他の女子レスラーたちがアメリカ本国でもどこでもこの手の質問は何度となく受けてきていることがうかがえる。女子レスラーにとって、自分たちの興行を成功させるためにメディアの力は不可欠だが、最低限の尊厳は守ろうと、もしくは無礼な記者を不快にさせずにその場をやり過ごそうと努力していたことがにじみ出た会話になっている。

　続いて富田はバークと腕相撲をする。結果は、「頑張ったが、四秒位で僕の負け――完全なフォール。相手の顔と躰と〔一字判読不能〕のように揺れるオッパイに見とれていたからですって? いいえ、とんでもない。その証拠に、帰ってからスケッチを書き損じること数十枚。いまだに腕が痛いのである[70]」とのこと。ここでも、性的な関心を煽るような表現で誇張はしているものの、同時にバークの力強さも、富田自身の腕の痛みによって表現されている。最後に富田は、「アメリカが産んだアメリカ的馬鹿騒ぎゲーム――ナンセンスで断片的だ――などとひねくれないで、アメリカ生活の一端をのぞくチャンスだろう[71]」と締めくくっている。もちろんこの記事は富田の一方的な見解で占められたものだが、直接話したことを記録するなかで、女子レスラーの期待外れの返事や素人にはかなわない身体能力の高さも否応なく露呈している。結果として、女子プロレスにまつわる「馬鹿騒ぎ」「ナンセンスで断片的」など、ネガティブな表現が一応は否定され、観戦は「アメリカ生活」の探求につながるとして推奨されている。当時どの女子レスラーもそうだったように、ヤングもバークも衣装や試合中の動きなどでわかりやすいセックス・アピールをふんだんに表現しており、だからこそメディア側の富田の目に止まったことは強調しておきたい。だがそれでも、直接関わってみたら単なる「ジャジャ馬」などではなかった、と描かれている点もまた重要だ。

　このように個別の記事には書き手の趣味や偏った思い込みが当然ながら反映されていたが、主催者である産業経済新聞社はバークの「健気」な生い立ちを喧伝してチャンピオンの英雄的な面を印象づけようとしていた。しかしそれには誇張や捏造が必要だった。これによってバークの「成功神話」がつくられつつあったとはいえるだろうが、結果としては一過性のエピソードにとどまった。以降、詳しくみてみよう。

「小児麻痺を克服して　本社主催　女子プロ・レス苦闘史」との見出しがある記事【画像19】は、一一月一三日付の『サンケイ（夕刊）』四頁の上半分のほとんどを占め、次のようにレスラーを紹介している。

小児麻痺を克服して
本社主催　女子プロ・レス苦闘史

【画像19】『サンケイ（夕刊）』1954年11月13日（4頁）

> 小児麻痺を克服したバーク嬢、派手なモデル稼業をかなぐり捨ててこの途に入ったボートキャリー嬢、オペラ歌手から一転女子プロレス界で「暴れ者」の異名を取るまでになったバラチニー《ママ》嬢など異色的存在だ。これは彼女達を中心にした女子プロ・レス物語である。(72)

見出しにもあるように、この記事で中心になっているのはバークの「小児麻痺を克服したチャンピオン」という物語だ。要約すると、カンザスシティ生まれのバークは現在三〇歳。小児麻痺のため八歳で医師から歩行不能になると言われたものの、一三歳で「他の女性のやらないかわった道に入りたい」と「フリースタイルのレスリング」を親の反対を押し切って始めたという。一七歳でプロ志望となり、一九四七年に女子プロ・レスリング世界選手権保持者となった[73]。

しかしこのエピソードは、出生地も含めてほとんどが捏造だと思われる。一九一五年カンザス州コフィービル生まれのバークはこの時点で三九歳であり、モーテンセンを破ってチャンピオンになったのは前述のとおり三七年だ。この来日興行では、バークの年齢を一〇歳若く報じていたために、時期がすべて一〇年ずらされたのだろう。さらに、バークが小児麻痺だったという事実は、自伝にも評伝にもまったく触れられておらず、捏造だった可能性が非常に高い[74]。バーク一行の興行が「身体障害者救済基金募集」というチャリティ目的のものだったことと、後援が友愛十字会という傷痍軍人救済団体だったことを考えると、「小児麻痺を克服」というエピソードは、身体的困難を乗り越える手段の一つとして女子プロレスを位置づけるために当時は特に必要だったのかもしれない。事実はどうあれ、見出しの下にはバークが日本人と見られる男女二人の子どもを肩に乗せている写真も掲載されており、バークを、不運に負けず努力でトップに立った「気は優しくて力持ち」な女性アスリートとして描くことには成功している。結果として今までの女子プロレスのストリップに近いイメージの刷新がはかられるとともに、一九日からの興行を宣伝する効果も若干はあったのかもしれない。

ちなみにこうした捏造はバークの人物像のみにとどまらなかった。記事の最後には「日本の女性も出場」という項目があり、定子、田山、橋本、武田和子の名前が挙げられている。そこでは定子は「日立高女でバレーの選手をしており、十六歳の時から柔道二段の兄登さんの感化でレスリングを始めた」、橋本は「多治見高女時代に、陸上ハイジャンプの選手であった」とそれぞれ紹介されており、バークが定子に直接技をかけている写真も掲載されている。橋本については不明だが、前章のとおり、少なくとも定子については「十六歳の時から」「兄・登の感化」で始めたというくだり以外は事実ではない。ショパンによる一九八九年の著作で「大試合」について触れた部分によれば、自分たちが「レッド《マ》バー《マ》グはじめ有数の女子レスラーを呼ぶことに成功した[75]」というから、ショパンもしくは独創性に富んだパンがすべての物語をつくり出した可能性もある。もっとも、ショパンはこの著作のなかでバークのことを終始「レッドバーグ」と呼んでいるうえに、実際には訪れていない（はずの）名古屋でも興行をおこなったと記述するなど、事実誤認の箇所が散見される。また、パンが来日興行について述べた文章は見当たらないため、定子の兄二人が来日興行にどの程度の関わりがあったのかはわからない。

　興行開始前の『産業経済新聞』は、おしなべてアメリカ人女子レスラーたちのリング外での美貌とエレガントな佇まいを記事にした。ある記事では、「一度リングに上がれば、女性という名の一切を捨て、猛烈果敢な戦闘を展開する「女レスラー」とは打って変わって、宿舎における彼女たちはレディーそのものの、静かな物腰、言葉のはしばしにも教養のよさが現れている[76]」と伝えている。アメリカのプロレス雑誌では女子レスラーの「教養のよさ」が触れられることはまずなかっただろう。別の記事ではバークのコメントが、「私たちのレスリングはショウというよりもっと真面目なものということを日本のファンの方に見ていただきたい[77]」と紹介されている。ただしこの記事の見出しは「朝のお化粧たんねんに　女子プロレス一行鮮やかなトレーニング」というもので、単なる「真面目さ」だけでなく、「鮮やかさ」も同時にしっかり強調している。

もちろん、このような描写は国技館その他の大会場に観客を呼び込むための大掛かりな宣伝の一部だが、結果として、他の男子プロレスの記事にもよく見られるような、さまざまなつくり話や誇張されたエピソードが出回ることになった。にもかかわらず、次に示すように、実際に試合を観た記者や観客が残した資料からは、前宣伝がつくり上げたイメージとは無関係に、試合中のレスラーそのものにインパクトがあったことがわかる。

「大試合」の概要

【画像20】『世界女子プロレスリング大試合　特集号』パンフレット（表紙）

東京の会場で売られていたパンフレットは、各選手の紹介、ルールの説明、アメリカの女子プロレス事情などで構成されている[78]。表紙の写真があまりに表紙らしくなく【画像20】、インパクトはかなりある。修正する時間も予算もなかったのだろうか。

広告はポマード、カミ剃り、男性用乳液、銀座のナイトクラブなど、男性に向けたものがほとんどだ。ちなみに映画の広告も三本あり、『男性No.1』（監督：

【画像21】『世界女子プロレスリング大試合　特集号』パンフレット（6-7頁）

山本嘉次郎）、『男の城』（監督：テイ・ガーネット）、キャッチコピーが「現代米国陸軍を担う幾多将星に筋金を吹き込んだ男の闘魂！」という『長い灰色の線』（監督：ジョン・フォード）と、すべて男性性が謳われている作品なのが興味深い。パンフレット冒頭の「女子プロ・レスリングについて」という記事の始めには、「豊かに盛り上る胸、伸びやかな四肢、金髪波打つ美女が、打つ、蹴る、投げる、烈火の闘志にリングも狭しと暴れ廻る女子プロ・レスリング――これは、確かに男子のそれとは、又、趣の変わった魅力と興味に溢れるものである。だが、これは、不健全なエロティックショウや、醜怪な昔の女角力などとはまるで違った、健全で発剌たるプロ・スポーツである」[79]とあり、やはり「美女」による「健全」なスポーツであることが強調されている。

　次にアメリカでの女子プロレスの人気ぶりが伝えられ、世界選手権保持者の日本初来日は、「あたかも本

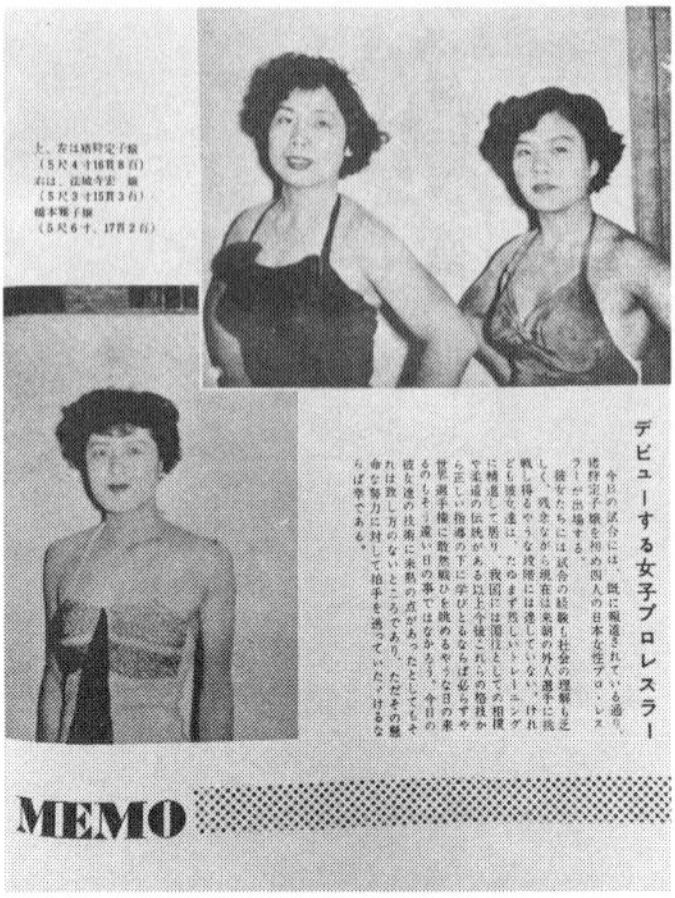

【画像22】『世界女子プロレスリング大試合　特集号』パンフレット（12頁）

年一月、我が国で最初に男子のプロ・レスが公開された時にタッグ・マッチの世界選手権保持者シャープ兄弟が来朝したのと同様の趣きがあると云って過言ではない」と、男子プロレスとの比較も忘れない。さらにここでもバークの「日本の身体障害者救済基金募集を行いたい」との希望が背景にあるとされている。彼女自身が「幼い頃、不具児童病院に寂しい療養生活を送る境遇にあった」から「些かなりとも助力」をしたいのだと説明されている。セクシーで戦闘的な印象と、困難を克服した道徳的な人間性とのギャップもまた、ストリップやエロ演芸目当て以外の広範な観客にアピールするための戦略だったのだろう。あるプロレス通によれば、米軍慰問興行を日本人が「借りる」には慈善事業目的にする必要があったそうで、真偽は不明だがそうした事情があった可能性もある。

最後の頁には「デビューする女子プロレスラー」として田山以外の日本の女子レスラー三人の写真が掲載されている【画像22】。すでに数年のキャリアのある定子にとっては厳密には「デビュー」ではないが、本文には、「彼女たちには試合の経験も社会の理解も乏しく、残念ながら現在は来朝の外人選手に挑戦し得るような段階には達していない。〔略〕今日の彼女達の技術に未熟の点があったとしても

【画像23】『世界女子プロレスリング大試合』関西版パンフレット（表紙・7頁）
［写真提供：Chris Bergstrom, The Ruth Boatcallie Collection］

それは致し方のないところであり、ただその懸命な努力に対して拍手を送っていたゞけるならば幸である〔80〕」と書かれている。彼女たちの未熟さを強調するへりくだった内容だが、写真のなかの三人は全員が化粧をし、パーマをかけた短髪を整え、華やかな水着を着て目線を読者に向けている。バーク一行の「ついで」とはいえ大手メディアから注目され、大きな会場での「デビュー」への自信と意気込みが感じられる。

ちなみに関西の会場で売られたパンフレット【画像23】は表紙写真と内容が若干違っている。表紙の写真が大幅に改善され、本文では東京でのバークらの様子を伝える写真が使われているが、日本人レスラーについては紹介があるのみで写真は掲載されていない〔81〕。

新聞報道によれば、初日である一九日の国技館では、まず日本人選手による第一・二試合としてそれぞれ二〇分三本勝負のシングルマッチがおこなわれ、田山と定子が勝っている。[82] 二・三日目には日本選手の試合は第三試合もおこなわれ、第一・二試合でそれぞれ勝ち抜いた田山と定子が対戦、両日ともに最後は定子が勝利している。[83] 外国人選手たちは、初日はシングルマッチ三試合とタッグマッチ一試合、二日目は「五人掛」とシングルマッチ三試合、最終日は第四試合から第七試合まで、シングルマッチ三回とタッグマッチ一回をおこなっている。「五人掛」の試合はバーク以外の来日勢全員がリングに上がって互いと闘うという形式だった。[84] 視覚的にも豪勢な「五人掛」は、当日の日本テレビでの生中継のための特別マッチだったのかもしれない。当然だが、バークが出場した試合では必ず彼女が勝っている。東京での試合の記事には、日本人選手だけでなく定子たちのコーチだった米軍曹エルマー・ホーキンスもレフェリーとして、ボブ・アダムスなる人物の次に名前が挙げられてはいるが、[85] 報道のなかのバークたちの試合中の写真にはホーキンスは見当たらないため、おなじくほとんどメディアに取り上げられなかった日本人レスラーのレフェリーのみ担っていた可能性が高い。アメリカで「人種別の教育機関は不平等である」として黒人の教育機会を初めて認めた、いわゆる「ブラウン判決」が出たのは「大試合」のほんの半年前だ。公民権運動が始まったばかりのこの時代、黒人であるホーキンスがレフェリーを務めることを白人の女子レスラーが受け入れたかどうかは怪しい。アダムスは写真や動画で確認した限りでは白人である。

「大試合」への反応

あたかも前宣伝が強調した物語を否定するかのように、実際に「大試合」を観戦した人びとの大半にとっては、女子レスラーたちはひとえに新しいタイプの性的魅力を体現していたようだ。東京・昭和館所蔵の一一月二四日付『読売国際ニュース』では、日本テレビの中継を編集したものと思われる動画が確認できる。[86] バークとボートキャリーの試合と、ボートキャリーとヤングとおぼしきレスラーの試合が約二分に編集されており、男性アナウンサーの説明は次のとおりである。

男のプロレスリングの向こうを張って、今度は姫御前のあられもない女子プロレスリングが東京・蔵前の国技館で人気を呼びました。理屈は抜きにまずは世界選手権保持者バーク嬢一行の乱暴狼藉ぶりをご覧ください。[87]

ここから試合の様子がどんどん攻撃的になり、バークがレフェリーを場外に押し出す。別の場面ではバークがテンポよくボートキャリーを場外に突き落とし、最後は下からのパンチで勝利した様子が映し出される。動画にかぶるアナウンサーの声は、「スリルはあるし、そのうえにお色気を発散するとあって、見物の日本男子は生唾を飲むばかり。ひそかに快哉を叫ぶご家庭の奥様もあって、いやもうアチラさんの巴板額《ともえはんがく》ぶりにただもうあれよあれよと呆れるばかりでした」[88]と締めている。「巴板額」とは、巴御前と、鎌倉時代初期の越後で戦の陣頭指揮をとった女性「坂（板）額」のこと。浄瑠璃・歌舞伎では両者ともに「勇猛の女武者」の代名詞となっている。[89] 映像で読み取れる、バークたちの敏速な動きとレフェリーを攻撃したり場外で乱闘したりという無法さは、アナウンサーの「スリルとお色気」と「アチラさん」の勇ましさという、驚愕と軽蔑の混じったコメントによって緩和されているが、それでもレスラーの高い技術と試合運びの面白さがたっぷり伝わるニュース映像だ。一瞬だけ映った会場を見ると、多くの成人男性客のなかに女性客も混ざっている。

「大試合」を中継した街頭テレビに群衆が集まっているところを目撃した国民経済研究協会理事長の稲葉秀三は、一一月二三日付『朝日新聞』の記事に次のとおり書き残している。[90]

> この十九、二十の両日、東京では雨まじりの寒さでふるえる人も多かった。だが、盛り場の「街頭テレビ」には雨にもめげず、大勢の人々が道もふさぐばかりにあふれ、ヒネられたり、フンづけたりする外人女流レスラーの姿体に見ほれていた。ぬれるのも忘れて。〔略〕女のプロレスに見とれる群衆は男。[91]

この日の東京は雨だったというが、やはり街頭テレビでも「大試合」は多くの男性を惹きつけていたようだ。記事では次にパチンコ人気にも触れ、「戦争に負けて九年。経済の復興にも関《ママ》わらず、国民の

「集団的放心」はますます高じていく」ことを懸念している。稲葉にとって、集団で街頭テレビの「外人女流レスラー」に「見ほれ」ている男性たちに出くわしたのは嘆かわしいことだったようだが、彼らが余暇の時間をしばし「放心」に費やすことができたのも、経済復興だけでなくアメリカがもたらした民主主義と平和主義のなせる技だったともいえる。稲葉自身も、レスラーが「ヒネられたり、フンづけたりする」ところを観たということは、群衆にもまれながらテレビのかなり近くまで寄っていったのだろう。

続いて現場で観た試合への反応を新聞記事からひろってみよう。『産業経済新聞』のスポーツ欄では、「バークの怪力」「凄いバラチニーの空手打[92]」などの見出しで力道山並みの力強さと技術の高さを表現してはいたものの、別枠の記事では見出しに「引きむしり噛みつく　女子プロレス　場内ただ哄笑、怒声、嘆声」とあり、記事には、「もつれるにしたがい、水着の乳あてのあたりがゆるむ。するとやはりプロレスラーでもそこは女、しきりと気にする。観衆はここぞと容しゃなく沸《ママ》きかえる[93]」など、嘲笑うかのような論調だ。筆者の「石川」は、「こんなにも面白いものとは想像していなかった」といい、「驚いたことには、男が使うあらゆるテクニックを、彼女らは完全に身につけている[94]」と称賛する。とはいえ、「女子プロレスの場合は男子に見られない独特の面白さ」があり、それは「第一に、試合中に発するキャア、キャアという、黄色い声だ。それにすぐ髪を引張る、腕や脚へかみつく。女なるが故に残忍に近い乱暴、ろうぜきをする」と、やはり動きが扇情的になることを「面白い」と表現している[95]。

『スポーツニッポン』の記事では、一日目の試合が、「お色気も「たっぷり」乳房のぞかせ小休止　男子も顔負の女プロレス」という見出しで紹介されている。記事を見ると、「前座の日本選手による二試合はごく初歩でユニフォームが外れて乳房をちらりのぞかせて小休止した」[96]とあるが、他の新聞でこの場面は触れられていないため誇張の可能性もある。同記事ではアメリカ人選手については、「さすが見事なもの、スピードもあれば変化もありテクニックも十分でさらにジェスチュアも巧妙でおまけに美人ぞろいでお色気を感じさせるなどスポーツとは程遠くにあってもショウとしては観客を大いに楽しませた」[97]と絶賛している。このように「大試合」は、ストリップ劇場ではなく「国技館」という知名度のある会場で、性的な魅力にあふれた白人女性を日本の男性観客が堂々と消費する機会として供されたといえる。

新聞・雑誌関係者以外の男性観客の印象はどうだっただろうか。山一證券経済研究所発行の『証券月報』一九五四年一一月号の「証券随想」欄で、山一證券のエリート男性社員と思われる筆者の「幹人」は、常務からチケットを当日に偶然もらい「大試合」を観にいった記録をかなり詳しく記している。[98]彼はパンフレットを購入し、それをもとにルールを簡単に説明し、次のとおり実況を始める。

グロリア・バラチーニとメイ・ヤングの時間二十分一本勝負が始まった。生まれて初めて見る女子プロ・レスなるものの魅力がこの一戦でよくわかった。文字通り投げる、蹴る、絞めるの許された技から、噛みついたり、髪をつかんで投げるなど、プロ・レスともなれば反則もカウント5まではは大丈夫ということになっているので乱暴きわまる熱戦である。〔略〕世界選手権保持者ミルドレッド・バークとカリフォルニア州選手権を持つルース・ボートキャリーの四十五分一本勝負があった。これはさすがに見応えがある一戦だった。猛烈な足蹴りやロープを用いての首絞めなどの応酬もあったが、結局体固めでバークの勝ちとなった。[99]

幹人にとっては、反則技が興味深いものだったようだ。彼によれば、「レスリングとは相撲と、拳闘と、柔道の合の子みたいなもので、それに少々喧嘩の手も交えて、派手にしたものだ。男子の試合はテレビでみただけだが、この目で初めて見た女子プロレスは女子独得《ママ》のヒステリックな仕草も多分に加味されて興味は一〇〇%であった。所詮女子プロ・レスリングとはスポーツではなく、身体をはった立派なショー[100]」だという。彼女たちの高度な技術への驚嘆とともに、ここでも「女子独得のヒステリックな仕草」が長所として楽しまれていたようだ。だが最終的には、スポーツではなく「立派なショー」という皮肉めいた賛辞で締められている。そもそもプロレスは洗練されたショーであるため当然なのだが、前述したフィスクによる「プロレスはスポーツのパロディ」というのは、このように一般のスポーツと混同した反応から導き出された考えなのだろう。

男性と思われる観客の反応は他の雑誌にも見られる。慶應義塾大学の『三田文学』から派生した文芸誌『新文明』一九五五年一月号における無記名の「見たもの」欄は、「女子プロレスを見た」と始まる。まず筆者は前座の試合が気に入らなかったようで、「教はった通りの型をやってみせるのだが、パンチが入ってゐないのに倒れて見たり、怒ったやうな表情がワザトらしく、それよりも何んといっても力が足りなかったが、両手をのばして首にしがみついてクネクネするだけだった[101]」と酷評している。続いて外国人レスラーについては、「バークとボートキャリーの試合にはプロレスらしいところもあった。猫が引掻くやうな構えをするので「山猫」のあだ名のあるボートキャリーは長身で奇麗だし、業にも變化があった。面白いと思ふところは、男のプロレスに近いので、女子獨特の業があるわけではないのだから、水着姿の彼女たちのあられもない亂闘振りが興味を惹く程度のものだ[102]」という。目新しいが、楽しめたのはやはり「奇麗」で「あられもない」振る舞いだけだったようだ。さらに、「ただ、あくまでショーとしてのこのスポーツを見せやうとするために技に誘張《ママ》があって、それが板につかないときは八百長が目についてつまらない。所詮女子プロレスは日本人の觀客には向かないだらう[103]」と評している。やはり上から目線の書きぶりで「日本人には向かないだろう」などと一般化してはいるが、かなり具体的な難癖からは、「日本人」というよりこの筆者自身にとって女子プロレスが「向いていなかった」ということがよくわかる記事だ。

不安と矛盾に満ちた「水爆的魅力」

これらの記事のなか、ひときわ独創的かつ不謹慎かつ冷戦時代特有の文化を色濃く見せつけるのが一一月二〇日付『産業経済新聞』に掲載されたマンガ家の杉浦幸雄（一九一一〜二〇〇四）によるイラストとコメントだ【画像24】。杉浦の意図にかかわらず、ここでは想像上の「アメリカ」と暴力的な「アメリカ」が当たり前のように混淆している。レスラーたちのグラマラスな肢体を強調したイラストに添えられているのは、次のような文言だ。

水爆的魅力　ヒロシマではじめて原爆を知り、今またはじめて水爆的エロティシズムを見た。我が国にはかつて全くなかった女性の勇壮カッパツな男性的魅力！ああ故小野佐世男君に見せたいな。(104)

最後に言及されている小野佐世男（一九〇五～一九五四）とは、グラマーな女性を描くことを得意とした戦前からの画家・マンガ家で、一九五四年二月に来日したマリリン・モンローにインタビューに行く道すがら急死したことで知られている。(105) 小野の名前を出すことで、杉浦はレスラーたちをモンローとつなげ、アメリカの白人女性の性的魅力をさらにわかりやすく表現している。モンローに会えなかった小野というのがまた象徴的で、いくら欲望しても到達不可能な距離にあるものとして想像上の「アメリカ」があるとすれば、日本男性にとってのアメリカ女性はリアルな女性ではないと位置づけられているようにも解釈

【画像24】『産業経済新聞』1954年11月20日（7頁）

できる。

当時のアメリカ大衆文化の世界では、核や原子力は、衝撃の比喩としてカジュアルに使われ、脱政治化されていた。一九四〇年代後期の流行歌のタイトルには『アトミック・カクテル』『アトミック・ベイビー』などがある。[106] 倫理学研究者の宮本ゆきによれば、アメリカでは冷戦初期から「核（原子力）は偉大だが、手なずけられる力」という考え方が共有されており、[107] それは現在まで「核のエンタメ化」という形で核兵器による被害の矮小化や被曝の問題の脱政治化に加担している。もっとも科学史研究者・中尾麻伊香によれば、日本でも戦前から核・原子力を理想化する語りは蔓延しており、それゆえ一九四六年の広島でさえもすでに「原子力の平和利用に夢を託し」「被爆の記憶を過去のものと」する動きがあったという。[108] 杉浦自身も終戦直後に出版した短編マンガシリーズにおいて、主人公の強くてグラマスな女性スリを「アトミックのおぼん」と名づけている。[109] 従軍経験者の杉浦にとっては、暴力的な「アメリカ」を女性化・戯画化・ナンセンス化することによる彼なりの批判という両義性を含む可能性もなくはない。だが、一九五四年三月の第五福竜丸被爆のニュース以降、日本では米軍の水爆実験やそれによる「被爆マグロ」の廃棄が怒りや不安とともに方々で議論されていたにもかかわらず、「力強い女性」のたとえとして杉浦は当然のように水爆を持ち出し、さらに「ヒロシマ」や「原爆」にまで言及している。一九五〇年代中期、あらたに反核の機運が高まる一方で「核のエンタメ化」は着実に進行していた。一九五四年の日本に住んでいた多くの人びとは、シャープ兄弟と力道山の試合や、モンローやバークなどグラマーな白人女性がもち込んだ想像上の「アメリカ」と、水爆実験で日本の漁船乗組員たちを被爆させた現実の「アメリカ」を、同時に体感していた。アメリカ人女子レスラーを「水爆的魅力」とした表現は、アメリカによる東アジアの冷戦政策の一環としての日本の経済復興と、南太平洋上での核開発競争とが同時進行するという、不安と矛盾の時代を象徴していたともいえる。

この時期の大衆文化のなかの水爆は、随所で両義的に描かれていたのも事実だ。杉浦のような水爆のエンタメ化・脱政治化は、同年一二月に封切られた映画『力道山の鉄腕巨人』（監督：並木鏡太郎）にも見られる。ここでの力道山はターザンに似た風貌の野性的なヒーローだが、（おそらく核実験の影響で）汚染された海で被爆し、「放射能一万カウント以上の怪物」と化して恐れられてしまうという設定だ。[110]また、一九五四年後半に『産業経済新聞』に連載していた平林たい子（一九〇五～一九七二）による大衆小説『殴られるあいつ』では、闇市のブローカーで日系人のジャック山口が水爆をつくるためにリチウムの密輸を企てる。[11]杉浦の比喩を含むこれら三つのケースでは、水爆はアメリカとつながった「他者」を示唆しているものの、すべて楽観的にあつかわれている。杉浦の描く「水爆的」女子レスラーは「勇壮カッパツ」な「エロ」で、力道山扮する放射能を帯びた「巨人」はファンの少年が夢で見たもの、そしてジャック山口の水爆製造計画は頓挫する。このような、「なんだかすごいけど実は心配する必要はない」という能天気な水爆観があったその一方で、よく知られるように、水爆を脅威として批判的に描く表現は、バーク一行の来日と同時期に封切られた『ゴジラ』（監督：本多猪四郎）や、翌年公開の『生きものの記録』（監督：黒澤明）などに顕著にあらわれている。

ちなみに当時は世論も分かれており、一九五四年七月二三日付『朝日新聞』朝刊の「声」欄では医師が「水爆恐怖症」への不満を次のように吐露している。

このごろは、だれもかれも水爆恐怖症にとらわれているようです。何かあるとすぐ水爆のためだ、放射能の犠牲だと騒ぎたてます。〔略〕水爆は破壊的な性質ばかりで、平和的利用はできないというのも、それは現在の段階での話で、どこかで偉い学者は水爆の平和的利用を考えているかも知れないのです。〔略〕せっかく軌道に乗った人類の偉大な発明を中断すべきではありません。そして、政治家、宗教家、思想家、教育家は自分達の本分に努力し、戦争をなくすようにすればよいのです。[112]

これを受けて、七月二六日付の同欄には「「水爆恐怖症」になろう」という反論が掲載された。

現に、漁船や原住民が『安全』であるべき実験によって、直接被害を受け、放射能マグロがつぎつぎに廃棄されているのだから、その点だけを見ても恐怖するのが当然であろう。／いかに偉大な政治家や宗教家が現れたとしても、その力だけで地上から戦争をなくすことは不可能である。まして現在の政治家に原子兵器を手渡して、平和的に利用せよといってもそれは無理である。〔略〕原子兵器の研究をやらないことが科学者の自殺行為でなく、原子兵器を研究、生産することこそ、科学者を含めた全人類の自殺行為というべきである。[113]

「声」欄の両者はともに戦争には反対する立場だが、核実験と核兵器研究に関しての意見は大きく違っている。特に後者の意見は、核兵器の使用が現実味を帯びてきている二〇二四年現在の価値観からみても説得力がある。核兵器を平和的に利用できる国家など存在したことがないのだから。

核や原子力に対する賛否両論への対策だろうか、このころからアメリカ政府はグローバルな「核の平和利用」キャンペーンを強化していく。その一環として日本では一九五五年から「原子力平和利用博覧会」が各地で催されたこともあり、大衆のイメージにおいては前者のような水爆についての楽観的な立場が優勢になっていった。[114]「核の平和利用」が推進され、数年後には日本各地における原子力発電所建設が計画されていく。プロレスなどの日本の大衆文化に入り込んだ「水爆」言説が伝えるのは、消費を奨励する想像上の「アメリカ」は、核兵器への不安を喚起する現実の「アメリカ」を矮小化するために不可欠だったという、冷戦時代初期にすでにあらわになっていた矛盾した構造だ。さらに、メディア表現を通じた核のエンタメ化に主体的に貢献していた日本人が少なからずいたことも、改めて指摘しておく。

「男らしさ」の脱植民地化

「大試合」へのメディアの反応は、ポスト占領期日本の男性の自意識の変化も示唆している。前章で示したように、一九四〇年代終わりに猪狩きょうだいが進駐軍クラブで男女混合の「コミック・レスリング」をおこなっていたころは、日本人の若い女性が飛行機投げで日本人男性を負かすさまが、進駐軍の使命の一つである「日本女性を解放、民主化する」ことを象徴していたためもあって好評を博した。[115]やがて占領が終わり、「朝鮮特需」の後押しで好景気の兆しがあらわれてくると、日本の男性中心社会にも自信が戻り始めた。このような男性の自信回復、換言すればマッチョな「国民的」威信の再構築は、文化面では「伝統的な日本」を強調する新しいトレンドとして現前化した。占領下にタキシードを着て『東京キッド』でデビューした美空ひばり（一九三七～一九八九）は、一九五二年には日本の「伝統」が残っている（ように見える）地方の郷愁を『リンゴ追分』を通じて歌い、『お祭りマンボ』で江戸っ子（風）の「伝統」を盛り上げた。[116]映画界では一九五三年の『雨月物語』（監督：溝口健二）や翌年公開の『七人の侍』（監督：黒澤明）など露骨に「日本的」な映画が製作され、国際的な評価を得た。こうした「国民的文化」への自信は、あらたに強化された日米間の政治的・軍事的同盟関係の不均衡な面を不可視化するのにも好都合だった。一九五四年当時の力道山も、このような文脈で新しいタイプの国民的英雄として受け入れられたといえる。経済復興と国民的威信の再建は、それでも多くの日本人のなかにあったと思われる反米感情を最低限におさえるのにも役立った。現在に至るまで、日本で一般的に言われる平和への希求は、戦争への抽象的な忌避感の形で表現されることはあっても、核兵器を二度も使って一般市民を無差別に殺傷したアメリカ政府への具体的な憎悪や憤怒の形で言及されることはほとんどない。

このような社会的文脈において「大試合」は、おもな観客として想定された日本の成人男性には、アメリカ人男性とおなじように、今では自分たちも若くて豊満な白人女性の大胆な動きを性的に消費する権利をもつまでになった、というような幻想をもたらした。アメリカと同盟を組んだからには、もう女性に飛行機投げで負ける心配はない。現実でも幻想でも圧倒的な強さをそなえるアメリカ男性文化の側に自身を象徴的に位置づけることは「ウィークネス・フォビア」の現れともいえよう。ウィークネス・フォビアとは、男性学研究者・内田雅克による造語で、「「弱」に対する嫌悪と、「弱」と判定されてはならないという強迫観念」と定義されている。[117]「男性」というカテゴリーのなかの序列の下位にある「敗者男性」「有色人種男性」は、自身の弱さへの「嫌悪」や「強迫観念」を男性以外の他者を「勝者男性」「白人男性」とともに貶め消費することで克服し下位から這い上がれると思い込み、結果としてホモソーシャルな絆の強化に精を出すことになる。

もっとも、日本男性がアメリカの白人女性を性的に消費する快楽を享受したのは、このときが初めてだったわけではない。一九三〇年代にはハリウッド映画やグラフ雑誌を通じてアメリカの女性映画スターやダンサーのイメージが日本帝国各地に流布していたが[118]、日本の書き手の側にあまり卑屈さが感じられないのが興味深い。女子プロレスラーも、前述したように一九三七年の『讀賣新聞』でモーテンセンとマルティネスの写真【画像25】が紹介されていたが、ここに付されたテキストには、「女拳闘家はよくあるが女レスラーとは珍しい、こんな目先きの變つたスポーツ・ショーはどうせアメリカと決まつたようなものだが之がまた世界選手権保持者というのだからコッタものである[119]」とあり、女子プロレスが「どうせ」「アメリカ」のものであることが特に強調され、「コッタものである」とどことなく嘲るような口調だ。記事の中心となっている写真では、白っぽいタンクトップを着て下を向き、髪で顔が隠れているモーテンセンがマルティネスを背中から投げ落とそうとしている。モーテンセンにかつがれている

【画像25】『讀賣新聞』1937年8月1日（4頁）

苦悶の表情のマルティネスが、無着衣の四肢と顔だけを見せる体勢になっているせいで、一瞥するとマルティネスは裸に靴だけ履いた姿で悶えているようにも見える。日本で白人女性を性的に消費する対象として、すでに戦前から女子レスラーも含まれていたといえる。

また一九五四年の来日時、バーク自身も日本男性観客が「男らしさ」を取り戻すことに貢献した可能性がある。バークの自伝によれば、当初は東京の観客があまりに静かだったことに驚いたそうだ。だが試合開始前、リング上に花束を渡しにきた若い日本男性の頬にバークが感謝のキスをしたのを見て、観客席が急に湧きあがったのだという。バークは、「日本では公の場でのキスは許されないと聞いた。その長年大事にされてきた風習を、私は公衆の前に出て一五秒で断ち切ったのだ[120]」と満足げに回想している。バークにとって日本で公の場でキスをするという行為は、アメリカの理想的な自由主義の実践だったようだが、日本の男性観客にとっては、リング上の若い男性を通じて「日本的男らしさ」を象徴的に取り戻す機会になったのかもしれない。とはいえ、このエピソードは管見の限りではどのメディアにも取り上げられておらず、その場にいた定子の記憶にもショパンの著作にもない。だがもし「キスの後の大歓声」が実際に起こったのであれば、すでに「日本人」ヒーローを擁する男子プロレスになじみがあり、また米兵が「パンパン」に公衆の面前でキスすることにも見慣れていた日本の男性観客にとって、[121]筋骨隆々とした白人女性のバークが（おそらく彼女よりは細い）日本男性にキスをするというシーンは、従来のジェンダー役割が転倒した異和のせいで起こる笑いとして受容された可能性もある。一方で、前座として参加していた日本の女子レスラーたちには会場を湧かせるような機会は与えられてはいなかった。この象徴的空間で意義のある存在としての特権があったのは、特殊な技術をもったグラマラスな白人女性レスラーたちと、そのショウを安心して楽しむ日本の男性たちだけだった。

日本女性が観た「大試合」

バーク一行の目新しさは、さまざまなかたちで日本女性をも圧倒した。明治後期から活動する医師であり、女性の医療・看護教育に貢献したことで知られる吉岡弥生（一九七一～一九五九）は、国技館で息子と孫とともにこの試合を観戦した様子を次のとおり簡潔に日記に残している。

十一月二十一日　今日は国技館で女のレスリングがあるということで、博人と博光と三人で見物に出かけた。女性が余りにも強力の力で対抗するのをただおどろくの外はなかったが、初めて見るのであったから興味があった。[122]

当時吉岡は満八三歳で、「大試合」の女性観客のなかでは最高齢に近かっただろう。彼女の感想でまず目をひくのは、女子レスラーが日本人であるともアメリカ人であるとも書いていないところだ。日本人の試合もアメリカ人の試合も観たうえであれば両者についてコメントしたであろうか。あるいは、前座を飛ばしてアメリカ人の試合だけを観て、「女のレスリング」などという真新しい催しはいうまでもなくアメリカ人によるものだという、いわばエキゾチックなものとして「見物」したのかもしれない。いずれにせよ、「女の」レスリングがあると（おそらく息子か孫に）言われて出かけたものの、自身が観た感想の部分では力強いレスラーたちを「女性」と敬意とも取れる表現を使い、しかも「驚き」と「興味」をもって楽しんだという。前述の男性たちによる反応と違い、レスラーの容姿に一切触れていないのも注目すべき点だ。

女性からの反応のなかには、テレビ中継に関する主婦の声もあった。一一月二六日付の『讀賣新聞』では、東京在住の二七歳の主婦・柴崎初枝による次の投書を掲載した。

いまアメリカではテレビが学童に与える影響、つまりテレビに気を取られて勉強を怠り、学業の低下が著しいことについてやかましく論じられているとのことです。日本ではテレビを備えている家庭がごく一部なので、アメリカのようなことはまだないようですが、来年あたりから国産品も月賦で安く買えるようになるとのこと。そうなれば、アメリカのような問題も近い将来起きてくることが予想されます。／二十日夜、日本で初めてのアメリカ女子プロレスリングが実況放送されました。

さきにこの欄で、このごろの子供たちが乱暴と元気さをはきちがえて粗暴な遊び方をするようになったが、それがプロレスの流行のせいでなければよいがといった声をみました。男子のプロレスと違った意味で、女子のそれは、思春期の少年にとってあんまりかんばしい番組とは思えません。男子のはショー化したスポーツとして見られるでしょうが、女子のはスポーツというより一種のストリップ的なものをねらった大人のための見世物で、決して一般的なものではないでしょう。／リングの上で水着一枚の若い女性が組んずほぐれつける、なぐる、かみつく、髪をひっぱる、しかもキョウ声というか、ヒステリックな叫びをあげて闘うのですから、とても家庭で楽しめる健全娯楽ではありません。卑俗な流行歌と共に、このようなものが家庭の応接間や茶の間に侵入することは許されないと思います。[123]

柴崎にとってのアメリカは、近い将来豊かになった日本でどんな問題が起こりうるかを先取りする不安の源泉だったようだ。柴崎が懸念したのは、日本の経済成長によりテレビを所有する家庭がアメリカ並みに増え、結果として起こりうる、テレビ番組の子どもへの悪影響である。実際この年の九月には一〇万円を切る家庭用一四インチテレビが発売され[124]、テレビの家庭への普及がますます現実的なものになってきていた。この投書の内容では柴崎の自宅にテレビがあったかどうかは不明だが、女子レスラーのコスチュームについて言及し、試合中の動きを具体的に描写していることから、少なくともテレビを近くで観ていたことはわかる。『讀賣新聞』という保守系の新聞を購読し、アメリカの情勢にも明るく文章表現力も高い、おそらくは中流以上の家庭の主婦の柴崎にとって、日本社会はそう遠くない将来アメリカ化していくと信じるに足るくらいには豊かになりつつあったのだろう。と同時に、家庭内に侵入してくるであろう「卑俗」なテレビ番組による悪影響は許せなかったに違いない。

もちろん他のあらゆる記事同様、この投書に捏造または誇張が含まれていた可能性はあるが、当時こうした意見が都市部の若い主婦の声として流通してもおかしくない風潮はあった。というのは、柴崎の不満や不安は、戦後広まった「新生活運動」のイデオロギーと通じるものがあるからだ。官僚組織とその女性協力者が主導し、「健全」な娯楽や消費生活の「近代化」を推進することで「民主的」な社会の構築をめざした新生活運動は、戦前にも戦中にも「生活改善運動」という形で存在した。[125] 一九五〇年代の新生活運動ではとりわけ「健全」「純潔」が強調されており、おなじく多くの主婦によって支持された他の社会改良運動とも足並みをともにしていた。たとえば、一九五四年から広がった原水爆禁止運動に多くの主婦が関わったことはよく知られているが、これは水爆実験由来の「被爆マグロ」の規制と「食の安全」を求める消費者運動でもあった。明治期から多くの女性によって続けられてきた廃娼運動も一九五〇年代中盤から新展開をみせ、五六年の売春防止法公布につながった。[126] 歴史研究者のヒロム・ナガハラによれば、この時期は教員組合とPTAの主婦が、日本女性と米兵のデートに関するものなど「不健全」とみなされた流行歌をこぞって攻撃対象にし、さらには「子どもにふさわしくない」とされた書籍を焼き払うという暴挙に出たこともあったという。[127] 一九五五年をピークにその後も続いた悪書追放運動だ。[128] 急速に進んだ経済復興を背景に、一九五〇年代中盤にあらわれた消費者の権利への関心と

「健全」な娯楽への希求は、都市部や郊外に住むサラリーマンの核家族家庭における専業主婦という、あらたに台頭してきた層が理想的とする生活様式と切り離せないものだった。ただ、主婦と女子レスラーは批判者と被批判者、排除者と被排除者といった敵対関係にあったものの、両者ともに冷戦下日本の高度経済成長の要として働く成人男性の生活に都合のよい存在として構造的に位置づけられていたことも見逃せない。

柴崎の投書からさらに読み取ることができるのは、当時男子プロレスに魅了された少年たちは、力道山のような新しいタイプの強くて正しい「日本男子」にあこがれ、「健全」でホモソーシャルな想像上の絆を形成しつつあったということだ。歴史研究者のアンドリュー・ゴードンは、新生活運動のおもな特徴として「行き過ぎた消費への不安」があったことを指摘しているが[129]、そうした不安をよそに少年たちは男子プロレスの熱狂的ファン層を築いていったといえる。「プロレスごっこ」は全国の少年たちのあいだで流行し、なかには負傷事故や死亡事故につながったこともあった[130]。プロレス少年の息子を心配していた母親にとっては、おなじメディアで官能的に描かれた女子レスラーは、「ショー化したスポーツ」の男子プロレスよりさらに深刻な不安の種であり、とうてい受け入れられるものではなかったに違いない。女子レスラーの側でも、試合中に自身の性的魅力をことさらに強調して男性観客のウケをねらうのが常態化していたのも事実だ。このような状況では、水着姿で動き回る白人女子レスラーが、柴崎を含む一般的な日本人の目には「ストリップ的」として危惧されたのも仕方がなかっただろう。

しかし、日本女性のなかには、違った角度からアメリカの女子レスラーを見ていた者もいた。「大試合」で前座をつとめた定子は、バークたちの試合を間近に観た感想を次のように語っている。

グロリア・バラチニー《ママ》って選手だったと思うけど、いい女がいてね。その人のロープワークを見て、「なるほど、プロレスの場合、ロープをふんだんに使ってグランドとかスタンドでいろんな動きをミックスしてやったら、もっと面白いものができるんじゃないかな?」って瞬間頭に浮かんだよ。見てよかったなって思った。それでうちの倶楽部ではロープを使わせる稽古をずいぶんしたんだよ。ほかの倶楽部の人はみんなロープを使えないんだよ。その点、兄さん〔パン〕はロープにはお金をかけたね。ちょっと見ると綱引きの、ああいうロープね。/やっぱり、本場の本物を見なきゃウソよ。いくら「アメリカへ行ってちょっとやってきたから、お前たちに教えてやる」なんてコーチされたってだめ。やっぱりそのものを見て、すごい勉強になったもん！　爪もちゃんときれいにマニキュアを塗って、みんな長い髪で必ず薄化粧して。「どうせ汗をかいちゃうんだろうけど、女の人なんだからある程度はきれいにしなさい」ってうるさくバークさんに言われたよ。「男になっちゃいけませんよ。女ってことを忘れちゃいけません」って。[131]

このコメントは二〇〇八年のものだが、二〇二〇年に筆者がインタビューしたときも、「バークさん」について思い出すこととして、やはり化粧と髪型をきちんとしておくことと、「『自分が女性であることをいつも忘れないように』って言われた」とよく聞かされた。[132] 同業者として、アメリカの女子レスラーの技術の高さと華やかさは定子の印象に強く残り、またそれらを自分たちの試合にも取り入れようと意欲的に観察・分析をしていたようだ。

また「本場の本物」としてアメリカの女子プロレスを位置づけることは、自分たち日本の女子レスラーのこれまでの実践の正当化にもつながったと思われる。アメリカの前例があることによって、日本でも女子プロレスをストリップ以上のものとして観客に、ひいては社会に受け止めてもらえる可能性が出てきたからだ。とはいえ現実には、日本の女子レスラーはその後も長いあいだ男性観客からの性的好奇心や蔑視にさらされることになる。ちなみにバークがのちに執筆した自伝では定子とのやりとりについては言及されておらず、日本人レスラーについては「アマチュアが前座試合をした」とだけ書かれている[133]。おそらくバークにとって日本の女子レスラーは、彼女がチャンピオンだった約二〇年のあいだにアドバイスを乞うた多くの後進たちの一部で、特に記憶に残らなかったのだろう。引退してかなり時間が経ってから書いたと思われる自伝で、日本で自分たちが異例なまでの脚光を浴びたことは鮮明に覚えていても、若い日本人女子レスラーに送ったアドバイスまでは思い出せないのも当然だ。

【画像26】バークが定子に技をかけるところを記者の前で披露。『平凡』1955年2月号（グラビア頁）

とはいえ前出の『レスリング・ライフ』一九五五年三月号の記事は日本の女子レスラーについても次のとおり報じている。

日本には熱心なファンだけでなく、女子レスラーの卵も多い。今回〔バーク来日時〕何度か日本の女子同士のカードも組まれたほどだ。現状では日本には我が国のレスラーと勝負できる女子はいないが、近い将来、数名は実力をつけてくるだろう。その時にはリリー・イガリとローズ・カチュミ〔田山〕の動きに注目だ。この二人はどの女子レスラーとも互角に戦えるようになるだろう。公平なコメンテーター、ドイル・G・ラッセル大尉は、「日本に初めて攻め入った女子レスラーが我が国でもトップレベルのパフォーマーだったのは幸運でした。でなければ〔日本人レスラーにとって〕大したレッスンにならなかったでしょうから」と言った。[134]

この「ラッセル大尉」が定子たちを直接知っていたかは不明だが、バーク一行が日本の女子プロレスに大きなインパクトを与えたことは事実だ。バークの日本ツアーが引き金となり、まずストリップ劇場やキャバレー経営者の男性が新奇なアトラクションとして女子プロレスを取り入れることを思いついた。さらに既存の猪狩きょうだいのレスリングクラブ以外にも、女子プロレス団体を立ち上げる男性が徐々に現れ、当然ながら女子レスラーを目指す若い女性も少数とはいえ動き始めた。次章で詳しく述べるが、「大試合」から一年も経たずに、少なくとも八つの女子プロレス団体が全国各地でスタートし、一九五五年の九月にはそれらの団体をまとめる組織として、日本女子プロレスリング連盟も設立された。[135]

アメリカの女子レスラーにとってのエンパワメント

他の研究者が言及しているとおり、マリアン・アンダーソン（一八九七〜一九九三）やマリリン・モンローなど、同時期に来日したアメリカの女性有名人は、その以前から日本を含む世界中でスターだった者ばかりだ。だからこそ彼女たちは世界各地で「冷戦文化大使」のような役割を果たし、ソ連を始めとする東側ブロックの国々にはとうてい及ばないアメリカの財力、発信力、創造力、民主主義を肯定的に喧伝することに貢献した。[136]ひるがえってバークやその他の女子レスラーは、アメリカでは空港で来賓として花束を受け取り記者たちに囲まれたこともなければ、都市中心部の目抜き通りをオープンカーでパレードするような経験もなかった。アメリカではバークでさえもときにはみずから車を運転して巡業していたくらいだ。[137]来日するまでバークたちの日本での知名度はほぼ皆無といってよかったが、日本の主催者が彼女たちを大スター並みに華々しくあつかったことは、女子レスラーたち自身にとっても自己肯定感の上がる貴重な経験だったことだろう。

前出のプロレス誌『レスリング・ライフ』一九五五年三月号によれば、「メキシコのチャンピオン」で海外遠征の経験も豊富なマルティネスでさえ、日本での経験について「こんなに熱狂的に歓迎されたことは初めてでした。できるだけ早くまた日本に行きたい[138]」とコメントしている。続いて記者は、「日本側は我が国の女子レスラーをスターとして広く宣伝し、パーティを開いてもてなした。一同大いに楽しん

【画像27】1954年11月大阪にて。左から法城寺、ボートキャリー、定子、田山［写真提供：猪狩定子］

だそうで、ふたたび日本に行くことを望んでいる[139]」と記している。ボートキャリーも、遺族によれば日本滞在時の写真を何枚も大切に保管していたようだ。[140] 定子もボートキャリーと大阪で撮影したという写真を大事にもっている【画像27】。全員が中ヒールに膝下丈のタイトスカートの上品な装いで、化粧も髪もきちんと整え、姿勢よく自信にあふれた表情で腕を組んで歩く様子がたいへん印象的だ。

一九五〇年代に日本で歓迎された来日アメリカ人のなかでは、バーク一行は日本で「だけ」大スターあつかいされた珍しいケースだったといえる。それまでアメリカ本国でも「低俗」とみられ、一部の人びとのあいだでのみ人気のあった娯楽の世界を生きていた非エリート層の女子レスラーたちを、アメリカの力と自由と富を象徴するセレブに一時的に仕立て上げることを可能にしたのは、冷戦初期日米間のあからさまな権力勾配だった。バークたちの試合を記録した映画『紅の激闘』は、一九五五年の正月に京都での上映告知が確認できる。[141] ツアー終了後しばらく経ってもアメリカの女子プロレスの人気はある程度は持続していたようだ。同時にバークたちの興行は、それまで脚光を浴びたことのなかった日本の女子プロレスを、一時的ではあっても広範な「ブーム」にまで押し上げる契機にもなった。

おわりに

バークたち女子レスラーの来日は、日本の男性観客には新しいタイプの性的関心を喚起し、一方、日本女性からもさまざまな反応を引き出した。また、日本メディアのバーク一行に対する描き方からは、ジェンダー化された消費の対象としての想像上の「アメリカ」と、不平等な日米同盟と核開発競争に代表される暴力的な「アメリカ」との両方の台頭を背景にしたポスト占領期のジェンダー、人種、階層の言説が鮮明になる。

日本の男性観客は、自分たちがあたかもアメリカの男性と同等になったかのようにバーク一行の試合や容姿を消費しつつ、当時起きていた核実験の問題を矮小化してもいた。興行の主催者側の『産業経済新聞』は「小児マヒを克服した」バークの成功譚を流布しようと試みたにもかかわらず、おおかたの記事では試合前も試合後も女子レスラーたちの性的魅力に注目が集まった。すでに力道山によって象徴的につくられた「日本人」の男らしさは、アメリカ男性と象徴的に競合するかのように女子レスラーのイメージを消費することで、より強化されたのではないか。とはいえ、この競合する新しい「日本の男らしさ」そのものが神話であったともいえる。力道山は悪役アメリカ人とリング上で互角に対峙できたが、水爆実験の犠牲になった人びとは、その窮状や市民社会からの抗議にもかかわらず、日本政府はアメリカ政府に核実験を中止させることも、犠牲者への十分な補償をさせることもできなかったのだから。

一方、日本の女性たちの反応からはバークたちが多義的な存在だったことがわかる。女子プロレスという新しい娯楽形態は一様に驚きを与えたが、ある者にとっては排除すべき「卑俗」な娯楽であり、またそうした排除を目指す運動は占領期にアメリカが推奨した「女性の民主主義」が具体化したものでもあった。しかし、このようにアメリカ人女子レスラーがうとまれた反面、日本のレスラーにとってはロールモデルとして長く記憶に残る存在になった。その後の「第一次女子プロレスブーム」は約二年で終わったものの、バークたちの興行が大きなインスピレーションになったのは疑う余地がない。

来日した女子レスラーたちにとっては、各地でハリウッド・スター並みの歓待を受けたことは初めてかつ唯一の貴重な経験だったといえる。その後、日本経済がグローバルに成長するのと呼応するように、一九六〇年代後半に「第二次女子プロレスブーム」が起こり、次世代のアメリカ人女子レスラーが来日し日本人女子レスラーとベルトを賭けて試合をするまでになるが、そのころにはメディアを挙げての空港での出迎えやオープンカーのパレードがおこなわれたという記録は見当たらない。

バーク一行が多くの性的な関心と少しの敬意を交えて大々的に報道されたのは、冷戦初期の日米間の政治的・軍事的・経済的不均衡があってこそのことだったろう。日本メディアにとってもアメリカから初来日した女子レスラーは別格の存在だったらしく、翌年からの日本の女子レスラーのメディア表象にはおなじような敬意が読み取れる記録はあまりない。次章で詳しくみていこう。

注

〔1〕参考までに各会場のおおまかな最大収容人数を挙げておくが、すべての日程で満員にはならなかったようだ。蔵前国技館・約二万人、大阪府立体育館・一万人強、王子体育館・約四千人。京都アイスパレスの詳細は不明だが、当時コンサート会場としても使われていたとのことから数千人規模かと推測される。岩野次郎「大阪府立体育館はどのように利用されているか」、『体育の科学』一九五五年一一月号（杏林書院）四三八頁。『朝日スポーツ年鑑　昭和二八年度版』（朝日新聞社、一九五三）三八〇〜三八一頁。蔵前国技館とともに、関西の三会場も同年九月には力道山らが男子プロレスの興行を開催しているため、プロレスファンにはなじみの深い会場だったと思われる（郡司信夫『力道山・遠藤幸吉——プロ・レス王者』鶴書房、一九五四年、一五九頁）。

〔2〕ポスターには「松竹配給・伊勢プロ制作」「美女の肉体が火を吐く凄艶の実況映画！」と書かれているが、映画の詳細は不明。

〔3〕示唆的な研究成果は以下のとおり。Deborah Shamoon, "Misora Hibari and the Girl Star in Postwar Japanese Cinema" *Signs*, Vol. 35, No. 1 (Autumn 2009), 131-155. マイケル・ボーダッシュ著、奥田祐士訳『さよならアメリカ、さよならニッポン——戦後、日本人はどのようにして独自のポピュラー音楽を成立させたか』（白夜書房、二〇一二）。

〔4〕吉見俊哉「アメリカを欲望／忘却する戦後」、『現代思想』二〇〇一年七月号（青土社）五五・五八頁。

〔5〕同時代の映画『泥だらけの青春』（監督：菅井一郎、一九五四）と『フランキーの宇宙人』（監督：菅井一郎、一九五七）のなかでも宣伝手段としてオープンカーでのパレードが登場する。

〔6〕藤田文子『アメリカ文化外交と日本——冷戦期の文化と人の交流』（東京大学出版会、二〇一五）。Marlene

J. Mayo, "A Friend in Need: Esther B. Rhoads, Quakers, and Humanitarian Relief in Allied Occupied Japan, 1946–52", *U.S.-Japan Women's Journal*, No. 50, 2016, 54–92; Yoshiko Nakano, "Japan's Postwar International Stewardesses: Embodying Modernity and Exoticism in the Air", *U.S.-Japan Women's Journal*, No. 55/56, 2019, 80–107; Katie A. Callam, Makiko Kimoto, Misako Ohta, and Carol J. Oja, "Marian Anderson's 1953 Concert Tour of Japan: A Transnational History", *American Music*, Vol. 37, No. 3 (Fall 2019), 266–329.

〔7〕松山秀明『はじまりのテレビ——戦後マスメディアの創造と知』（人文書院、二〇二四）二六八頁。

〔8〕五十嵐惠邦『敗戦の記憶——身体・文化・物語　１９４５－１９７０』（中央公論新社、二〇〇七）二〇六頁。

〔9〕ロラン・バルト著、下澤和義訳『ロラン・バルト著作集３　現代社会の神話　１９５７』（みすず書房、二〇〇五）一七頁。

〔10〕バルト前掲書、二一頁。

〔11〕ただし彼らのスタイルとは違い、活動中の男子レスラーがゲイやバイセクシュアルであることをカムアウトし、団体やファンからも支援されながら活動するケースは近年のアメリカでは少しずつみられるようになってきている。二〇一三年、ＷＷＥ時代のダレン・ヤング（フレッド・ロッサー）のカミングアウトは特に話題になった。

〔12〕John Fiske, *Understanding Popular Culture* (Routledge, 1989), 86.

〔13〕小林正幸『力道山をめぐる体験——プロレスから見るメディアと社会』（風塵社、二〇一一）一〇～一一頁。

〔14〕スコット・M・ビークマン著、鳥見真生訳『リングサイド——プロレスから見えるアメリカ文化の真実』（早川書房、二〇〇八）五二～五四頁。

〔15〕Jeff Leen, *The Queen of the Ring: Sex, Muscles, Diamonds, and the Making of an American Legend* (Grove Press, 2010), 19.
〔16〕Leen, *The Queen of the Ring*, 20.
〔17〕「強い女レスラー」、『讀賣新聞』一九三五年八月二七日、四頁。
〔18〕ビークマン前掲書、一三〇頁。
〔19〕バークの生い立ちの詳細についてはLeen前掲書を参照のこと。
〔20〕Leen, *The Queen of the Ring*, 54.
〔21〕ビークマン前掲書、一三二～一三三頁。Leen, *The Queen of the Ring*, Chapter 8.
〔22〕Leen, *The Queen of the Ring*, 83.
〔23〕ビークマン前掲書、一三四～一三五頁。
〔24〕John Cosper, *The Girl with the Iron Jaw: The Amazing Life of Mars Bennet* (Eat Sleep Wrestle, 2022), 30.
〔25〕Leen, *The Queen of the Ring*, 100.
〔26〕*Life*, December 31, 1945, 34.
〔27〕ビークマン前掲書、一四五～一四六頁。
〔28〕Chad Dell, *The Revenge of Hatpin Mary: Women, Professional Wrestling, and Fan Culture in the 1950s* (Peter Lnag, 2006), 5.
〔29〕"Millie Burke... $50,000 Pin-Down Girl," *People Today*, January 2, 1951, 30.
〔30〕Leen, *The Queen of the Ring*, 215–240.
〔31〕"Girls in the Orient," *Wrestling Life*, March 1955.この記事はJeff Leen氏にご提供いただいた。頁番号は不明。

〔32〕 Leen, *The Queen of the Ring*, 242.

〔33〕 小島貞二『日本プロレス風雲録』（ベースボール・マガジン社、一九五七）一六五頁。

〔34〕 藤井が一九五四年から五五年にかけてルース・ボートキャリーに送った手紙からは、再来日のスケジュールや賃金についての詳細な打ち合わせがおこなわれていたことがわかる。ただし、実際に再来日が実現したかは不明。The Ruth Boatcallie Collection, Courtesy of Chris Bergstrom.

〔35〕 Mildred Burke and Trevor J. Constable, *Sex, Muscle, and Diamond* (n.d.), 284. この未発表・出版年不詳のバークの自伝はバークの孫であるWendy Koep氏にご提供いただいた。

〔36〕 「世界女子プロレスリング大試合」、『サンケイ（夕刊）』一九五四年一一月一一日、六頁。

〔37〕 "Lady Wrestlers Vying in Series of Matches," *Nippon Times*, November 12, 1954, 5.

〔38〕 Robert Schmidt, "US Girl Grapplers to Hit Tokyo: Japan Tour to Include NCO Clubs," *The Pacific Stars and Stripes*, November 12, 1954, 14. Burke and Constable, *Sex, Muscle, and Diamond*, 291.

〔39〕 Schmidt, "US Girl Grapplers to Hit Tokyo."

〔40〕 Burke and Constable, *Sex, Muscle, and Diamond*, 284. Leen, *The Queen of the Ring*, 123.

〔41〕 Dell, *The Revenge of Hatpin Mary*, 71.

〔42〕 「これは珍！ 女子レスラー」、『讀賣新聞』一九三七年八月一日、四頁。

〔43〕 "Racket Girls (1951) Crime Noir with Women Wrestlers" YouTube (https://www.youtube.com/watch?v=y-W2Qzgtet8I) 二〇二四年二月二二日閲覧。

〔44〕 『内外タイムス』一九五四年九月一三日、一頁。

〔45〕 Leen, *The Queen of the Ring*, 116–123. この時期、ウルフが性関係をもたなかった女子レスラーは彼が嫌悪

していたレズビアンと黒人だけだったといわれている。

〈46〉Burke and Constable, *Sex, Muscle, and Diamond*, 301.

〈47〉「世界女子プロレスリング大試合」、『産業経済新聞』一九五四年一一月八日、七頁。

〈48〉「情報　世紀の哀調」、『宗教公論』一九五一年六月号（宗教問題研究所）三三頁。

〈49〉前掲「世界女子プロレスリング大試合」七頁。

〈50〉小池敏「話題の女性　世界美人コンクール日本代表に選ばれた小島日向子さん」、『婦人生活』一九五二年八月号（婦人生活社）一五四頁。

〈51〉週刊朝日編『値段史年表　明治・大正・昭和』（朝日新聞社、一九八八）一三・一七三頁。

〈52〉「堂々世界選手権保持者も」、『報知新聞』一九五四年一一月一一日、四頁。「華やかに都内パレード」、『産業経済新聞（大阪版）』一九五四年一一月一一日、七頁。

〈53〉松永高司述、柴田恵陽取材・構成『女子プロレス終わらない夢――全日本女子プロレス元会長松永高司』（扶桑社、二〇〇八）四一頁。

〈54〉Leen, *The Queen of the Ring*, 242.

〈55〉Leen, *The Queen of the Ring*, 164.

〈56〉Leen, *The Queen of the Ring*, 242.

〈57〉「世界女子プロレスリング大試合」、『サンケイ（夕刊）』一九五四年一一月一一日、六頁。

〈58〉前掲。

〈59〉「こだま」、『讀賣新聞（朝刊）』一九五四年一一月一二日、四頁。

〈60〉松下紀久雄「漫画ルポ　女子プロレスリング拝見記」、『週刊サンケイ』一九五四年一一月二八日号（産業経済新聞社）一八頁。

（61）亀井好恵『女相撲民俗誌——越境する芸能（考古民俗叢書）』（慶友社、二〇一二）一九四〜一九五頁。

（62）前掲。

（63）一九七〇年代から九〇年代にかけて活躍した男子小人レスラーのほとんどが全女に所属していた。

（64）「力道山対談石黒敬七　49回閑話休題」、『週刊サンケイ』一九五四年四月一一日号（産業経済新聞社）五五頁。

（65）「『怪腕にびっくり』　力道山と女子プロ・レス」、『産業経済新聞』一九五四年一一月一三日、七頁。

（66）ドクトル・チエコ「男性ナンバーワン心臓拝見　力道山の巻」、『婦人生活』一九五五年三月号（婦人生活社）二三五頁。

（67）Robert Schmidt, "US Girl Grapplers to Hit Tokyo."

（68）富田英三「女子プロレス会見記　負けに行った男」、『サンケイ（夕刊）』一九五四年一一月一四日、二頁。

（69）前掲。

（70）前掲。

（71）前掲。

（72）「小児麻痺を克服して　本社主催　女子プロ・レス苦闘史」、『サンケイ（夕刊）』一九五四年一一月一三日、四頁。

（73）前掲。

（74）この点をJeff Leen氏に問い合わせたところ、バークの息子の証言を調査したうえで、小児麻痺の形跡について少なくとも言及されたことはないと確認していただいた。

〈75〉ショパン猪狩『レッドスネークCOME ON!――笑いの王様東京コミックショウの誕生まで』（三一書房、一九八九）二一四頁。

〈76〉「「東京は素敵ネ」　女子プロレス一行きょう初の公開練習」、『産業経済新聞』一九五四年一一月一一日、七頁。

〈77〉「朝のお化粧たんねんに　女子プロレス一行鮮やかなトレーニング」、『サンケイ（夕刊）』一九五四年一一月一一日、八頁。

〈78〉『世界女子プロレスリング大試合　特集号』パンフレット、主催・産業経済新聞社　後援・友愛十字会（日付・出版社の記載なし）。

〈79〉前掲『世界女子プロレスリング大試合　特集号』一頁。

〈80〉前掲『世界女子プロレスリング大試合　特集号』一二頁。

〈81〉『世界女子プロレスリング大試合』関西版パンフレット　表紙、四・七頁。The Ruth Boatcallie Collection, courtesy of Chris Bergstrom.

〈82〉「世界女子プロレス初公開　本社主催」、『産業経済新聞』一九五四年一一月二〇日、六頁。

〈83〉「満場興奮のルツボ」、『産業経済新聞』一九五四年一一月二一日、六頁。

〈84〉前掲。

〈85〉前掲。

〈86〉『読売国際ニュース』二九七号、一九五四年一一月二四日。

〈87〉前掲。

〈88〉前掲。

〈89〉松葉涼子「近世期の画像資料にみる門破り図像の受容と展開」、『立命館文學』第六三〇号（二〇一三）七一六頁。
(90) 稲葉秀三「近ごろの風景」、『きのうきょう』(朝日新聞社、一九五五)一七三頁。
(91) 稲葉秀三「きのうきょう　近ごろの風景」、『朝日新聞(朝刊)』一九五四年一一月一三日、三頁。
(92) 「凄いバラチニーの空手打」、『産業経済新聞』一九五四年一一月一二日、六頁。
(93) 「ひきむしり噛みつく　女子プロレス　場内ただ哄笑、怒声、嘆声」、『産業経済新聞』一九五四年一一月二〇日、七頁。
(94) 石川「世界女子プロ・レスをみて」、『産業経済新聞』一九五四年一一月一三日、四頁。
(95) 前掲。
(96) 「お色気も「たっぷり」乳房のぞかせ小休止　男子も顔負の女プロレス」、『スポーツニッポン』一九五四年一一月二〇日、二頁。
(97) 前掲。
(98) 幹人「証券随想」、『証券月報』一九五四年一一月号(山一証券経済研究所)四〇〜四一頁。
(99) 前掲。
(100) 前掲。
(101) 「見たもの」、『新文明』一九五五年一月号(新文明社)一一二頁。
(102) 前掲。
(103) 前掲。
(104) 杉浦幸雄「水爆的魅力」、『産業経済新聞』一九五四年一一月二〇日、七頁。
(105) 「小野佐世男展〜モダンガール・南方美人・自転車娘〜」、京都国際マンガミュージアム(https://www.kyo-

tomm.jp/HP2016/event/exh/ono_saseo2013.html）二〇二四年三月二日閲覧。

（106）吉見俊哉『夢の原子力』（ちくま新書、二〇一二）一九六～二〇四頁。

（107）笠井哲也「米の原爆観に憤り、見えたもの　映画『オッペンハイマー』と福島　宮本ゆき教授が語る」、『朝日新聞（朝刊）』二〇二三年八月一〇日、一九頁。

（108）中尾麻伊香『核の誘惑――戦前日本の科学文化と「原子力ユートピア」の出現』（勁草書房、二〇一五）三一二～三一三頁。

（109）吉見前掲書（二〇一二）二四八頁。

（110）並木鏡太郎監督『力道山の鉄腕巨人』（一九五四）新東宝映画傑作選DVD。Aaron Gerow, "Wrestling with Godzilla: Intertextuality, Childish Spectatorship, and the National Body," in *In Godzilla's Footsteps: Japanese Pop Culture Icons in the Global Stage*, eds., William M. Tsutsui and Michiko Ito (Palgrave Macmillan, 2006), 55–56.

（111）平林たい子『殴られるあいつ』（文藝春秋社、一九五六）七四～七五頁。

（112）武藤陽「水爆恐怖症」、『朝日新聞（朝刊）』一九五四年七月二三日、三頁。

（113）大高弘達「「水爆恐怖症」になろう」、『朝日新聞（朝刊）』一九五四年七月二六日、三頁。

（114）吉見前掲書（二〇一二）一二八～一三二頁。

（115）Tomoko Seto, "From the Stage to the Ring: The Early Years of Japanese Women's Professional Wrestling, 1948–1956", *Journal of Women's History*, Vol. 33, No. 3, Fall 2021, 66.

（116）ボーダッシュ前掲書、六三～六七頁。

（117）内田雅克『大日本帝国の「少年」と「男性性」――少年少女雑誌に見る「ウィークネス・フォビア」』（明

石書店、二〇一〇）一三頁。

（118）吉見前掲書（二〇〇二）四九～五〇頁。

（119）前掲「これは珍！　女子レスラー」四頁。

（120）Leen, *The Queen of the Ring*, 241–43.

（121）Mark McLelland *Love, Sex, and Democracy in Japan during the American Occupation* (Palgrave MacMillan, 2012) 99.

（122）高見君恵『吉岡弥生』（中央公論事業出版、一九六〇）二四九頁。

（123）柴崎初枝「健全なテレビ番組を　女子レスリングなどは関心しない」、『讀賣新聞』一九五四年一一月二六日、五頁。

（124）松山前掲書、二七三頁。

（125）Sheldon Garon, *Molding Japanese Minds: The State in Everyday Life* (Princeton University Press, 1997), 168–169.

（126）Yuki Fujime, "Japanese Feminism and Commercialized Sex: The Union of Militarism and Prohibitionism" *Social Science Japan Journal*, Vol. 9, No. 1 (April 2006), 41.

（127）Hiromu Nagahara, *Tokyo Boogie Woogie: Japan's Pop Era and Its Discontents* (Harvard University Press, 2017), 160–161.

（128）大尾侑子「「白ポスト」はいかに〝使われた〟か？――1960‐70年代の悪書追放運動におけるモノの位相」、『マス・コミュニケーション研究』一〇〇号（日本メディア学会、二〇二二）一四三頁。

（129）Andrew Gordon, "Managing the Japanese Household: New Life Movement in Postwar Japan" *Social Politics*

(Summer 1997), 245–283, 275.

(130) 松山前掲書、二九二～二九三頁。

(131) 松永・柴田前掲書、四四頁。

(132) 筆者による猪狩定子電話インタビュー（二〇二〇年五月）。

(133) Burke and Constable, *Sex, Muscle, and Diamond*, 301.

(134) "Girls in the Orient."

(135) 亀井前掲書、二三頁。

(136) 「冷戦文化大使」に関する研究には、Andrew J. Falk, *Upstaging the Cold War: American Dissent and Cultural Diplomacy, 1940–1960*（University of Massachusetts Press, 2010）や Penny M. Von Eschen, *Satchmo Blows Up the World: Jazz Ambassadors Play the Cold War*（Harvard University Press, 2006）などがある。

(137) Leen, *The Queen of the Ring*, 169.

(138) "Girls in the Orient."

(139) 前掲。

(140) 写真についてはボートキャリーの遺品を保管しているChris Bergstrom氏にご協力いただいた。

(141) 『都新聞』一九五五年一月一日、一三頁。

第三章　第一次女子プロレスブーム

はじめに

一九五四年一一月のバーク一行による女子プロレス興行の日本へのインパクトは、まずはキャバレーの余興やストリップ劇場で女子プロレス・ショーが登場、さらには猪狩きょうだいによるもの以外にも女子プロレス団体が男性によって設立され、そこに若い女性が入門するというかたちで現れた。一九五五年半ばまでには少なくとも八つの女子プロレス団体が各地で旗揚げされ、約二〇〇人がレスラーとして活動していたという。一九五五年九月に日本女子プロ・レスリング連盟の立ち上げとともに初の選手権試合が東京・国際スタジアムでおこなわれ、その後も大小の会場での試合が報告されている。新聞や雑誌ばかりでなく、映画・小説・子ども向けのマンガなど、それまでとは比較にならないほど幅広いメディア媒体にも女子レスラーが話題に上るようになり、日本で初めての「女子プロレスブーム」が到来したといってよい。

若い女性がプロレスを始める動機も、猪狩定子がかつて述べた「家族が食べていくため」という家父長制的事情から、「好きだから」、ときには親の反対を押し切ってまでも入門するという自発的向上心に変化していった。だがここで注意すべきなのは、その変化の過程は不自由から自由へ、または客体から主体へ、というような単なる直線的でポジティブな「進歩」などではなく、むしろ自立した（かのようにみえる）女子プロレスラーの存在を通じて、性差別がベースにあるルッキズムや「本来あるべき女らしさ」言説などがさらに強化されることにもなった点である。女子プロレスの経験と言説は、冷戦初期と重なった高度経済成長時代におけるジェンダー規範や文化資本格差、さらにはアメリカ由来の消費礼賛型民主主義の価値観の一部として生成されていったといえる。同時に、バーク一行の来日興行同様、日本の女子レスラーが人びとに与えた印象は性別や社会階層によって大きく異なっており、嫌悪感から共感まで、多様な意見を誘発することになった。日本の女子プロレスの台頭と短期間での変化を、おもに一般の新聞・雑誌記事や専門誌から探ることで、戦後一〇年、独立から三年を経た冷戦期日本社会に登場した新しいタイプの若い女性へのさまざまな情動をできる限り鮮明にするのが本章のねらいだ。

資料を読み解いていくうえでヒントになるのが、イギリスのフェミニスト社会学者のロザリンド・ギルによる「批判的なリスペクト」(critical respect) という考え方だ。ギルは、二〇〇〇年代欧州におけるフェミニズム研究において、その研究対象である若い女性たちの服装や行為を単なる自己決定や自由選択の結果として無批判に称揚するような一部の風潮に異をとなえた。たとえば、露出の多い服装や顔の整形手術は、若い女性個人が自身で選んだ結果であったとしても、ほとんどが似たようなタイプの体の部位の強調や「小顔」になってしまうのには、背後にある固定化した性役割や男性中心主義的メディアが流布したルッキズムが影響しているといえる。ギルは、より好ましいアプローチとして、「対象の自由意志や自己決定に敬意を払いつつも、その選択の背景にある社会構造に関する疑問点や違和感を考察することも諦めない」という意味で、「批判的なリスペクト」を提示した。[1]

ギルの問題提起には、二〇〇〇年代当時、一部のフェミニズム研究が新自由主義的・ポストフェミニズム的な方向性をもち始めていたことに対して、とりわけイギリスの批判的フェミニスト研究者たちから提示された懸念が念頭にある。ポストフェミニスト的メディアやファッション業界は、「女性一人ひとりの頑張り」「自分らしい装い」「エンパワメント」など、一見フェミニスト的な耳障りのよいメッセージを隠れ蓑にして資本主義的競争や自己責任を肯定するイデオロギーを流布することで、性差別や不平等を助長している既存の仕組みや文化を不可視化してしまう。ギルやその他の反新自由主義フェミニストたちが指摘していたのは、そうした一見前向きなメッセージに支えられたイデオロギーや行動規範が、結果として多くの弱い立場にある女性、性的少数者、その他のマイノリティに抑圧的に作用する危険性だった。

この「批判的なリスペクト」の立場からみれば、一九五五年に登場してきた日本の女子プロレスラーは、多くがその入門動機を「好きだから」「楽しいから」と自身の選択の結果として説明することに対し、その言葉を尊重しつつも背景にある日本社会の構造的な性差別や階層差別、また冷戦文化的戦略の側面としての想像上の「アメリカ」への憧憬の内面化など、多方向からの考察も可能になる。以降では、一九五四年の終わりごろからの約二年間にしぼって、一般向け新聞・雑誌やプロレス専門誌にあらわれた女子プロレス界の変化をほぼ時系列にまとめて分析する。第一次女子プロレスブームのメディア表象と、そこから透けてみえるレスラーや男女の観客の経験の両方を考察することで、冷戦時代の日本文化やアイデンティティが、揺らぎつつも多声的に生成されていく過程をあきらかにする。

ブーム前夜・広島における女子プロレス

前章で紹介したように、『内外タイムス』の記事で猪狩きょうだいによる女子プロレスリングクラブ設立が紹介されたのは一九五四年一一月一七日で、その二日後から始まったバーク一行の来日興行に合わせたものだったと思われる。実はこのニュースの約三週間前、一〇月二五日付『中国新聞』に広島市弥生町の「グランドキャバレー広別」が、「日本で初めて生れた! 女レスラー広別ホールに現る」という広告を出している。[2]『アサヒグラフ』に掲載された写真記事【画像28】によれば、「プロ・レス熱にヒントをえ」てキャバレーでの余興として女子プロレス・ショーがおこなわれていたようで、当時はリングでなくマットを敷いた上での試合だが、ハンマー投げなど本格的な動きを取り入れていたようだ。[3]「広別」は「キャバレー広島別荘」の略称で、この写真はその店内での模様を撮影したものだった可能性が高い。のちに広別は「広島女子プロレスチーム」を旗揚げしている。

広島での女子プロレスの始まりについては『週刊サンケイ』一九五四年一二月五日号掲載の、当時は『産業経済新聞』広島支局の記者だった泉和幸（一九三〇～二〇一二）による「大和撫子のプロ・レスラー平和都市ヒロシマでの「商魂?・ショー」」という記事に詳しい。[4]ちなみに泉はのちに歴史や経営関連の著作を著し、経営塾の名誉会長なども務めていたが、[5]二四歳当時の書きぶりは『週刊サンケイ』の読者に合わせた娯楽色の強いものになっている。要約すると、広島の「あるキャバレー」の経営者が不景気打開策として店で女子プロレスを始めることにした。その年の夏、大阪出張の折にテレビで観た力道山の試合にヒントを得たという。従業員の女性たちをレスラーとして育成するため、ラグビーや柔道の経験のある同キャバレーの経理担当者が指導にあたり、キャプテンのモンロー梶川（二三歳）、シャーリー佐々木（二一歳）ほか三名が一〇月二五日にレスラーとして同キャバレーでデビューしたという。

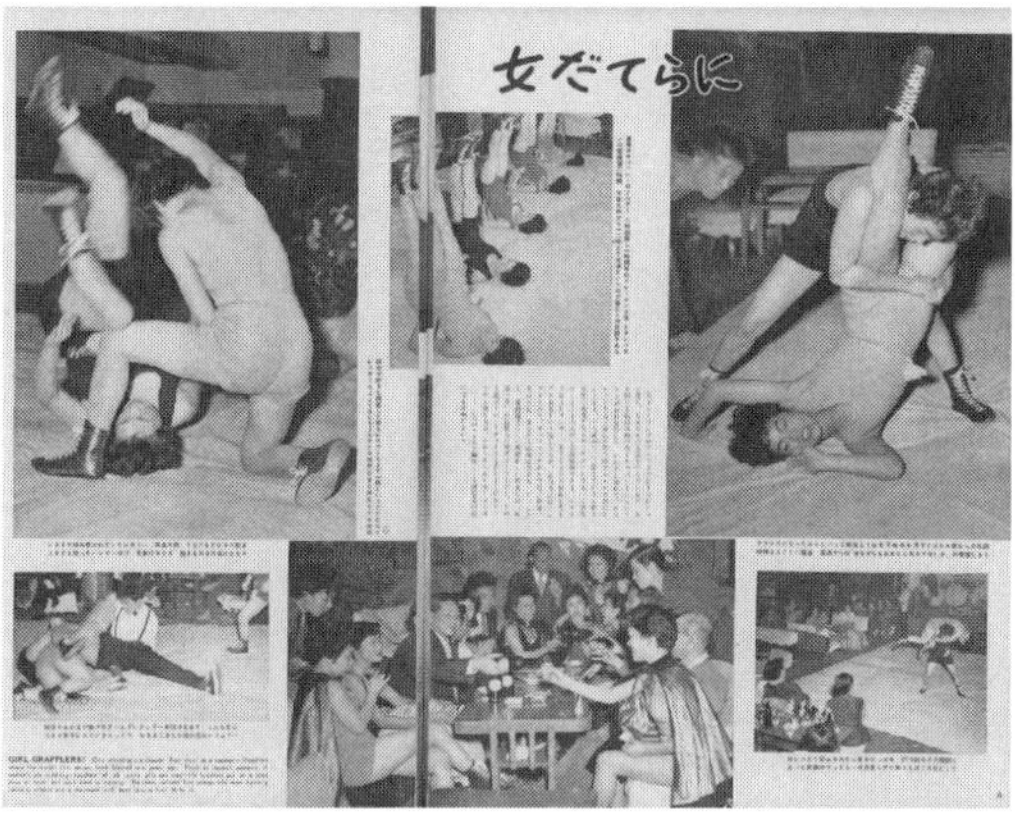

【画像28】『アサヒグラフ』1954年11月27日号（6-7頁）

先に挙げた『中国新聞』の広告もこの日付だ。ということは、当初はバーク一行の来日予定はおそらく知らず、力道山に触発されたというとおり、男子プロレスのみに影響されて独自に始めたのかもしれない。泉の記事では五名のうち四名までが九州出身とも書かれているが、各メンバーがどのような経歴であるかは不明だ。

デビュー試合は、ジャズバンドの演奏とともに、「揃いの黒マントに原色五色のユニフォームを身にまとった五嬢が入場、「凄ェ」「御転婆ベッピン御入来」など野次と奇声が入り混じる」とあり、にぎやかなものだったようだ。泉によるモンロー梶川対シャーリー佐々木戦の実況によれば、「モンロー得意の大業にモノをいわせて「蟹ばさみ」の妙手に出れば、ひるまぬシャーリーすかさず「足取り固め」

に逆転の攻勢、組んずほぐれつ脂粉の香りをホール一ぱいに撒き散らし、乱舞、激闘する女体。／押さえ込まれたモンロー必死、あられもなく両股をグイと広げてピン！と跳ねおきフォールならず[6]」とのこと。「組んずほぐれつ」「あられもな」く、など、バーク一行の報道で定番になった感のある表現で性的魅力を煽ってはいるものの、レスラーたちが基本的な技術は学んでいて、変化に富んだ技を見せていた様子もうかがえる。

泉は観客の反応が男女で違っていたことも記している。曰く、「ご婦人は「まともに見ておれない」とヒンシュクされる。紳士の中には「これ位、活発に女性が社会へ進出すれば賞賛物だ」と奨励する向もある[7]」。レスラーの技術が未熟で怪我をしそうで、おなじ女性、特にレスラーたちと広別で働く同僚からすると「まともに見ておれない」こともあったのだろう。さらには、おそらく大半の男性観客は「女性の社会進出」よりも泉が強調したような「あられもない」動きを期待し、女性観客はそうした期待に対してレスラーたちが感じる苦痛を想像し、共感したうえで「まともに見ておれない」という感想になったのかもしれない。第一章で述べたように、この時代におけるストリップの女性観客が示したような演者への「共感」には、同性として男性観客からの性的な視線を受ける女性側の苦痛に心寄せるケースもあったはずだ。

論考「戦後日本における女子プロレス生成に関する試論」において、初期の女子プロレスを「いかがわしさ」と「健全さ」とのはざまに位置づけた社会学者の塩見俊一は、作家・平林たい子が一九五〇年八月一〇日付『朝日新聞』のコラム「女子野球」で挙げた「同性の苦痛」を引用し、平林が、「「女」を男性にみせる興行としてでなくては女子プロ野球が立ち行かないという現状を憂いている[8]」と要約している。この平林による指摘をさらに掘り下げてみよう。「同性の苦痛」は、平林が例に挙げている、当時発足したばかりだった女子プロ野球の選手が男性から向けられる性的関心や、さらにはストリッパーが「オッパイ小僧」と揶揄されることに対して本人たちが感じるであろうと想像される苦痛に、女性観客があたかも自身が苦痛を受けているかのように共感することと解釈できる。とすれば、前述の女子プロレスの女性観客の「まともに見ておれない」という「ヒンシュク」は「同性の苦痛」によるものだったとも考えられる。

それをふまえると、平林の同コラム終盤部分は非常に示唆的だ。平林は、「「男のすることを女もする」という現代の平等的な風俗の中に、案外女を生物的なものにまで引き下げて扱う旧時代の心が紛れ込んでいることを考えさせられた[9]」と述べるのである。泉の記事にあるように、女子プロレス興行は女性の社会進出と結びつけた言い回しも誘発したが、これも当時の女子レスラーのあきらかな未熟さを考慮すれば、社会進出した若い女性をもおなじように未熟なもの、滑稽なものとして揶揄する意図があっただろう。占領軍の政策として男女平等が提唱されはしたものの、平林の言う「女を生物的なものにまで引き下げて扱う旧時代の心」は、「案外」「紛れ込んでいた」どころではなく、方々で蔓延していたことを露呈させたのが、猪狩きょうだい以降、一連の女子プロレスに向けられた好奇に満ちたまなざしだった。当然ながら平林でなくてもそのまなざしに「苦痛」を感じた女性観客もいただろう。ただし塩見も指摘するように、この時期は女子プロレスをまずは「いかがわしいもの」として積極的に喧伝しなければ、そもそも注目されることすら難しかったのもまた事実だ。この点が「真剣勝負」を謳い文句にし、老若男女にアピールできた男子プロレスとの大きな違いともいえる。

その後、広島プロレスは記録映画『相打つ女体』に出演[10]、地方巡業もおこない、後述するように一九五五年一月一四～一六日には東京・浅草での「日本女子プロレスリング大会」に出場している。一九五五年一月下旬には名古屋で興行をしており、その際はオープンカーでの市内パレードもおこなった[11]。ちなみに『名古屋タイムズ』によれば、一九五五年の正月三が日に大須にある港座でストリップとともに催された女子プロレスがすでに「大入満員」になっており、その広告では「國技館國際大試合出場選手メンバーオール出場[12]」とあるため、猪狩定子や田山勝美などが出場していた可能性が高く、また、「断然すごいお年玉!」「激讃公開中!! 肉体相搏つ白熱の選手権争奪戦! 全國に魁けて港座がおくる優先公開[13]」と、試合の激しさと目新しさが強調されている。会場にいた記者によれば、「レスリングを待ちかねてストリップを早くやめろのヤジがとび踊り子たちも可哀そうだった[14]」というくらいの人気ぶりだったようだ。

このように、女子プロレスがすでに注目されていた名古屋における広島プロレスの興行は一九五五年

【画像29】『名古屋タイムズ』1955年1月15日（3頁）

一月二三・二四日。ストリップ劇場ではなく中区にあった金山体育館特設リングでの試合は「名古屋タイムズ杯争奪戦」と広告が打たれ[15]、「一行は広島に本拠を持ち本格的な練習を積んでいますからかなり高度な試合内容が期待されます」と説明されている[16]。金山体育館は一九五〇年の第五回国体秋季大会の会場になっており、当時の新聞には、「現在の日本における最上級の施設」との記述がある[17]。このような「立派」な施設での興行だったからか、女子プロレスは「新時代のプロ・スポーツ」と紹介され、八名の出場選手の姓名も、ストリッパーを思わせる「モンロー梶川」といった日本の姓と西洋風の名の組み合わせではなく、「梶川文英」（その後の記事では元美）など日本風のものに変わり、主催は「日本プロレスリング協会」となっている。キャバレー「広別」への言及もない。

一九五五年一月二四日付『名古屋タイムズ』【画像30】の「女子プロレスラー大いに語る」との見出しが付された記事には、興行前におこなわれたレスラーたちのインタビューが掲載された。ただし、ここでは個人名がすべてアルファベットで伏せ字になっており、別枠に各選手の名前が書かれてはいるものの、読者には発言者が誰かはわからない。当然ながら通常スポーツ選手のインタビューでは個人名が明記されており、そのあたりにもレスラーそれぞれの個性を矮小化するような、おそらくは男性の記者自身のバイアスがうかがえる。質問内容にも配慮を欠いたものがあり、プロレスをすることは「恥しくない？」などと聞いている。これに対して選手Gは、「全然、恥しいなんて思ったこともないわ」、選手Dは「立派に試合ができるか、できないかということで一生懸命だから」と答えている[18]。前述の同紙の告知では「新時代のプロ・スポーツ」と紹介されていたにもかかわらず、記者には、女性がプロレスをする

【画像30】『名古屋タイムズ』1955年1月24日（3頁）［名古屋タイムズアーカイブス委員会所蔵写真］

のは恥ずかしいこと、との前提があったようだが、その前提が彼女たち自身の発言によって否定されている。

また選手Aは、「男子選手とやってみたいなんて思わないけれど、外人の女レスラーとは一度試合がしたいナって思います。実力を試したいからなんです」と、[19] おそらくはバークたちを意識したコメントも残している。ただし、当時の「アメリカ」への想像力は、かつて定子が雑誌で将来の対戦相手としてネル・スチュアートを名指ししたのとは違い、かなり抽象的に「外人」とだけ言及されているのも特徴的だ。この選手Aの発言を受けて、マネージャーが外国人との対戦は交渉中であると発言している。女子レスラー自身が海外での試合にも意欲的であると表明し、かつ、それが現実味のあるものだと横からマネージャーが付言することで、日本の若い女性が冷戦期の国際的な舞台に進出するに足るサポートが日本男性によって準備されているという、技術的にも経済的にも再生した日本を広くアピールし共有するような口調である。しかも前年のバーク一行の興行もふまえると、アメリカ女性にインスパイアされた若い日本女性が、自由意志による世界進出を年上の日本男性の支援によって実現しようというのだから、アメリカ主導の冷戦イデオロギー的にも合格点がもらえる図式であろう。

最後は、「強い女子レスラーも素顔は普通の若い女性」というようなジェンダー規範に沿った定番の演出をするためか、休日の過ごし方や結婚する気があるかとの質問も出ている。興行宣伝の一環とはいえアイドルグループのような扱いだ。とはいえ同記事は、事実はどうあれ各レスラー自身のそれぞれの声が再現される形をとっており、マネージャーは外国人との対戦について一言発言しただけで、全体的にはその存在がかなり目立たなくなっていることも指摘しておきたい。ただし、肝心の「名古屋タイムズ杯争奪戦」試合内容についての記事は管見には入っていない。

広島女子プロレスに関する一連の記事が示唆するのは、「いかがわしい」ストリップと「健全」なスポーツ、このどちらの要素を強調するかは団体やレスラー個人が決めるのではなく、試合の場やそれを取材・宣伝するメディアによって規定される傾向があったということだ。さらに、女子レスラーの声が前面に出るような紙面構成は、冷戦期の西側諸国で必須だった、人びとの自由意志による競争への参加を、新奇な娯楽ジャンルで活躍する若い女性を通じて喧伝する効果があったのだろう。

ちなみに広別は、一九五八年になってもその広告で「日本で最初に生れた女子プロレスリング　毎夜実演[20]」と謳っていたように、ブームが去ってからも自称「元祖」として女子プロレスをキャバレーでの目玉ショーにしていたようだ。数年のうちに試合内容やスキルがどのように変化していったのかがわかるような資料を見つけられていないのが悔やまれる。

日本女子プロレスリング大会（一九五五年一月一四〜一六日）

当時の新聞で次に目を引くのが、一九五五年一月一三日付の『毎日新聞（都内中央版）』の「女子プロ・レスへ愛読者優待[21]」という記事だ。翌一四〜一六日まで、「浅草公園大勝館前特設リング」において、「広島女子レス団、大阪女子レス団、日本女子レス団、全日本女子レス団、ユニバーサル女子レス団」による「日本女子レスリング大会」が「一日四回」おこなわれ、主催は「ユニバーサルスポーツ協会」となっている。これによれば、すでに全国で五つの女子プロレス団体が発足しており、このうち「全日本女子レス団」は猪狩きょうだいが設立した団体で、ほどなくして全日本女子レスリング倶楽部と名乗るようになる。余談だが、のちの全女の前身はここでの「日本女子レス団」の方だが、こちらは「全日本女子プロレスリング協会」と書かれている場合もあった。この時期のメディア報道では女子プロレスの団体名の表記は統一されていなかったため一次資料を閲覧していてもかなり混乱するが、その一貫性のなさは女子プロレスに対するメディアによる評価と敬意の低さのあらわれ、直截にいえば、団体の正式名称などどうでもよかったのだろう。もっとも団体名称の紛らわしさにはレスラーや関係者も混乱していたようで、結局「各チームのオーナーの名前で、「XXさんのところ」という識別法が通用している」とのこと。[22] 同時期の男子プロレスの団体名表記にはそのような混乱はほとんどなかったはずだ。

記事によれば、上野、銀座、浅草、新宿などの指定のチケット売り場や『毎日新聞』の販売所に当記事を切り抜いたものを持参すれば二名まで優待された。その割引料金は、A席定価五〇〇円のところ三五〇円、B席三〇〇円が二〇〇円、C席二〇〇円が一五〇円、となる。一月一四日は金曜日で、翌一五日の成人の日を含む週末の三日間は、商店の従業員や家事労働者が休暇をもらう藪入りと重なっていたこともあり、人が集まる浅草での目新しいイベントとしては、かなりお得な割引券だったようだ。

さらに翌一四日の『毎日新聞（都内中央版）』に掲載された小さな記事「力道も顔負け？ きょう女子プロレス始る」には、次のとおりやや詳しく宣伝されている。

プロ・レスの人気にサオさして誕生した女子プロレス選手の初顔合わせ——日本女子プロレスリング大会は（略）、広島、大阪、日本、全日本各女子レス団など五チームの精鋭二十名が出場、きのうそのトレーニングが行われた。全日本の猪狩定子（一三〇ポンド）広島のモンロー梶川（一二〇ポンド）以下諸選手の健闘ぶりは投げわざ、寝わざに力道山も顔負けの気力を示した。／なお毎日正午、午後六時からの二回、総当り戦を展開するが、本紙読者招待券は最寄の本紙専売所で差し上げます。[23]

おそらく一応の知名度から定子の名前が挙げられ、また、前出の広島プロレスの記事で「キャプテン」

とされた梶川にも言及がある。一日の興行回数は当初四回とされていたが、二回になったようだ。定子がのちに語ったところによれば、広島の団体もユニバーサルもケガをするレスラーが多く、技術は高くなかったようだ[24]。もっともこの時点ですでに約五年のキャリアがあった定子にとってはどの団体のレスラーも新参者だったのだから当然だろう。都内中央版とはいえ大手の『毎日新聞』が二日にわたって宣伝をし、二日目の広告では切り抜きをもたずとも読者なら専売所で招待券が配布されるとしている。ここまで優待券や招待券を用意したということは、主催者側が入場者数を懸念していたのだろうが、東京近辺の読者で実際に観戦に行った者も少なくなかったのではと思われる。

そんな観客の一人、岡部冬彦（一九二二〜二〇〇五）が一月一六日付『讀賣新聞』に書いた「ニュース追跡　渦巻くエロ、グロ、騒音　リングサイド500円の女子プロレス　あっという間に50円に値下げ」という記事を紹介しよう。岡部はマンガ家で、当時はイラスト入りの新聞記事の執筆者でもあったが、のちに『きかんしゃやえもん』『ちびくろ・さんぼ』など児童文学の挿絵で知られるようになる。

大勝館の前にはトタン張りの小屋があって目下女子プロレス興行中。二百円ナリのB席に入ると、これが一番うしろ。／「百三十パウーンド飯田トシコオ、百二十パウーンド竹内ヨシコオ」／場内アナウンスによれば、片や女子プロ野球出身、こなた競輪選手出身、緑と赤の水着でキャーッ、ドタン、エーイ、ビシャンと組んずほぐれつ、入りは八分通り、野次も声援も入りの割には少ない。十五分一本勝負が終りかけたころキャンキャンという声、小屋の中にイヌがまぎれこんで係員にケッとばされた。こういうつくりの小屋でリングサイド五百円は少々お高いではないか、と思って外へ出ると「サアこれからは五十円だよ」と呼び込んでいるのにはアキレました。[25]

前記『毎日新聞』の記事と合わせると、「浅草公園大勝館前特設リング」というのは「トタン張りの小屋」で、外から犬が入って来られるような簡易な「つくり」の会場だったようだ。『毎日新聞』の販売所が配布した優待券の効果もあっただろうが、「入りは八分」ならば上出来だろう。「二百円ナリのB席」ということは岡部も優待価格で入場したようだ。アナウンスで紹介されたレスラーのバックグラウンドがプロ野球と競輪という、どちらもあらたに女性が進出し始めて話題になっていた分野なのも興味深い。もちろん、実際にレスラーたちがそれらの分野出身だったかは不明だが、「いかがわしいストリップ」ではなく、より「新規に女子も参入している健全なスポーツ」に近いものとして見せようという興行主側の工夫だったのだろう。ちなみに、バークらの来日興行のリングサイドの料金は一〇〇〇円、また、ストリップで有名だった日劇ミュージックホールの当時の料金は指定席五〇〇円、一般席三五〇円だった。[26]これに鑑みると、やはり仮設の小屋での新進の女子プロレス団体の合同試合に五〇〇円は高めの設定だったと想像でき、だからこそ『毎日新聞』は優待券を都内各所で配布したのだろう。岡部は、最後には入場料が五〇円になっていたことを見出しにも書くほど「アキレ」ているが、その割引がさらに観客を増やしたとも考えられる。具体的な試合内容は、例のとおり嬌声と「組んずほぐれつ」と表現されているだけのため不明だが、広島の試合同様カラフルな水着を着用していたようで、やはり各選手

「見せる」ことには気を使っていたようだ。

『サンデー毎日』二月六日号も、この興行を「女だてらに　女子プロレスラー登場」という記事で写真つきで次のように紹介している。

> プロレスばやりの昨今とあって、女子プロレスなるものがわが国にも登場、力道山の向こうをはって紅い気焔をあげているが、このほど東京は浅草で第一回全日本プロレス大会が催され人気をあつめた。昨年夏、広島のキャバレーに名乗りをあげたのが日本ではハシリ、これが大いにうけたところから東京、大阪にもそれぞれ女子プロレス協会なるものが誕生。一月現在でこの正式なプロレスラーとして登録されているのは全国でざっと三十名、これを支持する男性ファンの数も試合ごとに増え、各地で開く公開試合もたいへんな人気という(27)。

写真のキャプションには、「お客はもちろん男性が圧倒的、リング上の妙（?）技にただうっとり」「プロレスの選手はいずれも20才前後。なかには高校生もいた」とあり、観客も演者も被写体にした写真が複数載っている。これらによれば、やや天井の高そうな会場にリングを設けていたようだ。ここでも日本の女子プロレスの始まりを広島プロレスと記述しているが、たしかに、女子プロレス「団」を設立して活動を始めたのは猪狩きょうだいよりも若干早かった、という意味では広島が「ハシリ」とはいえる。

大阪の「女子プロレス協会なるもの」とは本節冒頭に引用した『毎日新聞』の告知にもある「大阪女

子レス団」のこと。この団体の詳細はどの記事でも触れられていないが、柔道家としても知られたプロレスラー山口利夫（一九一四〜一九八六）が一九五四年に大阪市で旗揚げした団体「全日本プロレスリング協会」の女子部的存在のことで、一九五五年一月三日付の『スポーツニッポン』の記事によると、大阪府立体育館での新春プロレス大会では全六試合のうち第一試合が女子によるもので、富士絹江と堤麗子が対戦した。[28]『月刊ファイト』一九五五年二月号の団体の告知には、男子選手と並んで富士絹江、堤麗子、高千穂静江の名前が記載されている。[29]また同年三月には富士が同団体の沖縄遠征に同行し、琉球大学のボクシングフライ級選手権者「新城選手」とミックス・マッチをおこなって引き分けた、と報じた記事もある。[30]パン・スポーツショウが定子とショパンの試合を見せていた例を除けば、全日本プロレスリング協会は日本初の異種ミックスマッチもおこなう男女混合団体だったといえる。

「日本女子プロレスリング大会」の様子は『サングラフ』一九五五年三月号の「女子レスに関する8章」なるグラビア記事にも登場している【画像31】。タイトルは、作家の伊藤整（一九〇五〜一九六九）が一九五三年一〜一二月まで『婦人公論』に連載し、五四年には東宝映画にもなったベストセラー『女性に関する十二章』を意識したもの。「8章」なのは写真が八点掲載されているからだろう。テキストは次のように日本国憲法の条文を一部引用しており、終始コミカルな調子だ。

すべて国民は法の下に平等であって、人種信条、性別、社会的身分又は門地により政治的、経済的又は社会的関係において差別されない――日本国憲法第14条／従って女子プロレスリングが存在す

【画像31】左頁集合写真の左から2人目、また頁の右側の上下の写真は猪狩定子。『サングラフ』1955年3月号（47-48頁）

る理由がある／思想及び良心の自由はこれを侵してはならない――日本国憲法第19条／従って紳士、恐妻家といえども女子プロレスリングを見物する理由がある。サアーテお立会い　浅草公園の全日本女子プロレスリング大会　さアさ　イラハイ　イラハイ[31]

試合内容については言及せず、女子レスラーへの揶揄ともとれるような記述のみで、配置された八枚の写真それぞれのキャプションにも憲法の条文が引用されている。二一世紀に生きる筆者の価値観ではこの内容の何がどう面白いのか理解できかねるが、女子レスラーの試合の様子を、施行されて間もなかった新憲法に保障されたそれぞれの権利とマッチさせ、その新奇さを強調していると思われる。

以上をまとめると、一九五五年一月の「日本女子プロレスリング大会」は、全国各地で旗揚げされた団体の存在を世に知らしめた第一歩ということになる。試合内容が具体的にわからないのが残念だが、比較的キャリアの長かった定子がベテランとして他を牽引していたようだ。メディアの反響は相変わらず女子レスラーを驚きとともに揶揄するようなものが大半だが、『サンデー毎日』や『サングラフ』の記事のように、試合の写真を前面に掲載したものがあったことは興味深い。というのも、記事以上に写真の方が読者の性別・階層・年齢などによって受け取り方に違いがあった可能性が高いからだ。しかも、両誌とも一般誌であるからか「エロ」要素を含んだ過度に露骨な描写も少なく、この描かれ方を「いかがわしさ」と「健全さ」のスペクトラムで考えると、後者に振れかかっていたように思われる。ただし、女子レスラー本人たちの実践内容は基本的には毎回ほぼおなじだったにもかかわらず、メディアが強調した「いかがわしさ」と「健全さ」は相互排他的だったわけでもなく、むしろ第一次ブームのあいだ中(そしてその後も)、「いかがわしさ」と「健全さ」、または「エロ」と「スポーツ」がときにせめぎ合い、ときに重なり合って展開されていたことは指摘したい。

ストリップ劇場での「女子プロレスブーム」(一九五五年二・三月)

さらにこの時期の日本の女子プロレス表象で重要なのは、「エロ」とも「健全」とも微妙に違うが重なり合いもするもう一つの特徴、すなわち「怪力」「力自慢」「女力道山」など、強くて大柄なレスラーへの驚きや畏れとともに憐れみや蔑みが入り混じった視点だ。ほとんどのメディアが女子レスラーを紹介する際に体重を付記していたことから、このような視点は読者とも共有する意図が明白である。大柄で力自慢の女性への特殊な視点は女相撲のメディア表象にもつきものだったが、バーク一行の報道には散見されはしたものの目立つものではなかった。ということは、特に日本の若い女性に戦前から求められてきた、小さい、細い、弱い、おとなしい、といった男性中心社会に都合のよい規範から大きく外れた、当時使われていた言い方でいう「グロテスク」または「グロ」なタイプの女子レスラーは、当時のメディアが、規範的女性像への反面教師、今後のジェンダー秩序維持に対する不安、ホモソーシャルな絆を深めるための女性蔑視や「ブスいじり」など、さまざまな思惑から安易に利用できる存在だったのだろう。第一次女子プロレスブームを担った主要メディアと男性観客は、「エロ」担当のレスラーのみならず「グロ」担当のレスラーも欲望したことにその特徴があったといえる。もちろん、両者は重複した場合もあり、また後述するように女性観客・読者にとっては別の見え方があった。その「エロ」「グロ」カテゴリーの対岸には「健全なスポーツ」があったわけだが、当時これらのカテゴリーは書き手が都合よく混ぜ合わせて提供していた場合が多かったため、明確に区別できるものでもない。次に挙げるのはその顕著な例だ。

一九五五年二月三日付の『内外タイムス』の記事「現れた女力道山　柔道五段も顔負け　その名は東富士子嬢」【画像32】では、あらたに発足した「世田谷区上馬の「N」女子プロレス協会」の興行が告知されている。上馬にあった「N」といえば全日本女子プロレス協会のことを指す。同記事では、「「真剣勝負の挑戦にいつでも応じます」という「女力道山」が女子プロレス界に現れた、五尺六寸、廿一貫目、その名もプロレス入りを伝えられる元横綱東富士の名をとって東富士子という鬼も恥じらう十八歳の女丈夫」[32]と一人のレスラーが紹介されている。五尺六寸、二一貫目というと約一六九センチ、約七八キロだ。この時点で「女力道山」「東富士子」と、怪力大型男性の「女版」というニュアンスがすでに感じられる。稽古場でのインタビューで東は本名は言いたくないといい、「だって、女子プロレスというとすぐ、みんな変な目で見るでしょう。試合しても股の開いた時だけ拍手したり…どうかと思うわ。だから本名を言うと、家の人が恥ずかしがるから」とのこと。ちなみに「股の開いた時だけ」というのは至極もっともで、筆者が収集した新聞雑誌記事でも、女子レスラーの「股の開いた時」をとらえた写真が圧倒的に多いのには筆者も時空を超えて「どうかと思」っている。これも男子プロレスの試合写真との顕著な差異といえる。

　東にとって女子プロレスは「スポーツショー」で、「ストリップと一緒にしちゃいけないわ。私達が可哀想だわよ」と言う。東の話しぶりがあまりに芝居がかった女言葉である点は、おそらく男性の記者が創作した「役割語[33]」によって多分に誇張されている

現われた女力道山
柔道五段も力負け
その名は東富士子嬢
【画像32】『内外タイムス』1955年2月3日（2頁）

ようだが、「学校を出てオフィス・ガールになったが、周囲の美人に圧倒されて「何とかして痩せたい、痩せたい」と減量した、しかし当時廿一貫だったのが減りもせず、今日に至っている」と、ルッキズムや肥満嫌悪が当然のように強かった当時の若い女性の職場におけるストレスもよく伝わってくる。東は九人きょうだいの三番目で、実家は東京・木場で筏運業を営んでいると紹介されている。

トレーナーは、「動きはいくらか鈍いけど大業は大したもの」と、東の技術を肯定的に評価している。記者は続ける。

「いまじゃあ、お母さんまでが一生懸命にやれと激励して下さるわ」とかの女は嬉しそうだ。将来はアメリカの女レスラーを呼んで彼女やその仲間と試合させる。また、南米中米にまで遠征するなど計画は盛りだくさんだ。みんなと一緒に練習してと張り切っているが、「何しろみんな小さい人ばかりなので…」とよき敵を探し求めている。「外人にも負けないわ」と自信満々だった。[34]

猪狩きょうだいが一九五〇年に取材された以前の記事と比べると、まず東の家族についての言及はあるが、家族は「激励」するのみで直接業界には関わっておらず、東は一八歳という若さだが、おそらくは自身の意向で稽古に励んでいるように描かれているのが特徴的だ。トレーナーについても名前は書かれず、以前パン猪狩が定子について多くを代弁した記事と比べると東が自分のことを自分で話している描写になっており、レスラー個人としての東に焦点が当たっている。どの段階までか不明だが学校教育も

【画像33】『内外タイムス』1955年2月15日（3頁）

受け、「美人」の多い職場での「オフィス・ガール」だったという前歴も、一六歳からレスラーとして兄たちと巡業していた定子とは対照的だ。また、ここでも前述の『名古屋タイムズ』の広島女子プロレスへのインタビューと同様、「アメリカ」への言及は「南米中米」とあわせて抽象的なものになっている。

とはいえ、かつての定子についての記事と同様に、ウェイトを持ち上げている写真と「女力道山」の太字の見出し、さらには「〝無敵〟の鼻息も荒い東富士子嬢」とのキャプションとでつくられた力強い印象とは逆に、テキスト内で東は終始過剰なまでの女言葉を使い、かつ勤勉な人柄が演出されていることから、女子レスラー特有の視覚イメージと、男性が理想として描きがちな若い娘という内面のギャップが強調されてもいる。

『内外タイムス』は、一九五五年二月一五日には東も出演する浅草公園劇場での「女子プロレスリング試合」の広告を掲載している【画像33】。ちなみに公園劇場は、一九五四年七月の時点では浅草を代表するストリップ劇場の一つに数えられ、ときには「猥褻」な演目のために検挙された者もいたようだ。[35]この広告では、「日本女子プロレスリング協会所属選手十数名参加」と、イニシャル「N」ではなくはっきり団体名も書かれている。団体名が「全日本」ではなく「日本」になっているが、東が所属している前述の団体のことである。「肉体の王座をかけて竜虎相討つ」「世界選手権を目指す」との見出しの背景に英字新聞、そしてレスラーが相手に寝技をかけている写真が中央に配置されており、「世界」を、というかおそらくアメリカを意識した演出になっているが、同広告の左半分には「パークショウ　浮気を配達する裸女」「ホットバーレスク　女の谷は生きている」という、斬新かつ意味不明なタイトルの演し物も告知されている。[36] プロレスもバーレスクもおなじ熱量で楽しめるということらしい。

『内外タイムス』はこの女子プロレス公演を頻繁に取材・宣伝しており、翌々日の記事「ストリップの話題」では、公園劇場での興行より前に一日だけおなじ浅草のロック座でもストリップの幕間に女子プロレスをおこなったと説明し、それを観たストリッパーの声として、「面白かったけど、なんだかコワかった」「興味がないのでちょっとだけ見て帰っちゃった」[37] という意見を紹介している。これだけではどのような演し物だったのかは不明であり、ストリッパーが実際にこのように発言したかどうかもわからないが、「面白かったけどコワかった」というのは、前情報があまりないと想像されるなかで初めて女子プロレスを観た同性の感想としてはよくあるものだったと思われる。この団体のレスラーは定子らと比べると経験も少なく、おそらく技術も危なっかしく、試合の見せ方もそこまで洗練されてはいなかっただろう。また「興味がない」という言い切りも、現場のストリッパーにとっては女子プロレスはあまりに違うタイプの演し物ととらえられていたことの証左とも読める。だが記事では日本女子プロレ

【画像34】『内外タイムス』1955年2月22日（4頁）

スリング協会の所属レスラーとして、「佐々木一枝、山本美子ら十名が、同じように肉体を誇るストリッパーたちと同じ舞台で共演するわけになる[38]」と説明されている。このようにストリップとプロレスを同等のものと考えていたのは、企画した男性の劇場関係者、メディア関係者、そして男性観客で、先のストリッパーの感想をみる限り、演じる当事者の側は必ずしもそうではなかったのではないか。記事によれば、その後ロック座は出演料を出し渋り、そのあいだに公園劇場が「買ってしまった」というわけらしい。

　公園劇場での「プロレス試合」は予想外の大当りで、次に『内外タイムス』に打たれた広告【画像34】では、「ファンの皆様の御熱望に応え27日迄試合期間延長！　尚この試合は27日以後当分の間　東京ではごらんになれません故　何卒この機会を御見逃しなき様に！[39]」と、千載一遇の試合であることを強調している。当初の予定では一五〜二〇日まで六日間の公演だったことに鑑みると、一週間も延長したことになる。ちなみにここでは団体名が「全日本」表記になっている。この広告ではレスラーの写真も増え、「必殺の原爆投！」「冴える空手チョップ！」「佐々木一枝対宮本武代の対戦！　巌流島ならぬ浅草の空に血栓の狼火上る！」と、具体的な技やレスラーの名前、前年一二月の力道山・木村戦のように劇的な試合を印象づけるように、その名字から「巌流島」の戦いになぞらえたりと、プロレスへの期待をかなり煽った文言に変わっている。そのため、前回は広告の約半分を占めていた「浮気を配達する裸女」と「女の谷は生きている」の文字は、「同時上演」として小さく書かれているだけになった。経験が浅かったにもかかわらず、女子レスラーたちに人気が集まっていたことがよく伝わってくる。一九五〇年にストリップ劇場で定子たちが出演して物議をかもした「女のレスリング」は、一編のバーレスク・ショウ『女のパクパク』のなかの一景として登場したが、今回の公園劇場では「女子プロレス試合」として完結した演し物だったのが大きな違いだ。

さらに「延長公演」広告が打たれた三日後、二五日付の『内外タイムス』の記事には、早くも「女子レス・ブーム」の見出しが確認できる。記事によれば、

浅草公園劇場がストリップとの併演で上演中の女子プロレスリングは見事に山を当てて大入満員の好成績、大入に慌てて日延べまでする騒ぎである。浅草フランス座でも似たような女子プロレスを続演中だし、浅草、銀座、池袋などのキャバレーでは、夜な夜なフロア・ショウとして女子レスリングが上演されている。ストリップに代わって女子レス時代来たると気の早い観測を下すものも出ている始末で、二月の興行街がどうやら女子プロレスリングにさらわれた感が漂い、果してこの勢いが続くだろうか。(40)

とある。続くくだりでは、当時の浅草での女子プロレス興行の様相が説明されているため、少々長くなるがそのまま紹介する。

昨年末には東京と広島に二つの女子プロレスリング協会が誕生。その一つ日本女子プロレスリング協会の主催でこの一月十五日から三日間浅草のひょうたん池の埋立地で小屋掛けで公開された／入場料金が高かったため（リングサイド五百円）か、この興行は成功とはいえなかったようだが、次いで浅草ロック座が一月卅日夜一回のみを上演、二月十日から五日間は新小岩駅前の銀映座でアトラクションとして上演するに及んでようやく各劇場で目をつけ始めた／二月の興行は女子レス独占／ロック座の先例もあるので、浅草では勿論東洋興行《ママ》系（ロック座、フランス座）で上演されるものと見られていたところ、ネットの点で折り合いがつかぬ内に公園劇場の方の話が成立した、慌てたのは東洋興行で、公園劇場に一応の抗議を申入れると共に、急遽東洋女子プロレス協会に交渉、出し抜かれた手前の意地もあったためか、公演の替り目でもないのに急遽「モシモシギョールズ」（略）の三人を説得して舞台を下すなどの騒ぎもあって、初日を同じにして浅草フランス座に乗せ、六区興行街に時ならぬ女子レス合戦を展開するに至った／両劇場とも入場料は百七十円にとび上がった（二階は百三十円）が入りは上乗、公園劇場は小次郎の異名のある佐々木一枝や東ふじ子、山本美子以下十数名の日本女子プロレス協会が、またフランス座の方は東洋女子プロレス協会のトミー山口、デルタ宮、ダン小力などの顔ぶれ／この東洋女子レス協会の方はナミキクラブに属する岩瀬進氏の持っているチームで速成ながらコミックが売りもの、現在都内のキャバレーを回っているチームはこれで、フロア・ショウの場合のギャラは、レフリー込みで三人で二五百円、四人で三千円、五人（タッグ・マッチ）で三千五百円というのが相場。これは二回戦（十五、六分）の値段だが、ストリップにも飽きたキャバレーの酔客の好みにも合ったものと見えて注文が殺到、忙がしい時はフランス座を終ってから四軒も五軒もキャバレーをとんで歩くという繁盛ぶりで、廿五日からは新宿のフランス座にも出演するという。(41)

この説明がどの程度正確なのかはわかりかねるが、少なくとも浅草の興行街はにわかに女子プロレス人気に沸きたっていたのは確かであり、二つの女子プロレス団体がストリップ劇場で女子プロレスを始めていたのも事実だろう。フロア・ショウの料金などのくだりでは、人気が陰ってきたとされたストリップの代替としての女子プロレスという位置づけも再確認できる。また、この記事そのものが女子プロレスへの興味をさらに煽るものとして機能した可能性も指摘しておきたい。

翌二六日のおなじく『内外タイムス』のストリップ劇場広告(42)【画像35】には、浅草公園劇場、浅草フランス座、新宿フランス座での女子プロレス公演が掲載されており、紙面上だけでも大盛況の感がある。ただし浅草フランス座だけは「全日本女子ノンプロレスリング大試合」となっており、何らかの事情があったようだ。それにしてもどの劇場も女子プロレス以外の演目名やコピーが斬新すぎる。

翌月の三月二日付『内外タイムス』は、川崎のアルバイトサロン「ブルーバード」での女子プロレスリング興行の広告を掲載している。ここでは、「強きもの汝の名は女なり！／投げる！蹴る！殴る！世紀の激闘」「東京での絶賛ショウを川崎のアルサロで」「1日〜5日（試合は期間中連夜）」[43]と、ヘッドロックをかけているレスラーのイラストとともにアグレッシブな内容をアピールしている。翌日の同紙は都内近辺にあるキャバレーの気の早い「桜祭り」を取材し、「川崎のアルバイトサロンB」での女子プロレスにも次のとおり言及している。

【画像35】『内外タイムス』1955年2月26日（4頁）

> 浅草ストリップ界の話題となった女子プロレスを桜祭りのフロア・ショウに登場させたのが駅前のBアルサロ（略）「川崎にはほかにアルサロがないから変わった趣向をこらせば川崎中のお客さんは引っぱれる」とホール・マネージャーは強気だ、アルサロにストリッパーの出演はいけないが、女子プロレスならかまわんだろうという独特の「倫理感」からだと云う。女子プロレスとストリップと観客の眼に相違があるのかといえば失礼だろうか。[44]

やはり女子プロレスは目新しい演し物として期待されているが、

ここでも記者は女子プロレスとストリップには大した違いがないとみなしていた。余談だが、アルバイトサロン、略してアルサロとは、一九五五年発行の原浩三著『売春風俗史』によれば、それ以前のキャバレーやダンスホールで個別に売春をするような「女給の貞操観念の頽廃さが、逆に〔客側が〕清純さを求めることになった[45]」という事情を背景に、夕方から働ける短大生や洋裁学校の生徒など「素人」が固定給で給仕・接客するようになった店のことである。原によれば、「普通のキャバレーより安く大衆的だったため」一九五三年春ごろから流行し始めたそうだ[46]。

さらに『内外タイムス』は、「女子プロレス騒動」との見出しをつけた記事で、浅草での女子プロレス興行のヒットの内幕を解説している[47]。要約すれば、二月下旬からの公園劇場、ロック座、フランス座での興行が大流行したためストリッパーのなかにもプロレスを始めた者もいたそうだが、ほとんどはケガをするなどで長続きしなかった。浅草・新宿の両フランス座と浅草ロック座を経営する東洋興業は「東洋女子プロレスリング協会」を始めたが、分裂して「全日本ノンプロ女子レスリング」として栃木県を巡業している、と紹介している。これが先の「ノンプロ」の広告に反映されたようだ。分裂後のフランス座では「東京女子プロレスリング協会」を作り、すでに募集した一期生の十数名が舞台に出ていたが、早くも怪我と故障で五、六名に減って二期生の募集を予定している。この時期のストリップ劇場に出演して「ブーム」に関わり、その後も継続した団体は、全日本女子プロレスリング協会と東洋（東京）女子プロレス協会となる。また一九五五年五月二五日付『内外タイムス』の「浅草六区歩る記」によれば、「相変らず吸引力の強いのが女子レスリング」で、公園劇場とフランス座では「観客の方がすっかり興奮して「殴っちゃえ」「殺しちゃえ」とやっている」[48]とのことで、ストリップ劇場での女子プロレス人気は根強かったようだ。

以上のとおり、一九五五年二月からの東京の一部での「女子プロレスブーム」は、もっぱらストリップ劇場での興行だったことが影響したためか、管見の限りでは『内外タイムス』以外のメディア媒体にはあまり情報がなく、多くは知られていない。だが、日本で女子プロレス団体が増え始め、それぞれの団体がときにはストリップの代わりになったり、またあるときには「ストリップと一緒にしちゃいけない」という意見も誘発したりと、揺らぎ続けながら展開していったさまがうかがえる。

東京の主要四団体

次節で九月の第一回女子プロレス選手権試合について詳述するが、その前に一九五五年前半から活躍していた女子プロレス団体を概観しておく。ただし、広島と大阪の団体についてはすでに述べた以上の資料が見つけられていないため、新聞・雑誌等で観測できた範囲での東京の団体に限る。まず、一九五五年三月二七日付『内外タイムス』「女プロレス楽屋裏」は、その時点での女子プロレス団体を、「実力でいらっしゃい」という「ファイト型」、「もっぱら見物人を喜ばせるのが目的の」「ショウ型」、そして「ストリップまがいの」「超ショウ型」[49]と三つに分類している。「ファイト型」の例としてユニバーサル女子プロレスリング協会、「ショウ型」は全日本女子プロレス協会、「超ショウ型」は「東洋興業」(東洋女子プロレス協会、東京女子プロレス協会）としている。当時でもストリップとスポーツのスペクトラムを意識していたと思われる分類ではあるものの、前述のとおり実際には各メディアがどう位置づけるかによっておなじ団体・レスラーでもときにはストリップに分類されたりときにはスポーツと形容されたりと、一貫性はまるでなかった。書き手にとってその都度、都合よく解釈されていたというのが実情に近いだろう。ともあれ、この分類を当時流通した一つの見解として、他の記事とともに団体別に順に紹介していこう。

ユニバーサル女子プロレスリング協会

前述した一九五五年一月浅草での「日本女子プロレスリング大会」の約三週間後、二月六日にユニバーサル女子プロレスリング協会（以後ユニバーサルとする）が選手募集広告を『毎日新聞』に出稿した〔50〕【画像36】。「スポーツに経験興味」のある一六～二一歳、身長制限五尺二寸以上（約一五九センチ）のみというから、体重は問わなかったようだ。二月一二日午後一時から面接をおこなうとしている。

ついで二月一三日付の『毎日新聞』は、女子プロレス団体の審査会についての記事を計量風景の写真とともに載せている。足立区千住にできた「某女子プロ・レスリング道場〔51〕」としているが、これはユニバーサルのことだ。要約すると、二〇名募集したところ七名のみが集まり、中学三年生を含む全員が採用となった。「三ヶ月の見習中六千円、宿舎に入ればこれから食費と引くという条件」とあるが、この額が月収だとすれば、一九五四年の公務員の平均初任給が八七〇〇円だった時代〔52〕、若い女性の賃金にしてはなかなかの好待遇である。やはりストリップと誤解されがちだったせいで志望者がまだ少なかったためだろうか。

全日本女子とユニバーサルに取材した『週刊サンケイ』一九五五年三月二〇日号によれば、同年一月に発足したユニバーサルは、「あくまで本格選手の育成をめざして」「元土建業」藤田卯一郎会長が千住緑町に道場を開設した、としている。[53]『面白倶楽部』一九五五年五月号掲載の作家・大平陽介（一九〇四〜一九八一）による「探訪　女子プロレス入門試験」と題した記事も、写真を見たところ『毎日新聞』の記事と同日の入門試験に取材したもののようだ。ちなみに大平は一九五一年の『文章倶楽部』で「大衆作家として活躍している」[54]と紹介されており、国会図書館のサイトで検索した限りでは終戦直後から子ども向けの伝記・時代小説から猟奇物まで、幅広いジャンルの小説やエッセイを書いていたようだ。探訪者大平に対して会長の藤田は次のようにコメントしている。

去年、アメリカの女子プロ・レスが来たでしょう。私は、あれに刺激されたんですよ。アメリカ女は実に不器用で、見ていると十五手くらいしか使えません。今の広島の女子プロレスたちは、百五十手ぐらい使いますからね。日本には昔から柔道というものがあり、運動神経が鋭敏ですから、日本の女子が本気になって鍛えれば、これは世界選手権が取れると思ったのです。

女子プロレスラー募集
・道場完成本年度第一回練習生・
★練習期間三ヵ月（期間中手当支給）終了後二―四万交通費支給寄宿設完★スポーツに経験興味有16―21才身長五尺二寸以上
★面接日2月12日午後一時履歴書写真持参（京成大橋駅下車）
◉道場・足立区千住緑町10番地
東京ユニバーサル
女子プロレスリング団（88）0826

【画像36】『毎日新聞（都内中央版朝刊）』1955年2月6日（8頁）

そこで、本当の基礎的な鍛錬から始めようと思って、今日の募集をしたのです。[55]

このコメントを見る限りでは、ユニバーサルは女子レスラーの「鋭敏」な「運動神経」と「鍛錬」によってバークたちアメリカの女子レスラーにも勝てる、という意気込みで始動したようだ。アメリカをお手本ではなく超えられる存在とし、「世界と競争できる日本」を意識した発言も特徴的だ。同記事では、ユニバーサル主催者は以前は広島女子プロレスの東北・宇都宮巡業のプロモーターも務めたと語り、広島のレスラーたちを高く評価していたこともうかがえる。

ちなみに「元土建業」とされている会長の藤田卯一郎（一九〇六〜一九六八）は、いわゆるヤクザの超大物としてその筋ではよく知られた人物。一九五〇年代は関東関根組系の博徒集団「松葉会」（のちに政治結社となる）の会長として活躍し、住吉一家とともに「東京の勢力を事実上二分している」[56]と書いた記事もある。よく知られるように、草創期のプロレスは男女ともに、当時の芸能全般にまつわる活動と同様、ヤクザの世界でのリーダー的な人びとが関わることで円滑に興行・巡業を展開できていた場合が多い。特に地方巡業においてはそれぞれの地域の「顔役」と連携し興行の詳細について交渉することの必要性から、ヤクザ関連の人びととの広範なネットワークが有用だったことはどの女子プロレス団体もおなじようなものだった。また、作家・細田昌志が『力道山未亡人』で再三触れているように、この時期のヤクザは、親米反共プロパガンダによって政界、芸能界、メディアともつながっており[57]、冷戦期の米国主導型の「民主社会」形成においても重要な存在だった。

さて「女子プロ・レス入門試験」の記事は、志願者たちの声もひろっている。母親と一緒に来た「十七貫、五尺三寸四分」（約六三キロ、一六一センチ）という中学三年生は、「兄さんとケンカしても負けないワ」と言うが、その横で母親は「こんなにグン〱大きくなっていって、これから先のことが思いやられましてね、女のプロレスにでもするよりほかないんじゃないかと思いましてね」と、まず自分の娘を入門させる消極的な動機として彼女の体型を言い訳がましく挙げている。別の女性は、「やはり好きなんです。それに体が大きいもんですから、職業としても尖端的じゃないかと思いまして」と言い、さらにもう一人は、「伯父が反対なだけで、あとは皆賛成なんです。兄なんか、お前みたいなデブはちょうどいいから行ってこいと…」と、皆体型に言及しつつ自分の意思として動機を説明しており、大平も「自信満々の女丈夫」と評している。[58] 体型への自己言及は、第一章で示したように定子が兄たちと「食べるために」必要にかられてレスリングを始めたころにはみられなかったものだ。数年のあいだに、若い女性が自身の体型を生かしつつ「好きだから」その道を選ぶ、と少なくとも意見表明をする方向に描かれ方が変化してきてはいる。ただし、『週刊サンケイ』の記事では練習生の、「私のような大女は恥かしくて…普通の社会がまともにみてくれませんので[59]」という声も同情的に紹介しており、若い女性は痩せていることが好ましいという、現在も社会に染みついている、女性の体型に関する抑圧の深刻さもうかがえる。と同時に、おなじように体型で悩んでいた女性にとってはこの記事がインスピレーションになった可能性もあるだろう。大柄な女性の体型がプラスに働く職種というと、当時は現在以上に限られたものだったからだ。とはいえ、前述したようにメディアや男性観客にとっては、大柄な女子レスラーの身体は「グロ」として多義的に消費する対象だったことも事実だ。

大平の記事によれば、体重測定や運動神経のテストを経て応募者は全員合格し、先の中学三年生が、「あたし、世界一の女子レスラーになりたいと思います」と胸を張ったのに対して藤田が、「キット世界選手権がとれますから、しっかりやって下さい」と鼓舞したと伝えている。藤田自身にも当時一〇代の娘がいたためか[60]、未知の世界に飛び込まんとする「女力道山の卵たち[61]」を預かる団体の会長として頼りになる印象を与えるやりとりが描かれている。

【画像37】『内外タイムス』1955年3月27日（3頁）

前述のように一九五五年三月二七日付『内外タイムス』【画像37】の「女プロレス楽屋裏」ではユニバーサルを「ファイト型」として分類し[62]、千住の道場兼合宿所でのトレーニングの詳細を写真も複数添えて紹介している。

この記事が掲載された時点ではレスラーの平均年齢一六歳、総勢二五人、二〇坪の平屋の道場にはリングが一つ、サンドバッグや鉄アレイ、エキスパンダーなどがある。練習日程は「起床七時、練習八時――九時、朝食十時、練習一時――四時、戸外練習四時――五時、夕食七時、自修七時――九時、就寝十時」とのこと。食事は一回につき米二合五勺、昼食はない。食事には米以外も含まれただろうが、練習内容はかなりハードだったようだ。レスラーのなかには「外交官の娘」「麻布の料理屋の娘で日本舞踊は名取」という経歴の者もおり、「面白くてやめられないワ、気持ちがいいわよ」というレスラー自身のコメントで締められている。[63]『内外タイムス』の読者層として若い女性は主流ではなかっただろうが、このような女子レスラー自身によるポジティブな意見の掲載は「自分もやってみたい」と思うような志願者を増やすことにもつながっただろう。

全日本女子プロレスリング協会

前述した一九五五年三月二七日付『内外タイムス』の「女プロレス楽屋裏」の記事で「ショウ型」と分類されているのは二月に浅草・公園劇場にも出演して人気を博した「全日本女子プロレスリング協会」だ。「日本女子プロレスリング協会」と表記されることもあるが、以降「全日本」とする。同団体も練習生募集広告を一九五五年二月三日付の『讀賣新聞』【画像38】に掲載している。[64]

この広告もユニバーサルと月給の面ではほぼおなじだが、寄宿寮の記述がないことと、代わりに「国内旅行海外渡航並びに映画出演可能な方」としているのが、より「ショウ型」を意識した全日本らしいといえるだろうか。今後の展望として、海外遠征や映画への進

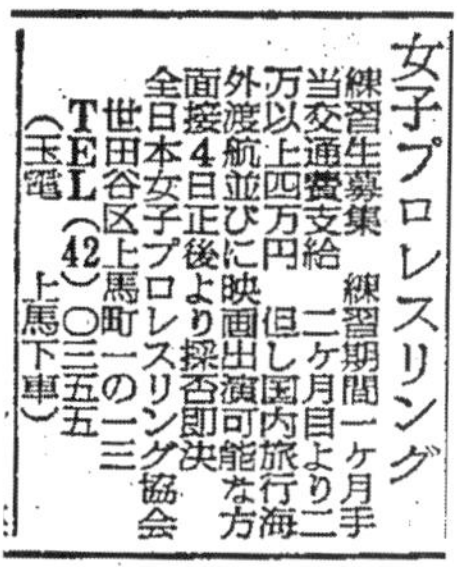
女子プロレスリング
練習生募集　練習期間一ケ月手当交通費支給　二ケ月目より二万以上四万円　但し国内旅行海外渡航並びに映画出演可能な方
面接4日正後より採否即決
全日本女子プロレスリング協会
世田谷区上馬町一の一三
TEL（42）〇三五五
（玉電上馬下車）

【画像38】『讀賣新聞（下町版朝刊）』1955年2月3日（8頁）

出を計画していたか、またはそれらが応募者へのインセンティブになると判断したのだろう。広告が三日の朝刊に掲載されて四日正午から面接というタイトなスケジュールではどの程度の志願者が集まったかは不明だが、後述の会長の談によればこれ以外にも広告は随所で何度も打たれていたようだ。

「女子プロレス楽屋裏」によれば全日本も所属レスラーは計二五名だが、ユニバーサルとは違い、この時点では全員が「通い[65]」とのこと。午後一時から四時までの練習内容は、「もっぱら派手な投げ技、投げられ方、痛そうで痛くない攻め方、アノ手コノ手と演出効果百パーセントを狙ったもの」とされている。「柔道五段木下コーチ」が指導に当たっていると書かれているが、この人物が東洋・東京女子でコーチを務めた木下幸一かどうかは不明。『週刊サンケイ』の「女子プロ・レスの内幕」には全日本の会長は「国光拳闘クラブを主催する万年東一さん」とあるが、彼は一九三〇年代から銀座や新宿で活動した「愚連隊の神様」万年東一（一九〇八～一九八五）だ。万年は一九六八年に全女が旗揚げした際も会長を務めたほど女子プロレスとの関わりが深いが[66]、この記事では次のように説明している。

> はじめは女子プロレスラー募集と表面に出さずに新聞広告したのです。ただ漠然と、スポーツを愛好する女性を求むとね。ただし身長を五尺二寸以上、体重十四貫以上十八歳から廿一歳までの断り書きをつけたんですが、女子プロレスと聞くと逃腰になって四、五人しか残らなかったですね。[67]

その後さらに新聞広告を出稿し続け、この記事の時点では三〇名がレスラーとして稽古しているという。

この団体の待遇については、練習生手当が税込で月一万円、準選手では二〜三万円。試合用のガウンが五〜六〇〇〇円、コスチューム三五〇〇円、シューズが三〇〇〇円という。さらに諸経費の合計が一人月平均二万円にもなるため、「劇場出場も試合度胸をつける意味と経費の点とを考慮して、一石二鳥を狙った」[68]との記述から、公園劇場への連続出演には団体の経済的な事情もあったことがわかる。全日本の所属選手は前述の東富士子や佐々木「小次郎」一枝とともに、「大の酒好きで宿酔で大事な試合に欠場した高校生S嬢」や、もとは幼稚園教諭だった女性も所属しているという[69]。

全日本の観客の声としては、随筆家の渋沢秀雄(一八九二〜一九八四)が一九五六年刊の随想集『やら漬』に書き残した試合の感想が興味深い。渋沢は戦前から実業家として活動し、一九三〇年代には父・栄一亡きあとの追想も出版、戦後に公職を追放されて以来随筆の執筆活動に専念している、と同書の「著者略歴」にある[70]。渋沢は一九五五年三月、公園劇場での「佐々木小次郎対東富士子一騎打 全日本女子プロレスリング選手権試合」に「単身乗り込む勇気はなかった」ため、知人の若い女性会社員Tと学生のN青年と連れ立って見物に出かけた[71]。一九五五年三月といえば『内外タイムス』が前月から始まった浅草のストリップ劇場での女子プロレス「ブーム」について記していた時期であるため、この時点で六二歳になっていた渋沢は一人で行くのには気後れしたものの、やはりどうしても観ておきたいと思ったのだろうか。場内は満員で、若いサラリーマン風の男性が多かったが、女性観客も二名ほど見つけたという。少し長いが渋沢の好奇心と観察力に満ちた記述を引用する。

〔「ストリップ・ショウ」と「アチャラカ劇」のあとに〕舞台にリンク《ママ》が出来て、待望の女レスリングがはじまる。まずアナウンサーが試合規則を説明し出した。「締めは首以外はどこを締めても構いません。締めるのは女性の特権でして…」といった調子〔略〕痩せぎすの男のレフェリー一人に、二人一組の女レスラー四人が舞台に現れた。とたんに興奮気味の客席から掛声などかかる。／看板に偽りありで佐々木小次郎も東富士子も現れなかった。いよいよ試合がはじまると、高校三年生だという浅倉純子対、元女子野球の捕手姿みよ子の一戦が一番面白かった。試合中もつづけられるアナウンスが、「この二人のボリュームは、ご覧の通り一升ビンとビールビンほどの差があります」と説明しただけあって、二人の体重も四、五貫がたは違いそうだ。〔略〕一升ビンは背負い投げの形で強引にビールビンの首を肩に担ぐと、力に委せてズデンドウと首投げで叩きつけ、みよ子嬢が起き上がるところを、今度は片膝ついて待ち構えたまま、エイヤとばかり矢つぎ早の四回連投。そのつどビールビンは、まるで鉄道便の荷物みたいにマットの上へホウリ出され、さすが軽快の元野球捕手も少しフラフラ。一升ビンのあの馬力で、ああ首根っ子を持って振りまわされては、五月人形なら一度で首が抜ける。／女レスリングは男のそれほど技がなくて歯切れがわるい。軍鶏の蹴合いから真剣味を引き去り、そこへ「姫御前のあられもない」という滑稽味を加えただけのものだった。無邪気に笑うには少々野蛮すぎ、歪められたエロを感じるには姫御前の出来が丈夫向き一方すぎた。それでも見物は一杯で、観光自動車の団体客まで来ていた。(72)

渋沢は「技がなくて歯切れがわるい」と結論づけているものの、その前段では若い浅倉と体格差があっても簡単には倒れない姿の試合ぶりが生き生きと描かれているため、やはり全日本は「ショウ型」のプロレスを売りにする団体だったことがよく伝わってくる。若いサラリーマンから旅行者まで、多くの観客が楽しんでいたようだ。当時の新聞や雑誌では全日本のレスラーといえば主力の東と佐々木ばかりが注目されることが多かったこともあり、あまり言及されることのない浅倉と、おそらく新人だった姿の試合の様子が垣間見えるという意味でもこの記録はたいへん貴重なものだ。渋沢は次の段落では、「帰途、T嬢は同性として唯恥ずかしかったと述懐した」とも書いている。ここでも「同性の苦痛」が吐露されているようだが、彼女にとって具体的にどの点がどのように「唯恥ずかしかった」のか、また渋沢のような年配の男性文化人の前ではなく同年代の女性同士だったとしたらどのような感想を述べ合ったか、さらにこちらの想像力をかきたてる発言なのが興味深い。

東洋女子プロレス協会・東京女子プロレス協会

先に紹介した一九五五年三月二七日付『内外タイムス』で「超ショウ型」と分類されているのが、おなじくストリップ劇場に出演していた、浅草の東洋興業運営の東洋女子プロレス協会だ。同記事の時点では一・二期生合わせて一五名が所属しているというが、記事の書きぶりはユニバーサルや全日本とは違い、「「先生その技いいワ」「私にも教えて」ドシンバタン」というような、おそらく当時定番だったお色気小説やコントに出てきそうな表現に終始しており、中身のある記事になっていない。[73]とはいえ、当然ながらこのような表現は、三つの分類を作り出した記者が勝手に誇張したものだった可能性も高い。

東洋興業の会長は松倉宇七（一八九八〜一九八二）で、経歴を見る限りヤクザとは縁の薄そうな劇場経営の専門家だ。一九五五年二月に松倉が経営する浅草・新宿の両フランス座で女子レスリング興行を成功させたころに東洋女子プロレス協会となったようだ。[74]前記の『内外タイムス』の記事では一九五五年の初頭に一期生、その後二期生が入ったというが、[75]この団体の代表的選手で「生涯現役」レスラー、小畑千代（一九三六〜）に取材した、ジャーナリストの秋山訓子が著した評伝『女子プロレスラー小畑千代』（二〇一七）によれば、彼女が入門したのは一期生と二期生のあいだで、その時点ではすでに「東京女子プロレス」との看板を掲げていたという。[76]ただしこの評伝で小畑は入門して一年後の一九五五年にデビューした、と言っているが、[77]前述のとおり一九五四年中ごろの時点では東洋興業は女子プロレス興行はおこなっていなかったと思われる。また、二〇一七年の雑誌インタビューで小畑は最初に「東洋女子プロレス」に入門した、[78]とも発言しており、自身の証言のなかでも食い違いがみられる。推測だが、小畑が入門したという一九五五年初頭の時点では、東洋興業では団体名が一つに決まっておらず、このため記憶も曖昧になったのかもしれない。

管見の限りでは、『読売グラフ』一九五五年七月七日号の「姉妹仲よく…」という記事で「東京女子プロ・レスリング協会の人たち」[79]として小畑千代と妹の紀代が登場しているため、少なくともこのころには「東洋女子プロレス」ではなく「東京女子プロレス」という呼称が定着していたと考えられる。混乱を避けるため以降では「東京女子」に統一する。
『読売グラフ』の記事によれば同協会は、

十五歳から二十歳までの約二十名の女レスラーと、専門のトレーナー、審判、渉外係もあって堂々たる興行成績。／だからこそ、小畑紀代、千代の姉妹も、家族の反対を押しきって朝から晩まで、投げたり、投げられたり、汗水流しての精進もうなずける。力コブを自慢し、打ち身にもめげず、赤アザにもへこたれず、どうか強くして下さんせと観音サマに日参する心境、涙ぐましい限りである。／なお、この姉妹の月収はおのおの約三万円とのことである。〔80〕

ここで注目したいのは、「家族の反対を押しきって」という一節だ。というのも、前述したように定子の時代は「親を食わせていく」ことがプロレスの道に進む大きな動機になっていたことを考えると、家族に対する真逆ともいえる態度には隔世の感がある。また一九五五年には、前述のユニバーサルの「入門試験」にあるように親や家族が賛成したうえで若い女性が自身の体型を生かした「好きなこと」をやるという、いわばリベラルな家父長制の優等生的なレスラー志願者も複数描かれていた。このケースとは対照的に、「家族の反対を押しきって」レスラーになる、しかも自力で高収入を得ている、という表現は、若い女性が家父長制から自由になり、かつ経済的に自立することを意味し、冷戦期アメリカの理想に近い民主主義的かつ資本主義礼賛的な態度としても先進的だっただろう。ただし、おなじ記事では小畑姉妹の実家の食卓の様子をとらえた写真も掲載されており、そこには「家族の者は家では女らしくとやかましくしかる　着物に着替えて畳に座るとやっぱりね[81]」というキャプションがつけられている。「やっぱりね」とは、「やっぱり女らしくなってしまう」というような意味が隠されていると思われるが、それとは別に、姉妹の家族が本当に二人のプロレス入りに反対していたのなら、そもそも家庭内で雑誌向けの写真撮影を許可するなど考えられない。つまり、この「家族の反対を押しきって」という形容も、象徴的ではあってもやはりプロレスの記事らしいギミックだった可能性もある。とはいえ、このように一般向けのグラフ雑誌に写真入りで小畑たちが紹介されることで、さらに広範な読者に女子プロレスの魅力が伝わった可能性は高く、おなじように家族の反対を押し切ってでも入門しようと奮起した若い女性もいたかもしれない。

　小畑は前述した二〇一七年のインタビューで、「ウチの協会はお色気は絶対ないです」と言い切っている[82]。だがこの『読売グラフ』の記事では、小畑たちの試合の写真と男性観客の写真に、「足がためでヒイヒイ　お客はゲラゲラ」「お客さまはスポーツをたのしむばかりではなさそうですな[83]」と、なんとも意地の悪い文言も付されており、真剣に活動するレスラーを見下した態度が露骨だ。同時に、このようなからかいとともに「エロ」を強調するようなメディアの解釈と、レスラー自身の「お色気は絶対ない」という認識には乖離があったこともよく伝わってくる。記事の右上半分を占める写真【画像39】では稽古で技をかけられているレスラーの広げた足が目立つため、読者の注目をまずそこに集める意図が記事の作り手側にあるのは明白だが、同時にその周囲には、稽古する二人を真剣に見つめているレスラーたちの様子も写り込んでいる。二人を囲んだ八人のレスラー全員が技のかかり具合を食い入るように観察している姿がたいへん印象的で、あたかもこの多声的な写真のなかに女子レスラーたち自身の技術向上への真摯さと、メディアを含む男性観客の認識のギャップが凝縮されているかのようだ。

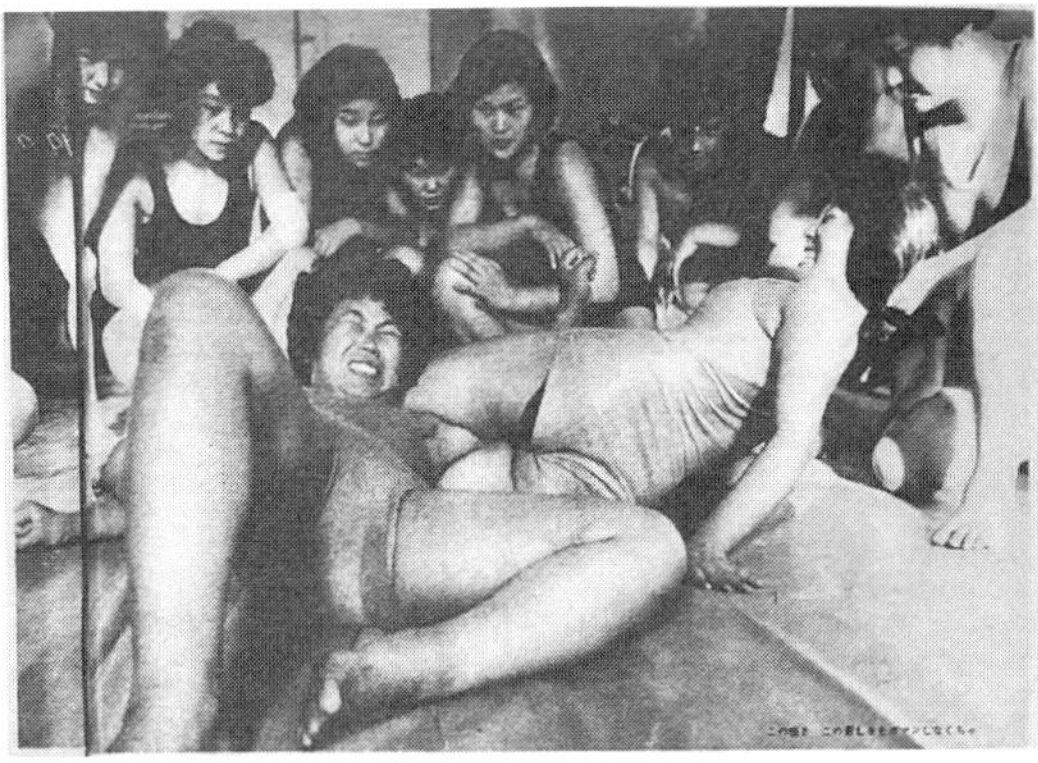

【画像39】『読売グラフ』1955年7月5日号（8-9頁）

思想家ロラン・バルトは『明るい部屋』（初版一九八五）で、写真がそなえる二つの要素として、描かれた印象や込められた思い入れをわかりやすく伝える要素「ストゥディウム」と、そのストゥディウムを「破壊」または「分断」する要素「プンクトゥム」を挙げた[84]。プンクトゥムとは、写真の細部や周縁的な部分において、撮影者の意図しない形で見る者を偶発的に「突き刺す」力のことだ。先の写真の背景を占めるレスラーたちも、バルトの言う「ある細部（ある起爆装置）によって爆発が起こり、それがテクストの、写真の窓ガラスに小さな星形のひびを入れる」[85]ような想像力をかきたてはしないだろうか。おもに男性読者向けに、嘲るようなテキストとともに提示された女子レスラーの視覚的表象をプンクトゥムという手がかりとともに読むことで、想定された読者以外の人びとに彼女たちのイメージがどのように届いたのか、考えるヒントになることは確かだ。

全日本女子レスリング倶楽部

一九五五年前半の女子プロレス関連の新聞記事では女子プロレスは広島が始まりの地という叙述も多かったが、第一章で示したような猪狩きょうだいのスポーツショウ、ガーター取りマッチ、バーク一行の前座試合などの活動は、少なくともプロレス専門誌では女子プロレスの「草分け」と認識されていたようだ[86]。例によって当初は彼らの正式団体名も定まっていなかったようだが、一九五五年中盤には全日本女子レスリング倶楽部（「クラブ」の表記もあるが、以降「倶楽部」とする）とメディア上で書かれるようになった。道場は三鷹市大沢にあり、第一章で述べたように一九五三～五四年ごろから定子の兄たちに加えてエルマー・L・ホーキンス軍曹始め複数の米軍関係者もコーチとして参加していた。定子によれば、時期は記憶にないが早稲田大学アマチュアレスリング部を指導していた日本レスリング協会会長の八田一朗や木村政彦からの指導も受けたという。八田には、「女の子なのにどうしてそんなに真剣に稽古をするの」と聞かれ、「お父ちゃんとお母ちゃんを食べさせるためです」と答えたら大笑いされ[87]、また、「木村先生にはやっぱり寝技[88]」を教わったそうだ。雑誌『プロレス』一九五五年一〇月号によれば、倶楽部のレフェリーである中沼哲郎も柔道二段で「有望な指導者の一人[89]」として紹介されている。このように多彩な指導者が少人数のレスラーの育成に関わっていたということは、倶楽部は他の団体よりも技術的にかなり洗練されていたと予想できる。

とはいえ、一九五五年夏の時点での倶楽部には、道場のリング奥に土間に座敷といった寝泊まりできるスペースがあり、座敷のハンモックにはパンの子どもが寝ていることもある、非常に牧歌的な光景が広がっていたようだ[90]。一日の練習スケジュールも比較的のんびりしており、当時の定子の説明によれば次のような様子だった。

> 朝は八時の起床で、そして一時間近く多摩墓地あたりまでマラソンです。それから縄跳びなど　炊事はお当番制ですが、朝食は味噌汁は卵ぐらい。そして午前中は自分の時間なので、あたしは好きなウクレレをひいたり、お洗濯したり、午後一時から五時までが練習です。リングの掃除をすませ風呂に入って八時頃夕飯になります[91]。

【画像40】1956年ごろの全日本女子レスリング倶楽部での一葉［写真提供：猪狩定子］

経験の点でも知名度の点でも他の団体より有利な倶楽部ではあったが、所属レスラーは七名のみ。

記事によれば、バークたちの試合の前座で出場した定子、田山勝美、法城寺宏衣（橋本雅子は全日本に移動したという[92]）を筆頭に、浅草美人座のストリップ出身でミス・ポテトとも呼ばれた香取由美[93]、秋田の女相撲で勇駒の四股名で三年間活動していた巴靖子などがいたそうだ[94]。

第一回全日本女子プロ・レスリング王座決定戦（一九五五年九月一〇・一一日）

プロレス専門誌『月刊ファイト』一九五五年九月号には、同年九月一〇・一一日（日曜）開催予定の「第一回全日本女子プロ・レスリング王座決定戦」の告知が掲載されている[95]【画像41】。この大会は「第一回女子プロレス選手権」とも呼ばれた。

会場名が、「旧両国国技館（メモリアル・ホール）国際スタヂアム」と雑な手書きで追加されているところを見ると、会場の決定は遅かったのかもしれない。さらに目を引くのは参加する五団体のフルネームと、主催に「日本女子プロ・レスリング連盟」とあることだ。「東洋女子」は「東京女子」になり、広島の団体は「広島女子レスラーチーム」となっている。今回は大阪の女子レスラーは参加していない。下部に「認定　日本女子プロ・レスリングコミッショナー」と書いてあるのも新しい。この告知がある見開き反対頁には、決定戦に向けて創立された「日本女子プロ・レスリング・コミッション」の初代コミッショナーに国際スタジアム社長の上野才一が就任した、という記事が掲載されている。この「日本女子プロ・レスリング・コミッション」の別名が「日本女子プロ・レスリング連盟」（以降連盟とする）

だった。上野は次のとおり挨拶文を寄せている。

これからはかねがね自分が念願していた健全なスポーツという方向に進みたい。その目標で各女子プロレス団体の方々にも協力を願うつもりだ。ストリッパーと混同されるようでは長続きするものではないと思うし〔略〕今後は出来るだけエロじみた空気はとり除いて、観客を楽しませる健全なスポーツとして向上をはかり、将来は海外の争覇にも参加したい(96)。

かしこまった口調だが、一応ボクシングなどと同様のコミッショナー制度を取り入れることにした以上、やはり従来の「エロ」の要素は不都合だったようだ。『月刊ファイト』は翌月の読者欄でも、「上野コミッショナーの意見のように女子プロレスはエロでは絶対駄目で、健全なスポーツとしてこそ初めて発展すると思う(97)」という、「健全路線」を支持する男性読者の意見を載せている。

さらに『月刊ファイト』九月号によれば、選手権者決定試合は「軽量級（十五貫以下）、中量級（十八貫以下）、重量級（十八貫以上）の三階級に分けて

【画像41】『月刊ファイト』1955年9月号（39頁）

行われる」という。十五貫は約五六・二五キロ、十八貫は約六七・五キロだ。階級制導入は、「スポーツ」として扱われるための正当性の強化とともに、試合を最大限に楽しませるための工夫だったと思われる。当日の試合では、フライ、バンタム、フェザー、ライト、ミドル、ライト・ヘビーと、さらに細かく階級が分かれていた。女子プロレスもいよいよ各地の主要団体が集結して本格的な選手権試合が大会場でできることになり、これに前後して各団体名の表記も統一されつつあったといえる。ただし、団体名につく「団」と「協会」などの表記には相変わらず一貫性はなかったようだ。

会場の両国・国際スタジアム（「スタヂアム」表記も多い）は、戦前は国技館として使われ、占領下で接収されていた期間はメモリアル・ホールと名前が変わり、一九五五年の接収解除まで男子ボクシングや男子プロレスの会場となっていた。一九五五年五月に「国際スタジアム」となり、「東洋一の規模」の室内ローラースケートリンクとして開業したばかりだったという。[98] リンクの一階から四階までの観客席の収容人数は一万三千人だった。[99] 写真で見る限りドーム型の屋根のある豪華な建造物で、[100] 新規開業以来ローラースケート場として以外にも、柔道の選手権大会、江利チエミコンサートから日本共産党の党創立記念大会や原水爆禁止東京大会まで、[101] 幅広い目的の行事に使われていたことが当時の新聞報道から伝わってくる。ただし上野による経営のほうは振るわなかったらしく、一九五六年七月には健康ランド的な「温泉浴場」に改装する計画をメディアに発表したものの、[102] 頓挫したようだ。さらに新聞報道によれば、一九五七年七月には施設の名義を相撲協会から不正に「乗っ取る」という企てにより、上野らが公正証書原本不実記載未遂容疑で逮捕されている。[103] だがこの時期には女子プロレス人気もすでに下火になっていたため、上野の逮捕は連盟や諸団体にとって直接的なダメージはなかったと思われる。
さらに別の専門誌『リングサイド』も一九五五年一〇月号で選手権試合開催について告知し、コミッション事務局長の中村正の談として、次のとおり伝えている。

試合ルールも日本女子に適した日本式のルールを定めたいし、米国から選手を呼んでやる場合のルールも確立しておきたいと思います。男子のをそのまま用いるのは危険ですし、何はおいてもあくまで健全なスポーツとして発展させていきたいと思います。(104)

こちらも正式な枠組みづくりと「あくまで健全なスポーツ」を重視している。「日本女子に適した」ルールと、米国からの招聘試合時のルールを別にしたいとのことだが、こうしたルール分けには特に根拠はないと推察される。おそらくは体格差を意識し、日本の女子プロレスをより本格的に見せるための努力だったのだろう。ちなみにこの号の発売は選手権試合直後だったと思われるが、試合の日時も会場名も書かれていないうえに試合内容にもまったく言及しておらず、記事や写真は試合前のものだった可能性もある。記事には出場選手リストがあり、当日実際には出場しなかった選手（倶楽部所属の巴靖子）の名前が書かれているにもかかわらず、勝った選手にはマルがついている。(105)勝敗がメディアに事前に知らされていたのかもしれず、だとすれば貴重な記事ともいえるが、もちろん、試合後に書かれた記事の間違いが訂正されないままだった可能性も考えられる。

【画像42】『内外タイムス』1955年9月10日（3頁）

国際スタジアムでの王座決定戦に先駆けて、東京の四団体の選手による同会場での公開練習の様子について、一九五五年九月一日付『内外タイムス』の「「オンナ力道」は誰か　迫る女子プロレス日本選手権」と見出しがついた記事が伝えている。例によって、「リング狭しともんどりうつ」「妖しげなお色気をふんだんにふりまく」などの性的表現があたかも常套句かのように登場するが、続いて、「しかし発足当初から見ると技術は一段と磨きがかかり、選手たちの身体もレスラーらしく引き締まった感じ。中でもユニバーサル・チームは全体的に粒もそろい、技の応酬にもアカ抜けした感じだった」「乱闘よろしくリング下まで投げ飛ばし、床下で殴り合いをはじめるショウ的な一幕もあって一応楽しめるまでに成長した[106]」と、向上したスキルと見せ方をたいへん好意的に紹介している。やはりここでも、国際スタジアムという会場と「公開練習」というスポーツ的な名目のために、ストリップと風俗業関連の記事が得意な『内外タイムス』ではあっても「健全なスポーツ」に近い形の描写になったと思われる。

大会当日、一九五五年九月一〇日付の『内外タイムス』に掲載された第一回王座決定戦の広告【画像42】によれば、「リングサイドA席」五〇〇円から「大衆席」一〇〇円まで、五種類もの席が用意された[107]。また、後援に名を連ねているラジオ東京TV（KRTV、のちのTBS）が両日とも午後七時三〇分から「全日本女子プロレス王座決定戦」としてテレビ中継をおこなった[108]【画像43】。

選手権大会当日の模様は複数の媒体が取り上げたが、まずはプロレス専門誌『月刊ファイト』の総評からみてみよう。浅野記者による「W＋M　女プロレス　初の王座決定戦大盛況」と題した記事は、「昨今はやりのM＋Wの最先端を行く女子プロレスリングが男プロレスの向こうを張って、「王座決定戦」と題し、九月十・十一日の両日東京は両国の国際スタヂアムで満員の観衆を集めはなばなしく挙行された[109]」と始まる。この時期の流行語だった「M＋W」「W＋M」とは、ファッションやふるまいにおける女性の男性化・男性の女性化というような意味合いで使われていたようだ。女子プロレスラーなどは女性（W）に男性的要素（M）がプラスされる、とみなされるので「W＋M」となり、男性（M）に女性的要素（W）がプラスされると「M＋W」となる。ボーイッシュな外見の女性は「M過剰型」などともいわれた。社会心理学者の南博（一九一四〜二〇〇一）による一九五六年の著作内での「M・W」の

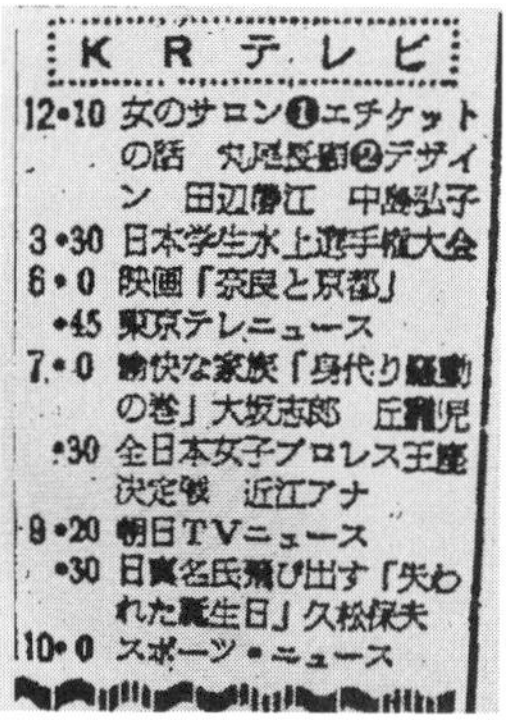
ＫＲテレビ
12・10 女のサロン❶エチケットの話　丸尾長顕❷デザイン　田辺静江　中島弘子
3・30 日本学生水上選手権大会
6・0 映画「奈良と京都」
・45 東京テレニュース
7・0 愉快な家族「身代り騒動の巻」大坂志郎　丘寵児
・30 全日本女子プロレス王座決定戦　近江アナ
9・20 朝日TVニュース
・30 日真名氏飛び出す「失われた誕生日」久松保夫
10・0 スポーツ・ニュース

【画像43】『毎日新聞（朝刊）』1955年9月10日（5頁）

解説によれば、「今日の男性がいわゆる女性的な風俗に近づき、また女性が男性的な風俗を取り入れるようになったのは事実。これは女性が社会生活で男性に近くなったことと、一般に外国の男女平等の風俗が取り入れられてきたためである[110]」とのこと。当時の強固な女性蔑視や性別役割分業を考えると南の解説が妥当かどうかは疑わしいが、日本社会、特に都市部での若者文化の変化によって男女それぞれのあり方が

刷新されつつあると人びとが感じていたからこそ、この言い回しが流行したのだろう。日本人による女子プロレスが広まったのがほぼ同時期だった影響か、「M＋W時代も女プロレスをもってピークに達した」と書いた記事もあり、[11]女子レスラーを新時代の象徴とみなす者もいたようだ。同時に女子レスラーのなかにも「W＋M」の流行に合わせて、「男っぽい」外見や振る舞いで強いレスラーとしての自身を表現した者もいたようだ。たとえば、前述した渋沢の随筆に書かれた公園劇場での試合に女子プロ野球出身レスラーとして出場していた全日本の姿三四子は、のちに「リーゼントスタイル」の髪型で飲みにいき、「バーのお嬢さんにモテた」と描写されている。[112]

総評に戻り、続いて浅野は、次のように技量や試合展開の向上に感心している。

先般アメリカからバーク女史が来日した際前座に田舎くさい技を見せて以来なのでその道の専門家も、どうせドサ廻りのうすぎたない芝居を見せるのだろうと高をくくって来た。ところが案に相違して、スピードとスリルに満ち、力道ばりの空手チョップからハンマー投げ、フライングキック、グラウンドスウィングにはては飛行機投げと多彩な技の連続に女特有の黄色い金切り声をはり上げ、髪の毛を引っぱるお定まりの反則のほかWならでは出来ぬ奥芸「噛みつきごっこ」などでMファンの人気をさらいなかなかのファイトを見せた。[113]

ここでも「女特有」「Wならでは」とされる金切り声や噛みつきが注目されてはいるものの、それ以外にも多彩な技を展開していたことがわかる。前年のバークたちによる来日試合のメディア報道も、嬌声や噛みつきなど「女特有の行為」、場外乱闘や飛行機投げなどで見せる「技術」、そして美貌や体型など「容貌」の三要素をもって「健全なスポーツ・ショウ」と形容されていたことをふまえると、日本の女子レスラーの全体的な技術が進歩してきていたようだ。観客はほとんどが「Mファン」だったのだろうが、さらに幅広い層からの注目が期待されるような書きぶりである。

同頁には、次のとおり『月刊ファイト』社長・田鶴浜弘（一九〇五〜一九九一）による「女子プロレス拝見記」も掲載されている。

〔バークの興行の前座だった〕猪狩、法城寺等も、格段の進歩が見られた。／マット上のテクニックの他に雰囲気が身について、いい意味でのショーマンシップができたことだ。／今度の大会で活躍した中から山本、香取、猪狩、法城寺等は米国の女プロレスラーに伍して相当やれそうだし、米国に行くとすれば佐々木等日本的なエキゾチシズムが売物になるかも知れぬが身体が不足、女プロレスも男同様小粒では見栄えがしないから重量級の開拓に努力すべきだ。〔略〕当事者はスポーツ的な自覚を強調したい余りショー性をないがしろにしては間違いである。女プロレスに限ったことでなく、総て資本主義下に於けるプロスポーツ興行はショー的演出の重要性を忘れてはお客がついて来ない。参加者の半数近くがふんそうも態度も総てがお粗末過ぎて中にはうす汚い感じの者さえあった。／女プロレスのスリルは男と同質の力感の味ではなくて、美しさと狂乱の激しいコントラストから生じる壮絶味に味があるものだろう。／この点女プロレスの隆盛と発展の為に希望して置く。[114]

まず、田鶴浜が男子プロレス史の主要なナラティブを作り上げた「プロレス・マスコミのパイオニア」であることは百も承知である。だがその事実を一旦脇に置き、かつ現代の筆者がこの発言を聞くと、[115]あまり敬意の感じられない「女プロレス」の連呼が気になる。田鶴浜自身も「男プロレス」呼ばわりを繰り返したことはないだろうし、当時のメディアでもすでに「女子プロレス」と呼んでいた媒体も散見されるのにもかかわらず、である。また、レスラーが「うす汚い感じ」になるのは試合をしていれば女子も男子も避けがたいのでは、とも言いたくなる。

とはいえ田鶴浜は、先の浅野記者よりも、またその他の新聞・雑誌記事の書き手よりも全体的には公正に論評しており、解説者・コーチ・プロモーターなどの立場も考慮した目線で執筆している。将来の可能性としてアメリカで対戦する場合の「日本的エキゾチシズム」の重要性に言及しており、本書執筆中の二〇二四年現在、WWEで活躍する日本出身の女子レスラーたちの、試合では技量と同時にアメリカの観衆が受け入れそうな「日本的」なポップな外見を演出して成功していることを考えれば先見の明もあった。技術と見せ方を同時に大事にすべきという忠告は、他のプロスポーツや芸能同様集客を重視する必要のある「資本主義下の」女子レスラーにも男子レスラーにもあてはまるものだ。田鶴浜が示唆するように、(彼が前提とした「美しさ」はさておき)個々の女子レスラーがもちえたパフォーマーとしての華やかさや面白さと、洗練された技術の両方が繰り出す「壮絶味」は、プロレス専門誌の読者からも期待されたものだったはずだ。この「壮絶味」を、女性は人前で喧嘩すべきではない、またはする「性」ではない、とされているジェンダー規範からの逸脱と広く解釈すれば、一般の観客であっても男女ともに驚きをもって楽しめるものだっただろう。田鶴浜の論評と提言は女子プロレス団体関係者やレスラー自身も参考にしたに違いない。さらに、「エロ」「お色気」という語を一切使っていない点も、前出の上野コミッショナーや『月刊ファイト』読者欄投稿者の意向と軌を一にしていたといえる。

おなじ『月刊ファイト』一〇月号は「テレビ放送種明かし　アナさん座談会」という、各局のアナウンサーや関係者がプロレス中継について語り合った記事も掲載している。[116] KRTVスポーツ課の小秋元隆邦は女子プロレス選手権の中継について次のように振り返っている。

コミッショナーの考え方も健全な娯楽ということを強調していたので、野卑なことは絶対させないという約束でやって見たら、お陰で当ったというわけです。初日の入場者は一万人位いだったのですが、二日目は超満員で約一万三千という入りだったんですが、これなどは初日の晩テレビで観たファンが、これは一年前のストリップと違って来た、ほんとのプロレスだ、面白いぞという風に認識を改めて頂けたものと思っています。[117]

初日で一万人も入場したのが事実だとしたらその時点でもかなりの成功だが、テレビ中継が翌日の入場者にも影響したとすればさらに好評だったことがうかがえる。また、テレビ中継をおこなう側は「健全な娯楽」である点を特に意識していたこともわかる。前章で紹介した、前年のバーク一行の試合についての主婦からの新聞投書を考えると当然かもしれない。

とはいえ、実況を担当したKRTVアナウンサー・近江正俊（一九二五〜一九八四）と、日本テレビアナウンサー・佐土一正によれば、

近江　今度の女プロレス選手権大会で選手中に二人程、美人がいましたね。

佐土　近江さんはテレビで明日はいよいよ美人選手が出ますからどうぞご期待下さい——なんてうまいことを何回もいっていた。（笑）お客を引っぱるコツは近江さんが一番うまいですね。（笑）[118]

とのことで、やはり「美人選手」が視聴者や観衆の興味をそそるだろうという前提が共有されていたようだ。また、女子プロレスというジャンルの目新しさから考えて、アナウンサーによる「美人選手」という煽り程度でも「引っぱられる」観客が多くいたことも確かだろう。さらに小秋元が続ける。

エキサイトしたあまり、こん畜生とかやっつけちまえ、なんて女だてらにあられもない罵声を発することは禁物ですね。男のプロレスのように力道山みたいな一枚看板が、女の方にも出て欲しいと思います。それから何といっても男女同じことで、国際試合をねらうことですヨ。健全な娯楽とし

てお客がつけば、将来はアメリカあたりと交流することに依って、まだまだ人気は有望だと思っています。[119]

客の入りがよかったことによって展望が開けてきたがゆえの苦言と期待が描写されている。国際試合に向けて、「男のように」なるべきという要望と「女だてらにあられもない罵声」は禁物という、矛盾する勝手な意見もそのまま表現されているのが興味深いが、全体としては女子プロレス自体に好意的なものになっている。この座談会の日付は選手権試合から二日後の九月一三日とあるため、[120]興奮冷めやらぬうちのやりとりになったのだろう。盛況時ならではの楽観的な物言いの典型でもある。

では、一般紙における試合の伝え方はどのようなものだったのだろう。後援媒体の一つである『報知新聞』が伝えた第一日目の様子は次のとおりである。

近頃流行のM＋Wを地で行くような若い女性の乱闘に、両国の観衆は大喜び。抱え投げ、ハンマー投げ、首投げ、フライング・キック、はては力道山顔負けの空手チョップで殴る蹴る、髪を引っ張るなど、反則を交える多彩な技をご披露。／しかし苦戦におちいると「助けてー」と黄色い声を出す選手もあらわれて、いかにも女子レスラーらしい場面もあった。各選手とも相当な練習をつんでおり、「柔軟な体とそのはげしい変化とスピードは男子レスラーにそう劣らない」とリングサイドの専門家の評判もなかなか良かった。[121]

Nippon Times Photo
COPS CHAMPIONSHIP—Yoshiko Yamamoto (182 lbs.), right, captures the title of the "light heavyweight" championship by downing former woman sumo wrestler, Yumi Katori (180 lbs.) at Japan's first women's pro-wrestling championship meet at the Tokyo International Stadium last night. Other new champions were Yoko Tachibana (bantamweight), Fujiko Azuma (middleweight). In the tag match, the Yoshimi Toyoda-Noriko Oi team (middleweight) defeated twin sisters, Kazuko and Akiko Futami.

【画像44】香取（左）と山本。『ニッポン・タイムズ』1955年9月11日（5頁）

ここでも冒頭に「M＋W」が言及されているが、この記事では容姿や動きに注目した過去の女子プロレス報道よりは試合全体の様子や使われた技の名前が羅列され、さらには練習の成果を評価しているため、『月刊ファイト』同様「健全なスポーツ」という意識に寄せて記述されているように思われる。とはいえやはり「黄色い声」など、バークの試合のころから定番の「いかにも女子レスラー」というような表現も含まれている。そもそも記事の見出しが「なんともはや・勇ましいこと」となっていることからも、大会場での選手権試合という場であっても記者が女子レスラーを見下してウケを狙っていたのは明白だ。[122]

日本の英字新聞『ニッポン・タイムズ』も試合の様子を記事にしている【画像44】。こちらは全日本・山本対倶楽部・香取のライトヘビー級の試合を、香取が山本に投げられる寸前の、両者の悲壮な表情と激しい動きがよく伝わる写真を交えて述べているが、そのほかは各階級の試合結果のみ。[123]記述そのものは短いが、ライトヘビー級の試合の写真は日本語の新聞メディアでは載せている媒体はあまりないことからも、貴重な記事でもある。ちなみにストリップ出身の香取を「女相撲出身」と誤記しているところから、巴靖子と勘違いしたとも思われるが、あるいはエキゾチックな日本文化を「女相撲」という語を通じて在日英字新聞読者にわざとアピールしていた可能性もある。また、前述したように当時の女子プロレス諸団体は女相撲と同様に「大柄」「力自慢」路線のレスラーの試合も「お色気」路線のレスラーのそれとは別に、だがおなじように娯楽色の強い見どころの一つとしていたので、この記事も「小さくか弱くおとなしい日本女性」といった、多くの在日英字新聞読者が抱いていたであろうステレオタイプからの逸脱を楽しませる意図があったかもしれない。

翌一二日の『報知新聞』の見出しは、「お色気とスリル　コーナーのバケツの水相手の頭上へザーッ猪狩らチャンピオンに」[124]となっており、前日の記事の見出しよりは書き手の意地の悪さが抑えられ、しかも詳しい描写になっている。本文でも会場の雰囲気を「場内はお色気とスリルではち切れそう」などと描写してはいるものの、「リング上の乱闘は前日よりものすごくリング外に投げとばしたり、ナックルで打ったり、顔を靴でこすったり、メキシコの巨象オルテガをしのぐ無鉄砲さ」と、プロレスのエキサイティングな面を極力伝えようとしている。特にファイナルのライト級タッグマッチの定子・田山組対小畑千代・伊藤静江組の試合は壮絶だったようで、ゴング前にレフェリーが説明をしているうちから殴り合いが始まり、試合中は場外に投げられた小畑が怒ってコーナーにあったバケツの水を田山にかけたという[125]。結果として三本の試合すべてが反則で終わったというから、双方ともかなり暴れたのではと思われる。これらの詳細は『月刊ファイト』には書かれていない。

最後のタッグマッチの熾烈さは一般の観客にも伝わったらしく、試合直後に興奮した観客が投げた牛

【画像45】1955年9月11日の牛乳瓶が投げ入れられることになった試合。左から定子、小畑、田山［写真提供：猪狩定子］

乳瓶が定子に直撃するという事件が起き、定子は頭にケガをして入院することになった、と報じられた。九月一二日付の『毎日新聞』は、「女子レスラー負傷　客に牛乳ビン投げられ」との見出しで次のように報じている。

全日本女子プロレス王座決定戦の第二日目、タッグマッチ優勝戦で猪狩組が反則勝で優勝した際、興奮した観衆の一人が牛乳ビンをほうった。これが猪狩定子選手（二二）の後頭部にあたり、同選手は一週間の負傷。犯人は周りにいた観衆に捕まり本所署員に逮捕された。足立区〔住所略〕新聞配達夫飯田力弥（二一）で興奮して夢中でやったと自供した。[126]

『朝日新聞』も、九月一二日付の「女子プロレス選手負傷　観客に牛乳ビン投げられ」という記事で報じている。こちらでは犯人飯田のコメントは、「猪狩選手の試合のやり方があまり荒っぽくて見ていてシャクにさわった」となっている。[127] ちなみに『朝日新聞』が日本の女子プロレスについての記事を掲載したのは、筆者が調べた限りでは「女のパクパク事件」以来ほぼ五年ぶり二回目だが、たまたま今回

【画像46】白熱した試合を見つめる大勢の観客と、タッグマッチの様子。リング上、手前左から豊田善美、大井まり子、奥の二人は双見姉妹。『読売グラフ』1955年9月27日号（9頁）

も定子が関わる事件となった。九月一二日付の『ニッポン・タイムズ』も、直訳すると「飛ぶ牛乳瓶、女子レスラーを痛めつける（Flying Milk Bottle Hurts Lady Grappler）」という驚きに満ちた見出しとともに「非紳士的な観客」の所業を伝えた。この記事での犯人の動機は、「彼女の卑劣な戦術が許せなかった」と、[128]『朝日新聞』の記事に似たニュアンスになっている。ちなみに、ほぼ同内容の記事が九月一三日付の『星条旗新聞（太平洋版）』でも「ビンが女子レスラーをKOする」（Bottle KOs Lady Wrestler）という見出しで確認できるため、[129]在日外国人向け新聞（おそらくその読者）が寄せた日本の女子プロレスへの関心は全般的に高かったようだ。

　牛乳瓶を投げた犯人が述べた動機の真偽はさておき、この男性観客は、「シャクにさわった」「許せなかった」という理由で客席からリングに牛乳瓶を投げて女子レスラーを負傷させた、と書かれている。これは、期待された性役割を演じないことで家父長制を脅かす女性に制裁する「資格」という「正当性のない感覚」（entitled）をもつ男性による暴力的な行動であり、ミソジニーの典型例といってよい。[130]コミッショナー率いる連盟をつくり、大会場の観客を熱狂させられるほど技術が向上してきた日本の女子プロレスが、日本の男性にとっていかに脅威であり、同時にいかに不愉快であったかを象徴するような事件だったといえる。

この事件は一般紙の社会面で報道されたばかりでなく、アイドル雑誌『明星』でも言及された。[131] またストリップやゴシップ記事を多く扱った『日本観光新聞』は、入院中の定子に取材し包帯姿の写真まで掲載し、次のように書いている。

負傷した猪狩定子嬢を駿河台日大病院に見舞うと、女性には珍しくサバサバした性格の持ち主。カラの牛乳ビンを投げつけた当の新聞店員が見舞ったところ、大のプロレスファンと聞いて「やはり大事なファン、こんごともごひいきに」と笑って帰した。[132]

定子負傷事件は、「女のパクパク事件」同様、結果として女子プロレスの知名度をさらに広めることに貢献した。次章で述べるように、その後定子を始め多くの女子レスラーが雑誌グラビア、映画、演劇に、そしてマンガや大衆小説には想像上の女子レスラーが多数登場するようになる。また第二回選手権大会はおなじく国際スタジアムで、さらに集客が見込まれる翌五六年の新春興行となった。

ところで定子によれば、牛乳瓶が頭に当たった直後にショ・パンは、「俺の大事な妹に何をする〜！」と怒り狂いながら犯人を探して場内を走り回っていたという。[133] これが事実であれば、女子プロレス団体が林立し、連盟のもとに新しいフェーズに入ったようにみえていた一九五五年九月になってもなお、少なくとも猪狩きょうだいの倶楽部は、「兄に保護された妹による女子プロレス」という家父長制的な形式を踏襲していたようだ。

最後に、選手権試合の観客による反応でたいへん興味深いケースを紹介する。一九五五年九月二四日付の『国際新聞』の「エロ・ショウからスポーツへ　女子プロ・レスラーの生態」という記事で、『中央高地』（一九三八）や『艦隊葬送曲』（一九四七）で知られた作家の宮内寒彌（一九一二〜一九八三）が寄稿している。[134] 宮内は当時の女子プロレスにかなり精通していたようで、次のとおりほとんど祝福に近い形で感想をまとめている。

「全日本女子プロレス王座決定戦」は、これまでエロ・ショウの一種と見なされていた女子プロレスが健全なスポーツであることを文字どおり身をもって証明した。／日本の女子プロレスがストリップ劇場で産ぶ声をあげたのは事実であった。私は、たまたま、昭和二三年冬、日劇小劇場で猪狩定子と田山勝美が公開した日本最初の女子プロレスを見たが、これはたしかにストリップの一種というよりほかなかった。はたして、彼女らはエロ過ぎると言うのでシャット・アウトをくった。／ところが、今年の夏、浅草ロック座のナイト・ショウで行われている女子プロレス（東京女子レスリング・クラブ）を見ると、もうこれはエロ・ショウの域を脱したすさまじいスポーツであった。十代の若い健康な娘たちが殺気だってリング上に打つ、ける、投げると肉弾相うつ姿に私は目をみはった。なるほど、水着一つの女性が顔面を紅潮させ息づかいも荒く、組んずほぐれつする有様にはエロチックなものもあるにはある。けれど、それは健康なエロチシズムだ。ヘップバーン刈りをした童顔の少女が、レフェリーの中年男を判定不服で投げ飛ばしたりするのを見ると、ショウとは知りつつ痛快なものがある。大の男も彼女らのカラ手チョップやハンマー投げにかかってはもの数ではないのだ。してみると、彼女らは女性が腕力の上でも男と対等の域に達してきたことを証明する代表選手に思われたりする。おそらく女子プロレスを見た男性は、女性を弱き者とあなどって無法なことをしでかすことはなくなるにちがいない。その意味では、彼女らは、女性の自衛力をリング上から示威する聖なる使命を担う人々にも思われる。私は心から彼女らにかっさいを送った。(135)

第一章で言及したように、定子と田山による初のプロレス・ショウは、パンによれば一九四八年に京都の映画館・京極大映で催されたようで、「シャット・アウト」というのが警察の手入れのことであれば一九五〇年の「女のパクパク事件」を指しているとも思われ、宮内は時期か場所を勘違いしているのかもしれない。いずれにせよ、筆者が見た範囲内では、この時期男性が女子プロレスについて書いた記事のなかでは一番といえるくらいに好意的である。かつて男性作家が男子プロレスを礼賛した古典的な本にあやかって、この記事のタイトルを「私、女子プロレスの味方です」と変えてあげたいくらいだ。

確かに、まだあどけなさの残るレスラーが怒って成人の男性レフェリーを投げ飛ばす様子は、性役割のわかりやすい逆転であり、どんな観客から見ても「痛快」だっただろう。さらに宮内が言うとおり、観客の大多数が男性であった試合会場において女子レスラーが体現した強さは、まず観客の男性に、多くの一般女性もまた「あなどって」はならない存在なのだということを提示しただろう。「女性の自衛力」という表現は現代のフェミニスト的には被害者非難にもつながるため問題がないとはいえないが、この文脈では女性にも自力で立てる強さがあるのだということを男性の観客に「示威する」ことで、性差別的な男性や暴力的な男性、ひいては彼らに寛容な社会を変えていく可能性を指摘していると思われる。もちろんこれは筆者の（そして宮内の）楽観的な解釈だろうが、同時代の男性文化人で、女子プロレスの面白さを的確に表現したうえで、それが性差別の撤廃にもつながると期待をこめて書いた者がいたことは重要だ。

文学研究者の山本芳明によれば、宮内は戦中・終戦直後は私小説を執筆していたが、この時期には「食うため」に文筆業・ライター業をしていたそうで、その理由は娘二人を高校・大学へ通わせるためだった、という編集者の言を引いている。[136] 娘二人に教育投資をする、そのために自身の仕事の種類を広げる、さらにそのことを編集者にも知らせる、というエピソードは、どれをとっても三〇代で応召した経験のある当時の中年男性としてはかなり進歩的で、有毒な男性性が感じられない。ちなみに一九五五年の時点で女子の短大・大学進学率はどちらも二パーセント台だったため、[137] 娘に高等教育を受けさせようとした宮内はかなりの少数派である。歴史研究者のイヴァン・ジャブロンカは、「男はあらゆる闘争に挑んできたが、男女の平等のためには闘わなかった」という名文で始まる、男性性の生成と家父長制の有害性を描いた『マチズモの人類史』（二〇二四）を上辞した。[138] その背景にある考えとして、自分には三人の成人前の娘がおり、彼女たちのためにも「世界がより安全で幸せなものになってほしい」し、だからこそ「フェミニズムは政治的な選択なのです」と語っている。[139] 家父長制のなかでの父親の責任感が家庭内の他の者に対してときには抑圧的に働くことを棚に上げた発言ではあるが、自身の娘を含む女性がより安全により幸せに生きられる未来を期待するジャブロンカのようなフェミニスト男性の心情を、宮内も持ち合わせていたのかもしれない。宮内の場合は特に、かつて文学に過剰なまでに耽溺した父が逆に宮内に文学と関わることを禁じ、それでも彼が隠れて読んでいた小説を焼いてしまうほど暴力的だったということを文学研究者の柄谷行人が指摘している。[140] こうした経験をした宮内が親子のあいだに生じる抑圧、すなわち家父長制の暴力性には特に批判的だったことは考えられる。そのうえで、娘たちと同世代の女子レスラーの技術が急速に向上したのを目の当たりにして、これからの時代はどんな女性も強くなれる、という希望を見出したのではないだろうか。

記事の後半は、選手権試合後「ますます女子プロレス・ファンになった」という宮内のユニバーサル合宿所探訪記だ。最年長が二二歳という若い選手たちの多くが他のスポーツの経験があること、稽古が厳しくストイックであること、そして所属レスラーの「殆どが家へ送金している」ことなどから、「ちょっと戦争中のてい身隊を思わせる質実剛健な生活と見受けられた」と、戦後一〇年目を意識したような所感を残している。社会の急激な変化とともに、若い女性のこのような「質実剛健な生活」はすでに過去のものとなっていたからこそ興味をもって記録したのだろう。現在、この時期の女子プロレス団体で語られることが比較的多いのは「日本初」の倶楽部、全女の前身である全日本、そして小畑が所属した東京女子で、ユニバーサルについてはあまり多くを知られてはいない。だが、一九五五年当時はユニバーサルも本格的な女子プロレス団体としてメディアに何度も登場し、他団体と同様にそれなりの敬意とともに報道されていた。

ところで宮内は、文芸誌『文学者』一九五五年九月号の「私の八月十五日」というエッセイのなかで、敗戦後一〇年を期に新たに前向きに生きる決意を書いている。曰く、呉の海兵団で敗戦の詔勅を聞き、「あんなにうれしいことはなかった」が、その後の一〇年間は、

食うことだけに追われて、この春頃には危うく手をあげるところであった。仕事は結局ゼロだったけど、それはつまり自分に才能がなく、努力が足りなかっただけの話に過ぎない。ともあれ、生きのびてきたことは素直に感謝すべきではないか。過去は棒に振ったことにして水に流し、この日から心機一転、鈍馬に鞭打たんと、自分で自分を励ましてやった次第であった。[142]

という。この記事では「作家」という単語は書かれていないが、「仕事」や「才能」について文芸専門誌に執筆していることから、作家として新たに前向きに活動することを表明したのだろう。また彼にとっては、「うれしいこと」として思い出す敗戦時よりも、その直後からの「食うことだけに追われ」た日々の方が、水に流すべき過去として忘れたいものだったようだ。詳細は不明だが、この一〇年の八月一五日の「心機一転」から一ヶ月もしないうちにおこなわれた選手権試合での女子レスラーたちの成

長ぶりや合宿所で見たストイックな生活に、宮内自身もさらに勇気づけられたはずだ。あるいは、八月一五日に「自分で自分を励ましてやった」からこそ、まだ新奇なイロモノ扱いをされがちだった女子プロレスについて共感と期待に満ちた記事を書けたのかもしれない。

宮内の女子プロレス記事が掲載された『国際新聞』は大阪の在日台湾人による経営で、一般に流通した全国紙よりもはるかに読者は少なかった。一九五〇年代の発行部数は公称四四万部としていたものの、実際には一五万部かそれ以下だったという[143]。それでも女子プロレスを当時のジェンダー規範の問題点と結びつけて伝えた記事が流通し、少しでも人目に触れたのは事実だ。今後この記事以外にも、宮内が女子プロレスをどのようにとらえていたかをさらに掘り下げられる史料を見つけたい。

好意的な選手紹介「女子プロレス選手銘々傳」

第一回選手権試合と前後して、専門誌『プロレス』はユニバーサル以外の東京の女子プロレス三団体に詳細に取材し、一九五五年一〇・一一月号と二号にわたって「女子プロレス選手銘々傳」を掲載している。ユニバーサルや広島女子プロレスの「選手銘々傳」も書かれた可能性もあるが、現時点では見つけられていない。戦前から活躍したマンガ家・小川武（一九〇八〜一九八九）による文とイラストで綴られるこの「銘々傳」の特徴は、まずは各レスラーに敬称「さん」がつけられていること（前述の宮内による記事でのユニバーサル探訪記は、フルネームのあとに「嬢」が付されている）。さらに内容的にも、時代に条件づけられたジェンダー観の範囲内とはいえ、当時の読者から見ても敬意が感じ取れたであろうものになっており、加えてファンが楽しめるような私生活でのエピソードも多く含んでいる。選手権試合を意識し、「健全なスポーツ」に寄せ、少なくとも専門誌の読者のあいだでの女子プロレス人気向上に貢献していたと思われる。一部を抜粋して紹介しよう。

一〇月号は「W＋M時代のセンタンをゆく　女子プロレス選手銘々傳」と題し、倶楽部と東京女子のレスラーが紹介されている。最初に掲載されているのは「日本最初の選手権保持者」「日本最初の女子レスラー」定子だ。「近頃はボクシング、空手も習得するというたくましいスポーツ・ウーマン。今も男にまさる猛練習を積み、その逃げ技は女子レス界のトップである。〈略〉猪狩三兄妹の主人公」(144)とある。ここでは「スポーツ・ウーマン」の面が強調され、「プロ・レス経歴七年有余」とあるだけでパン・スポーツショウでの活動や「女のパクパク事件」など過去の経歴は記されていないが、やはり兄については言及されている。続いて「関東地区ナンバー・ワンのアネゴ」田山勝美については、「アクロバットで鍛えた身体とギターをよくするところから非常にリズム的な感覚と演出の持ち主で、猪狩定子さんと京都で初の公開をした（昭和二十三年）草分けである」「いずれは定子さんと女子レスのよき女先生になろう貫禄充分である」とされている。夫と死別した経験があることには触れられていない。田山は当時の女子レスラーではおそらく唯一の三〇代で、定子もいまだに「田山のバアちゃん」として回顧しているが、そのアクロバットとミュージシャンとしての前歴をフルに活かした試合ぶりは、まさに「貫禄充分」だったようだ。定子によれば、女子プロレスにはリズム感が大切で、稽古場ではアップテンポのジャズのレコードに合わせて練習していたというが、[145] ここで言われている「リズム的な感覚」によれば、田山も定子のタッグパートナーとして同様に自身のリズム感をプロレスに取り入れていたのだろう。

「大陸育ちのマンボ・レスラー」法城寺宏衣は、貿易商を父にもち満州の奉天で育ったという。二号にわたる「銘々傳」に記載されているレスラーたちは、田山を除いた全員が一九三〇年代の生まれだと思われるが、旧日本帝国領との関連について述べられているのは法城寺だけだ。当時大流行したマンボが、若さとおしゃれさを象徴する形容詞のように使われている。次に記載された香取由美は、「十八貫のボリューム」「浅草の踊り子育ち」とされ、「偉大なオッパイが魅力である」と、当時は当たり前だった悪気のない無礼さとともに紹介されている。次に桜井洋子、中田二三子と続く。最後に紹介されている巴靖子は前述のとおり女相撲出身。かつては、「組みつかれる前に右に左に体をかわすという手で、さんざ若い男〔土俵に飛び入りした者〕を口惜しがらせた」とのエピソードが記されている。これ以外にも各人のプライベートでのエピソードには、駅で男から絡まれパンチされそうになったが瞬時によけた〔定子〕とか、電車内で痴漢を捕獲〔香取〕など、当時の若い女性が公共の場で日常的に受けていた性暴力に立ち向かう武勇伝も描かれているのが特徴だ。

東京女子のレスラーで最初に取り上げられているのは「ナンバー・ワン」「小幡《ママ》〔小畑〕紀代」[146]だ。実家は江東区で印刷業、男三人女六名のうちの五女という。兄が教員のためプロレス入りは親も大反対だったが、四女の千代も入門して「おてあげ」となったらしい。次に紹介されているのは「紀代さんの姉さん」千代だ。「妹さんが髪を長くして細めの日本型美人ならば、千代さんは男刈、目もクリクリと大きい」とあり、「美人姉妹」でしかも二人の外見が対照的という、わかりやすいイメージを印象づけている。次の伊藤静江は、九月の選手権試合で千代とタッグを組んで定子・田山組に反則負けした。「銘々傳」では、「五尺五寸、十八貫オーバー〔約一六五センチ、六七・五キロ〕、どうにも男は近寄れない。これぞ春日野部屋の元十両大江戸関の妹さんなるからだ[147]」と紹介されている。社会事業大学を中退したとあるが、後述するように他団体でも大学中退者はおり、この時期にはレスラーの学歴も多様化していたことがわかる。伊藤は、理解のある兄の励ましによって真面目に稽古しているとされている。続いて「エキゾチック」な英靖子、バーク一行の試合を見て入門したという月村志津子などが紹介されている。のちに千代とともに第一次ブーム後の女子プロレス界を牽引することになる佐倉輝美（一九三八〜二〇二二）は当時入門したばかりだったようで、「佐倉輝子」として最後から二番目に登場する。「生家は屋根屋さんで、その四女、後つぎの兄さんが観に来て「大いにやれ」と激励されて気を強くしている[148]」とある。東京女子は合計一二名が挙げられており、それぞれの個性を網羅し、ところどころ失礼な表現はあるものの無難な書き方になっている。

翌月の『プロレス』一九五五年一一月号「続・女子プロ選手銘々伝」では、全日本の選手がおなじく小川のイラストと文によって紹介されている[149]。選手権試合後の取材であるため、各選手の紹介の際に試合の様子にも言及しているのが特徴だ。まず登場するのは、「全日本ライト・ヘビー級のナンバー・ワン」山本芳子で、「見上げるばかりの大女性」と、取ってつけたような「性」の字で敬意を表している。「十一分三十秒体固めで山本二十二貫嬢が香取十九貫嬢を討ち取ったときのタメイキは女子レス時代来るの感が充溢していた」と、試合結果とからめて大柄な女性への驚きが表されているが、最後には、「どなたか名乗り出るオムコさんはありませんか」[150]と、またもや当時らしい無垢な無礼さを発揮している。次が東富士子。バスの車掌だったという経歴も紹介されている。佐々木一恵（この時期に以前の「一枝」表記から変えたようだ）については、「美貌の「小次郎」」と紹介されている。一期生で当初はプロレスと知らずに入門したという。一卵性双生児の双見昭子・和子姉妹は、体重も身長もおなじで外見もそっくりゆえに、「レフリーもお客もこんがらがって解らなくなってしまう」。二人の名前を合わせると「昭和」となるため芸名かもしれないが、姉妹の名前として当時はよくあったようだ。双子のレスラーは現在でも珍しく、筆者の乏しい知識で思いつくのはスターダムの妃南選手と吏南選手や全日本プロレスの斉藤ブラザーズくらいだ。のちに全女最初期の主要レスラーの一人となった奄美ユリ子は、生まれは奄美大島だが東京育ち。「刈り上げのM過剰型」と称されている。[151]

前述した渋沢が浅草で観たという一八歳の浅倉純子は、「お顔が力道山に似ているので、「力さん」と呼ばれている」という、ありがたいようなひどいような言われようだ。[152]一八歳の柳勝美は所沢出身とあるが、のちに全女で活躍した埼玉県出身の柳みゆき（一九三八～二〇〇二）の前名の可能性が高い。[153]一九六八年、全女で初めて世界王者のベルトを獲得した巴幸子（一九三五～）は、結婚したら世話女房になりたい、初月給は姉の子どもにお土産を届けた、とプロレス以外のエピソードだけで紹介されている。[154]その他一一名がプロレスの技量や素顔とともに言及されているが、全女の松永高司元会長（一九三六～二〇〇九）の妹・吉葉礼子（一九三七～二〇〇八）や前出の姿みよ子は名前が挙げられているだけで、何も言及されていない。この記事は、おそらく小川による道場でのインタビューと全日本からの資料をもとに書かれたと思われるが、概して肯定的な表現でまとめられており、専門誌上でファンを増やすことを目的としていたようだ。

月刊誌で二号にわたって掲載されたレスラーの紹介は、基本的にはプロレスファンの読者にしか目に入らないものであり、それまでの一般誌や新聞での扱いとはやや違っていた。とはいえ、好意的なプライベート情報と親しみやすいイラストの似顔絵は、この時期からちらほら現れた、アイドル雑誌など他媒体での女子レスラー表象とも似通ったものでもある。こうした多様な表現は、女子プロレスが短期間のうちに「エロ」ではなく「スポーツ」としてにわかに市民権を得つつあったことの証左でもある。

史上初の「日米対抗試合」?(一九五五年五〜一一月)

一九五五年の女子プロレスブームに関する新聞雑誌資料を探すうちに、当時「日米対抗試合」と銘打った興行が複数回開催され、倶楽部や全日本などのレスラーも参加していたことが判明した。日米対抗試合というと、一九六八年、当時日本女子プロレスに所属していた巴幸子や小畑千代が全米チャンピオンのファビュラス・ムーラらと闘ったケースや、全女旗揚げ直後の柳みゆき・岡田京子組が来日アメリカ人のタッグチームからベルトを奪取した試合がよく知られているが、その一〇年以上前に日米の女子レスラーが対戦していたことになる。ただし、五五年の日米対抗試合には多くの判然としない点があることは強調しておきたい。たとえば、管見の限りではすべて地方都市での一回限りの興行であること、参戦したアメリカ人レスラー三人はビリー・ウルフのマネジメント下にはおらず、またアメリカの女子レスラー・データベースにも名前が見当たらないため、そもそもアメリカで活動していたのかどうか疑わしいこと、対抗試合は、確認できる範囲では各地の新聞に同年五〜一一月まで散発的に報道されているため、アメリカのレスラーたちは長期滞在していた可能性が高いこと、そして何より、女子プロレス史上初の日米対抗試合であったにもかかわらず、日米のプロレス専門誌にも、定子を含む日本のレスラーたちの証言にも試合に関する言及が見当たらないことが挙げられる。極言すれば、彼女たちはアメリカ人でもなく、経験を積んだレスラーでもなかった可能性もある。とはいえ、後述するように地方紙の報道には当時の女子プロレス興行においては珍しかった形式のカードが同時に披露されていた記録も残されており、また当然ながら各興行に足を運んだ観客はいたため、草創期女子プロレスの経験と表象の一部をなす言説としては重要である。以降では、知り得た範囲内での各地における日米対抗試合の様子を時系列に紹介する。

『両毛民友新報』によれば、一九五五年五月五日に栃木県足利市で日米対抗試合が催されている。同月一日付同紙に「日米対抗　女子レス公開」と見出しのある広告が掲載され、参加予定レスラーには「マリー・ジョセフィーナ（米）アイリーン・グラマラス（米）キャロル・フォリー（米）竹内和子（日）猪狩定子（日本チャンピオン）宮本武子（日）柳美津子（日）」[155]が挙げられている。竹内は前年のバークたちの来日興行の前座試合でも出場予定者として名を連ねたことがあるが、一九五五年時点での所属先など詳細は不明だ。前述のとおり、定子は倶楽部、宮本と柳は全日本でそれぞれ活動していた。入場料は「小、中、高生一〇〇円均一、一般三〇〇円」[156]とあるため、子連れの観客やプロレス好きの子どもたちの観戦も期待されていたようだ。宣伝ポスターには「日本女性対白人女性の紅の血闘」「Japan-America Women's Official Pro Wrestling Match」と記されており[157]、試合の激しさと同時に「Official」と正当性を示唆する意図もあっただろう。ちなみに同ポスターにはレフェリーとして「S・ジョニー、松岡秀雄、H・ジャニー、本郷浩」とある。

試合の様子は次のとおり、七日付同紙の「日、米一勝一敗　人氣の女子プロレス」と題された記事に詳しい。かなり変化に富んだ内容の興行だったことがわかる。

【画像47】足利市での日米対抗試合のポスター。イラストは、第二章掲載の「大試合」プログラム表紙を模写したと思われる。

日米対抗女子プロレスリング試合は五日午後二時大日〈鑁阿寺〉境内特設リンク《ママ》で千二百の観衆を集めて開いた。試合はガーター取りから行われた／このガーター取りとは試合中に足につけたゴムを相手から取り外せば勝となるわけで、ホール《ママ》は行わない。次にダグ《ママ》・マッチがあったのち、日米対抗が行われ、北条ひろみ対アイリーン・

グラマラスの試合の際、H・ジャニーレフリーが北条選手の反則をみとめ、反則敗を宣したため日本側木島、松岡両レフリーから抗議が出てけんかごしの時ならぬ様相を呈したが協議の結果、審判通り北条選手の反則敗けとなった。このため両レフリーが対立、やるのなら堂々とリンクの上で勝負をしようと、試合終了後日本は柔道、米国はボクシングとレスリングならぬ柔道対ボクシングの試合に観衆はやんやの喝采。試合はダグ・マッチ九分三回戦が行われ、日本側は木島光一、松岡秀男両五段、米国側はH・ジャニー、S・ジョニーが出場。投げる、打つの攻防戦を展開したが、日本側が僅かに優り、勝利をおさめた。また最後に行われたメイン・エベント全日本のチャンピオン猪狩定子対キャロル・ホーリーは15分22秒猪狩選手が足取り固めでホーリー選手を破り、一勝一敗となった。[158]

記事には、広告に記されていたジョセフィーナについての記述はなく、グラマラスとホーリーのみがそれぞれ日本選手と対戦したようだ。ガーター取りは倶楽部所属の中田二三子と桜井洋子によるシングルマッチだったとある。[159] 筆者が調べた限りでは、一九五五年当時の他の女子プロレス報道にはガーター取りマッチの記述は見当たらないため、大部分の観客にとっては珍しいものだっただろう。ただし、第一章で述べたとおりパンが編み出したガーター取りマッチは倶楽部の「お家芸」同然であるため、若手の中田と桜井もレベルの高い指導を受けていたと思われる。一方、グラマラス対北条戦の審判で揉めた末に急遽決まった（ように見える）日米のレフェリーによるタッグ対決は、男女のプロレス興行において当時も現在も滅多にあるものではない。「観衆はやんやの喝采」とあるのも当然だろう。彼らが対戦した「柔道対ボクシングの試合」とは、「柔拳」と呼ばれる、戦前に始まった娯楽色の強い異種格闘技興行のことで、一九五〇年代にも一部で人気を博していた。一般的な柔拳試合は日本の柔道家対外国人ボクサー（またはそれを装った日本人）によるシングルマッチで、接戦の末に前者が勝って日本の観客が溜飲を下げるというのが通常の流れだったようだ。先の記事にある「木島光一」とは当時全日本や東京女子の興行でレフェリーやコーチを務めた木島幸一のことで、柔拳には選手として関わっていた[160]。一九五四年四月にはボクシング経験のある駐留米軍兵士との日米対抗柔拳第一回公式試合にも出場していたようだ[161]。その後一九六一年四月二七日に、木島とジャニーは福岡県飯塚市の嘉穂劇場において「世紀の血闘」と銘打たれた日米柔拳試合で再度対戦した記録がある[162]。ガーター取りマッチやレフェリーによる柔拳タッグマッチといった、当時としては斬新な形式の対戦は、出場予定だったジョセフィーナ不在の穴埋め策だった可能性もある。

前述の記事のその他の試合結果によれば、「ヘビイ級」シングルマッチでは倶楽部の田山が香取に勝利し、タッグマッチでは全日本の東・富士直美組が佐々木・姿組を倒すという、倶楽部と全日本両団体を代表するレスラーを含む面々による試合だったことがわかる。次の試合でグラマラスに反則負けした北条ひろみは、前年のバークたちの興行の前座としても登場した法城寺宏衣の変名または誤記だろうか。続く柔拳試合の後にトリを務めた定子は、前の試合で負けた北条の雪辱を果たすかのようにホーリーを下している。前宣伝とはかなり違った参加者・試合内容ではあったものの、ガーター取りや柔拳タッグといった変則的な対戦から日米対抗試合でのベテランレスラー定子の勝利まで、観客にとってはバラエティに富んだ貴重なプロレス体験になっただろう。

この興行の三日後、五月八日正午からは宇都宮市スポーツセンターでも同様の日米対抗試合が開催されている。五月三日付『下野新聞』掲載の「日米対抗女子プロレス大会」と題された広告には「全米女子第一人者　マリー・ジョセフィーナー」「美の猛虎　アイリン・グラマラス」とある。[163] 同紙の「美貌相搏つ熱戰」と見出しが付された記事には、出場予定のレスラーが次のように紹介されている。

アメリカ側は世界選手権挑戦資格者一九五三年ミドル・ウェート選手権を獲得したマリー・ジョセフィーナ、ファッション・モデルから転向した、美貌の闘士アメリカ・ウーマン・プロスポーツクラブ所属アイリーン・グラマラス（五尺三寸、一二五ポンド）アメリカプロレス界の彗星キャロル・フォーリー嬢を含めたアメリカン・ウーマン・プロスポーツ・クラブ所属の九選手。／このアメリカチームに挑戦する日本側選手一九五二年全日本女子プロレスリング選手権を獲得した我国最初のプロレスラーとして日本チャンピオン特別参加の猪狩定子、日本の女豹と称されている竹内和子、宮本武子、柳美津子など全日本女子プロレスリング・クラブ所属の十三選手。これらの選手たちはいずれも日本アメリカにおける一流の女子プロレスラーばかりで、この紅の血闘はファンの人気を集め八日の開幕が待たれている[164]

華々しい紹介記事だが、判然としない点も多い。まずプロレスでは「選手権挑戦資格者」という表現は珍しく、また筆者が知る限り当時アメリカの女子プロレスに階級分けはなかったため「ミドル・ウェート」は「ミドル・ウェスト」、すなわちアメリカ中西部の誤記と考えられる。前掲のポスターでも「ミドルウエスト」とある。「アメリカ・ウーマン・プロスポーツクラブ」という団体も、調べた範囲では実在したかどうか不明である。定子についても同様で、全日本女子選手権を獲得するのは本記事掲載の約四ヶ月後の一九五五年九月で、五二年の時点ではパン・スポーツショウでリリー猪狩として活動していたため、当時は選手権の概念すら存在したかどうか疑わしい。このような記事全体の信憑性はさておき、少なくとも『下野新聞』読者に向けて、例によって「美の猛虎」「美貌の闘士」などレスラーの容貌に関する文言とともに、新奇な催しとして女子プロレスの日米対抗試合が喧伝されたのは事実である。

同月九日付の同紙に小さく掲載された記事には、会場では「四千名が熱狂」し、足利での興行と同様第一試合では桜井と中田が「靴下止めを奪い合うフランス式レスリングを演じ人気を攫った」[165]とあるが、その他の試合については述べられていない。興行前日に同紙に打たれた広告には出場予定者として定子の名前が掲載されていないこともあり[166]、実際には桜井と中田以外の誰が参加し、どのような試合を展開したのかも不明だ。宣伝記事ではレスラーの写真やプロフィールまでが掲載されていたのに対して、試合結果が簡潔に記すのみにとどめられているのは、集客が主要な目的だったためだろうか。あるいは、試合内容に足利市での興行のような特筆すべき点がなかったということも考えられる。というのも、二〇一四年に定子にこの試合について尋ねたところ、宇都宮での試合自体は、ひどい風邪を押しての参加だったことから「あのときは大変だった」と鮮明に覚えていたものの、外国人レスラーと対戦した記憶はまったくないと言うのだ。『下野新聞』掲載の三人のアメリカ人レスラーの写真も確認してもらったが「筋肉が全然ついていないし体もできていないし、ダンサーかなんかだったんじゃない？」という反応だった。[167] 真偽はどうあれ、同様の日米対抗試合は翌月から少なくとも福島、岡山、横浜、京都で開催されていたことが各地の地方新聞からわかる。福島の興行以降、日本側からは倶楽部ではなく全日本やその他の団体所属のレスラーが参加していたようだ。

一九五五年六月五日の『福島民報』には、福島市・福島県営体育館で六月一六日開催予定の「日米対抗試合」の広告「美人揃いの選手　女子プロレスプロフィール紹介」が掲載されている。三人全員が「アメリカン・ウーマン・プロスポーツクラブ」所属とあり、ジョセフィーナはポーランド生まれで、過去に「たびたび香港、シンガポールを訪れてゲームをした」と紹介されている。グラマラスはサンフランシスコ生まれ、フォーリーはシンガポール生まれとのこと。[168] 同紙八・一二日に掲載された広告には日本側挑戦者として京珠江、本堂浩子、高山みどりと、[169] いずれも全日本所属のレスラーの名前がある。

試合の様子は一七日付の同紙に「桃色の肉弾戦　男性方は汗を流しての観戦　福島で女子プロレス大盛況」と題された次の記事に詳しい。

> アイリーン・グラマラス対木村正子の二十分一本勝負が場内から乱れ飛ぶ声援のうちにつかむ、ける、なぐるの物すごい一戦を展開したのち結局アイリーンの反則勝ち。この判定を不服とする日本

側レフェリー松岡とアメリカ側レフェリーS・ジョニーが興奮して観衆アッケにとられるうちにつかみ合いのケンカをするという大変なオマケまでついた。／続いてマリー、キャロル組と京、奄美組のタッグレスリング四十五分三本勝負が行われたが、これも前試合に劣らぬ女性の技とも思えぬ凄壮なゲームとなり、レフェリーがでっかいお〔一文字分空白〕の下敷きになったりリングからゴロゴロころがり落ちたりしたあげく結局引分けに終わった。最後に柔道五段松岡レフェリーとアメリカ側レフェリーS・ジョニーの柔道とボクシングの試合が行われ、県営体育館も割れんばかりの騒ぎに終始、ニヤニヤ、キャーキャーと桃色の大肉弾戦は終わった。[170]

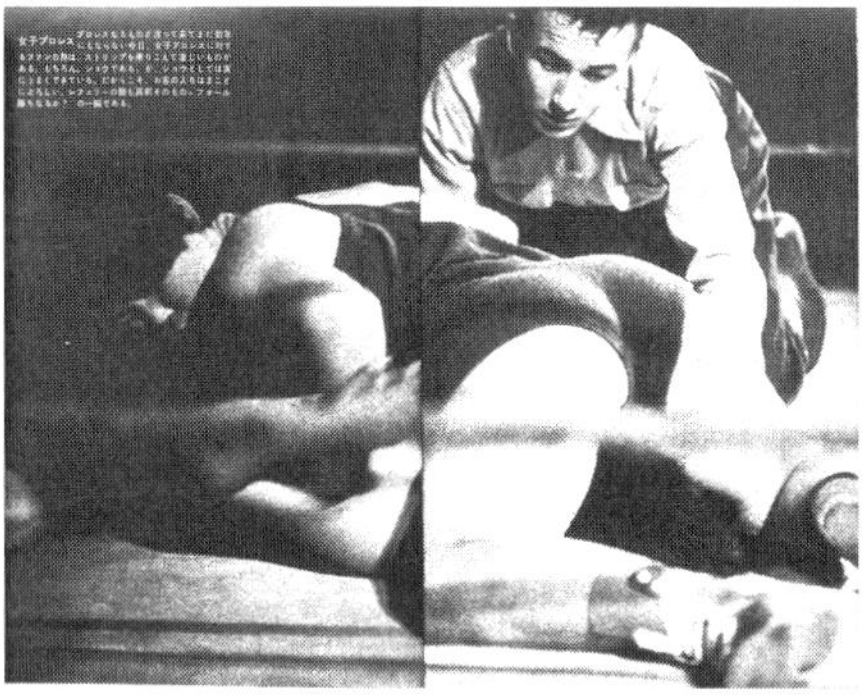

【画像48】S.ジョニーと思われるレフェリーに焦点を当てた珍しい写真。『笑の泉』1955年5月号（8-9頁）[171]

約一万人がつめかけたという会場の白熱ぶりがよく伝わってくる記事だが、この興行も足利市でのそれと同様に、日米対抗試合の結果が日米のレフェリー間の対立を招き、おそらくはそれに決着をつけるという名目で最後に柔拳がおこなわれている。記事にはリング上のレフェリーの上に三人のレスラーが重なっている写真も添えられ、「写真説明」として「尻に敷かれた亭主?·イヤ失礼レフェリーです」[172]とある。当時、女子プロレス興行にレフェリーが複数名参加したケースは稀だが、この一連の日米対抗試合の興行では「アメリカ側が勝ち、その審判に日本人レフェリーが異を唱えた末にレフェリー同志が柔拳で闘う」という流れが定着しつつあり、そのため日米両サイドにレフェリーが必要だったのだろう。日米の女子レスラーの技量が未熟だったため柔拳でさらに観衆を盛り上げる必要があったとも考えられる。あるいは、もとより「日本人対外国人」の対戦というナショナリズム的な要素のある柔拳は、日米対抗試合をさらに白熱させる演出として取り入れやすかったという可能性もある。

翌七月、岡山市では日米対抗試合関連の日本の女子レスラー同士の試合があった。同月二九日付『山陽新聞』には、「世紀の血戦　女子プロレスリング」「米国へ渡る最高メンバーが世界選手権を目指して／投げる！蹴る！撲る！熱汗したゝる熱戦譜！」[173]と謳った広告が掲載されている。参加団体名は西日本女子プロレスリング協会とあるが、一〇名の出場選手の名前のあとには「西日本」以外に「日東」「大洋」の文字も見え、これらも女子プロレス団体の名称だったようだ。先に広島と大阪など東京以外の団体についてはわかる範囲で述べたが、この時期は他の地方でも女子プロレス団体がつくられ、詳細は不明だがそれぞれが独自に活動していたようだ。「事業会館」にて七月三〇・三一日に、それぞれ昼夜一度ずつの興行があるとしている。会場は、次の記事では「岡山市S会館」とあることから社会事業会館だと思われる。同広告で気になるのは、「米国へ渡る最高メンバーが世界選手権を目指して」というくだりだ。というのも、後述するが『山陽新聞』によれば約二週間後の八月一五日には日米対抗試合が岡山市の烏城公園で開催された形跡があるため、この「世紀の血戦」は日米対抗戦出場レスラーを地方の新団体から選出し、将来的にはアメリカ遠征も視野に入れた企画の一環だった可能性がある。

　この選抜試合に取材した八月一日付同紙の記事「お色氣のあるプロ・レス　見物衆は男性ばかり」の一部を紹介する。

観客席はオールM族。勝負がつくまで試合時間二十分間。エビ固めに飛行機投げ、ハンマー投げとこゝまでは型どおりだが、そこは女性、勝負が白熱するとつい逆上「キャー」という悲鳴とともにむしゃぶりつき、髪の毛をむしり、食いつき、ひっかき、けとばす。リングの回りにはむしられた毛髪の束が飛散するすさまじさ。お色気を楽しむはずの客席から「ガン張れ、そこだ」と声援がとぶ。／福岡市に本拠を置くこの女子プロ・チームは、十七歳から二十四歳までの娘さんばかり十人。「手足を折るのはしょっちゅう」と息まく選手たちも楽屋に入ればピンクのドレスにハイヒール。「将来は人並みにスイートホームを」としおらしい。一方同チームのマスターは「やはり女ですから、日ごろの感情がリングにまで持込まれ髪の毛をむしったりするので困ります」とこぼしていたが、いやはや日本も今やレスリング王国のキザシ十分。[174]

　ここでも「お色気」「見物は男性ばかり」「楽屋に入ればしおらしい」と、あまりに定番の表現が並んでいるため分析の必要もないかと思われるが、「リングの回りにはむしられた毛髪の束が飛散するすさまじさ」という表現に関しては、彼女たちの技術水準を伝えているという意味でなかなか現実味がある。

通常の女子プロレスでは、髪を引っ張るといっても体の向きを変えさせるために髪をつかむ動作をする程度だが（とはいえかなり痛いだろう）、「毛髪の束が飛散した」というのが誇張でないとしたら、使った技にもよるとはいえ髪が束で抜けるほど強く執拗に引っ張ったことになり、観客から見ればその動作は冗長に見え、技術の洗練度が疑われるところだ。さらに、「「手足を折るのはしょっちゅう」と息まく選手」という部分も危うい。第一章でも述べたように、レスラーがケガをするというのは興行の持続性を考えると一番に避けるべき事態で、だからこそ安全な受け方や効果的な見せ方の習得にはある程度の稽古が必要になるのだ。これは猪狩きょうだい全員が気をつけていた点でもある。もし本当に選手みずから「息まく」ほど負傷が常態化し、かつ軽視されていたのだとすれば、「お色気」はともかく技量の面ではかなり問題があったのではないか。

そのせいかどうかは不明だが数日後、一九五五年八月七日付の『山陽新聞』【画像49】に掲載された試合の広告には前出の記事にあった西日本などに所属したレスラーたちの名前はなく、代わりに東など全日本のレスラーたちが出場選手として名を連ねている。前出のレスラーが七月末の二日間の興行で負傷し、いわば代役として全日本のレスラーが試合に参加した可能性もある。この広告には、「白人女性に血闘を挑む大和撫子！日米対抗国際大試合」と銘打たれており、八月一五日に岡山市烏城公園の山陽納涼大会会場で開催と書いてあることから、この月の一日から催されていた納涼大会の一環であり[175]、人出はかなり見込まれただろう。とはいえ、『山陽新聞』では同試合の結果に関する記事は確認できていない。

一方、日米対抗試合は一九五五年に横浜・野毛山公園のプールでも開催されていたことが、当時同市を拠点に活動していた写真家の常盤とよ子（一九二八〜二〇一九）が残した女子プロレスの試合写真からわかる。[176]『神奈川新聞』に小さく掲載された広告と合わせて考えると、試合は九月二四日におこなわれたと思われるが、[177]それ以上の情報は見つけられていない。常盤がこの興行をとらえた写真については次章で取り上げる。

【画像49】『山陽新聞』1955年8月7日（2頁）

一九五五年一〇月三一日付『都新聞』掲載の「ブロンドの美女と熱戦　迫る日米対抗女子プロレス　豊満の肢体から火花　日本選手も強豪ぞろい」と題された記事によれば、一一月一日、京都・圓山音楽堂においてジョゼフィーナ、グラマラス、フォーリーの三人が全日本の東や山本らと対戦予定とある。[178]主催の『都新聞』はこの興行の宣伝に相当な力を入れていたようで、切り抜いて持参すれば入場料が割引になる広告を掲載し、[179]ついでジョセフィーナ、フォーリー、そしてレフェリーの「ストレート・ジョニー」が試合前に『都新聞』本社を訪問した様子も写真つきの記事で紹介している。それによればジョセフィーナはプロレス歴六年の既婚者、フォーリーは「十九歳の若手」だという。[180]当日の試合を取材した記事には、全日本所属のレスラー同士の試合のあと、不参加のグラマラスの代役と思われる、テラ・ベラーという名のレスラーが本堂浩子にフォール負けし、最後のジョセフィーナ・フォーリー組対佐々木・奄美組のタッグマッチは引き分けに終わったとある。[181]日米のレフェリーによる柔拳試合については言及されていない。

この興行に関しては、『都新聞』から招待されて見物したという児童文化財研究所長・粟津実が『看護学雑誌』に寄稿した論考で次のような感想を残している。

先年の世界女子選手権者ミルドレッド・バークに比べると見劣りがしたが、見物の15パーセントを占める少年少女が案外熱心な声援をするし、私の背後にいた一少女がお母さんにタッグチームレスのタッチの説明をしているのをきいた。大人達は野卑な声援や野次を飛ばすし、業《ワザ》なども知らない人が多いようだが、子供達はハンマー投げ、ロックヘッド、ネルソンなどを知っていた。[182]

粟津は戦前から保育や体育教育関連の論考を執筆していた人物であり、本論考では続いて自身が考案した、病床の子どもでも遊べるような手づくりの卓上プロレスゲームを紹介している。前述したとおり、他の地域での日米対抗試合についての新聞記事では成人男性の観客の存在が強調されていることが多いなか、粟津が京都で観た限りではあるが、観客のなかにプロレスに詳しい少年少女がいたという証言は興味深い。彼らのなかには長じて女子プロレスファンとして一九六〇年代末の第二次ブームや、続く全女の全盛期を支えた者もいただろう。ちなみに粟津は一九五〇年代には「土俵四股平」というペンネームを用いて性風俗雑誌『奇譚クラブ』などにも頻繁に寄稿しており、その内容は女相撲や、自身が提唱した「女闘美」という、私的な場での、上半身裸で褌姿の女性同士による相撲への愛着についてなどだった。[183]私設の女相撲部屋まで運営していたそうで、[184]先の記事で「バークに比べると見劣りがした」と女子プロレスについても一家言あることを匂わせていたのは当然だったともいえる。

一連の日米対抗試合の宣伝で用いられた「白人女性に大和撫子が血闘を挑む」というような表現からは、柔拳と同様に明確なナショナリズムを煽って集客につなげる努力がうかがえる。だが、バークたちの来日ツアー時と比べると興行を報じた資料が非常に限られていることから不明な点が多く、他の地方新聞からも同様の日米試合の地方興行のケースが見つかると思われるため、引き続き調査を続ける。それによって、アメリカ人レスラーや興行内容の詳細のみならず、当時のプロレス雑誌が一連の日米対抗試合について言及していない理由についてもあきらかにしていきたい。

第二回全日本女子プロ・レスリング王座争奪戦(一九五六年一月四・五日)

『月刊ファイト』一九五六年二月号には、「W+M女子プロレス　第二回王座決定戦」という記事が掲載され、一九五六年一月四日と五日に国際スタジアムで開催された第二回選手権の概略が記されている。第一日目については次のように始まる。

リングサイドは日本髪、和服晴れ着のお嬢さんも混え、二・三階席など満員で観衆約五千、M男性顔負けの熱戦にオトソ気嫌《ママ》の声援も飛んでお正月らしい華やかなフンイキが醸し出された。／チャンピオンはさすがに強く軽量級チャンピオン立花は吉葉と引き分け、ヘビイ級山本は香取をフォール、重量級タッグの王者大井・豊田組も抱え投げ、飛行機投げの連続で三井・寺西組を破り、それぞれタイトルを保持した(185)。

1956年度
全日本女子プロ・レスリング
王座争奪戦

日時　一月四・五日午後六時
主催　全日本女子プロレスリング連盟
後援　日刊スポーツ社・KRテレビ
会場　両国・国際スタジアム

参加団体
全日本女子レスリング倶楽部
東京ユニバーサル女子プロレスリング団
全日本女子プロレスリング協会
東京女子プロレスリング協会
広島女子プロレスリング協会
オール関東女子プロレスリング協会

入場料
リングサイドA席　¥500
〃　B席　300
自由席　200

【画像50】『リングサイド』1956年1月号（背表紙）

試合結果のみならず、晴れ着の女性観客などにも言及し、正月らしい雰囲気のなかでの試合だったことがよくわかる。ただし満員と書いているにもかかわらず「観衆約五千」とは、事実だとすれば意外に入りは多くなかったようだ。今回の選手権では、広島女子は出場しておらず、代わりに「オール関東」という団体が参戦している。この団体の詳細は不明だが、一九五六年八月にユニバーサルが出した広告に名を連ねているため(186)、そのころには系列団体になっていたようだ。タッグタイトル試合でユニバーサルの大井・豊田組と対戦して負けたが、オール関東の選手の一人である寺西信子は一七〇ポンド（約七七キロ）とあるため、事実であれば他の三人が一五〇ポンド（六八キロ）前後だったこのタッグ試合では突出して大柄な選手だったようだ。ちなみに第二回決定戦も、両日とも前回同様KRテレビで午後七時よりテレビ中継された[187]。

『プロレス』一九五六年二月号には、前述の「銘々傳」を書いた小川武による「女子プロレス初場所観戦記（第二回王座争奪戦）」が掲載されている。小川が会場でパンフレットを見たところによると出場団体は八つで、「全日本女子、東京ユニバーサル、全日本クラブ、全日本協会、東京女子、広島、オール関東、国際」が参加していたという[188]。パンフレットの実物が入手できていないため詳細は不明だが、団体が八つに増えていたのが事実であれば、観客は女子プロレスがそれだけ活況を呈していたという印象をもっただろう。以降の記述からは、オール関東以外の新規参加団体は試合結果の記載がないため取り上げない。

小川はそれぞれの試合を独自の視点からイラストつきで詳細にレポートしている。軽量級の立花（ユニバーサル）・吉葉（全日本）戦では、

立花さんも吉葉さんも技では甲乙がない、バンタム・チャンピオンの立花さんは青森娘、吉葉さんは東京、吉葉さんフライング・キックで青森のリンゴを落さんばかりに攻めたが、りんご娘その気持ちを読んでかロープに逃れて遂に引分けとなった[189]。

豊田・大井組（ユニバーサル）対三井・寺西組（オール関東）のタッグ試合については、

これは勇しい乱戦、面白かった。一本目は豊田さんのヒコーキ投げ、二本目もハンマー投げから抱え投げと軽い寺西さん目を廻してノビてしまった。去秋の王座戦に叉児姉妹（ふたご）をこのコンビで破った選手権保持者の貫禄充分、とくに大井さんの肉付き、豊田さんの男子をしのぐ闘志にお客もヤンヤの喝采だった。[190]

という具合だ。一九五六年一月五日付の『報知新聞』は、試合の模様を、「どの試合も男子ほどの重量感はないが、女性特有の柔軟な体と豊富な練習で技の変化もスピードにあふれ、しかも腕固め、抱え投げ、首はさみ投げなど男子をしのぐ多彩な技をみせた[191]」と伝え、しきりに男子と比較しているが、レスラーの成長ぶりも報告している。

二日目については、『月刊ファイト』は、「重量級の東富士子と中量級の小畑紀代が伊藤静江、奄美百合子にそれぞれチャンピオンを奪われ、軽量級と中量級のタッグマッチでは吉川・久保組及び猪狩・田山組が接戦の末王座を獲保した[192]」と書いている。具体的な試合の様子は、やはり小川の「女子プロレス初場所」が詳しい。「二日目は前夜に変る盛況ぶりでお客もお上りさん、婦人あり、外人あり、取的のお相撲さんも一丁拝見と色とりどりの賑やかさ[193]」とあるところから、前日より多くのさまざまな観客がいたようだ。前回の選手権大会同様、第一日目のテレビ中継が二日目の集客に貢献したかもしれない。

全日本の奄美と東京女子の小畑紀代の二〇分一本勝負の記録は次のとおり。

控え室で姉さんにシッカリと激励されて出場した紀代ちゃんだったが、去年の暮れに右ひざをケガして不調、反対に奄美さんの飛けりに試合開始八分で紀代ちゃん苦戦巴投げ、飛ばさみと技の攻防まことに進歩のあとありと玄人の目をパチパチさせたが二階席から／「キヨちゃん、ガンバッテー」と声援がしばしばおこったが十四分四十秒、奄美の飛けりをヒバラに喰って紀代ちゃん戦意喪失の負けは残念そう。[194]

小川にとって、そして前述した『読売グラフ』の記事のように小畑姉妹を取材した記者にとって、姉妹の仲睦まじい姿もまた、女子プロレスの試合の激しさとのギャップとして強調したいものだったようだ。

チャンピオンの吉川英子・久保トモ子組（ユニバーサル）に挑戦したオール関東の高山正代・笹真智子組の四五分三本勝負については、「赤の水着の久保、黒の吉川、紺に白のシュミーズを重ねた高山、緑の笹と五色あやなす美しさ」と、まず四人のレスラーのコスチュームの色鮮やかさが伝わってくる。一本目は高山のリングアウト、二本目では、「笹が吉川をいきなり連続ハンマー投げに体固めで互角」三本目の決勝は「久保―高山から久保、吉川にタッチ、笹がタッチしようとしてロープから空転大笑いしたり、とうとう反則でチャンピオンの防衛は久保―笹（二十分四十秒）でユニバーサル組よくがんばった[195]」と、チャンピオン組が防衛したものの、試合内容は起伏に富んだものだったらしい。

最後に小川は、定子・田山組と小畑千代・千早歳子組の中量級タッグ四五分三本勝負について、次のように書いている。

小畑姉妹はかつて三鷹の練習場で猪狩、田山にコーチを受けた、いわば後輩なので、しょせんかなわぬと思ったが、田山のバアちゃんをよくリング外に落して一本取った、この「暴れ小娘」の勇気は大いに買われてよかろう。ガムをかみながら、黒光りした姉ゴの田山さん、娘の千早を手玉にとって首投げ二回かんたんにフォール、水おち《ママ》を突かれて下腹抱えて介抱される千早さんは気の毒そう。二回目はその悪役（女子レス唯一）の田山さんをロープの隅で小畑さんと二人、おまけにセカンドの英さんまでがタオルで首を締める、三人がかりにとうとうオバサン、リング外に蹴落とされてノビてしまった。こうなるとリリーもだまっていられない小畑さんの首をロープにはさみ、自分がロープの隅に飛乗ってゆすぶり責めるという四人四様の乱戦にお客さんはフィナーレらしい興奮に湧く…かくて猪狩さんが千早を手玉にとって飛行機投げ三、四回とかつぎ廻し、そのままおいかぶさるかと思ったら両足を取ってのエビ固めにトドメを楽しむ猛獣のようなやり方でフォールしてイキの根を止めてしまった。

三〇代の田山を「バアちゃん」「オバサン」と呼ぶのは現在の価値観ではいかがなものだが、ともかく小川は「銘々傳」を担当したことから各レスラーの人となりまでよく把握し、それが試合での人物描写に役立っているようだ。さらにマンガ家だからだろうか、視覚的にイメージしやすいような表現を駆使しての試合展開の描写力が巧みだ。後輩小畑が先手を打ったところ、悪役田山が反撃、さらに反則込みで田山が集中的に攻められ、そこに怒った定子が介入してとどめをさすという、見せ場を何度も盛り込んだ試合展開がよくわかるように描かれている。さらにこのテキストには小川による詳細なイラスト【画像51】も併載されており、誌上での試合の再現度も高いため、多くの読者がこの記事を楽しんだはずである。

続けて小川は次のとおり勝者チームを大絶賛している。

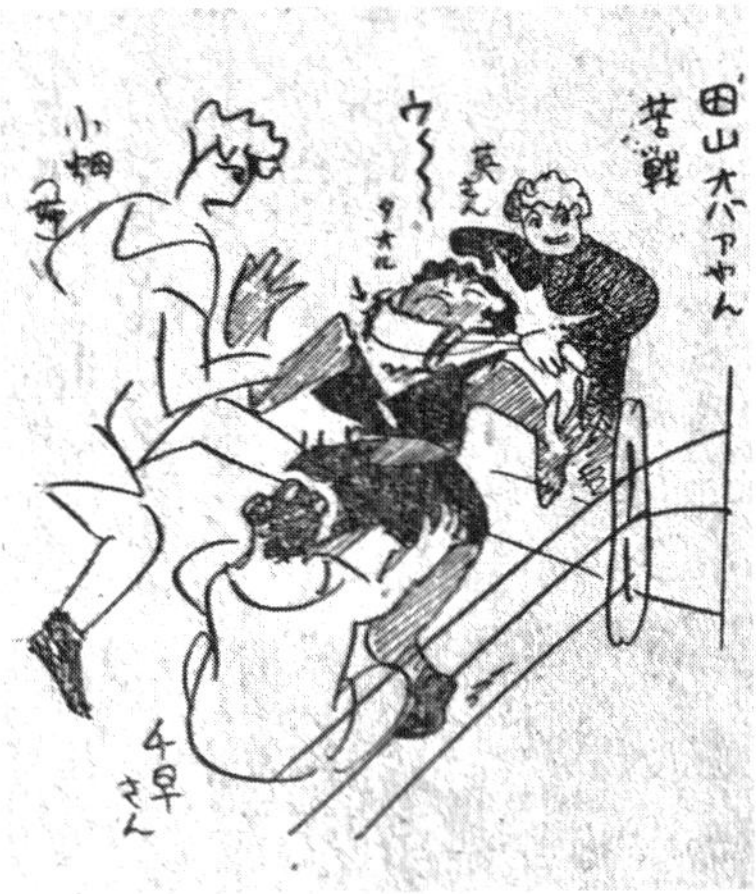

【画像51】『プロレス』1956年2月号（41頁）

> 猪狩、田山組はおそらく向うところ敵なしであろう。特に猪狩のスピードと変化のある技は、『男子ファン』も認めていよう。／田山のバアちゃんは笠置シズ子的な愛きょうがあり、このコンビは日本一であろう。この両先輩に挑戦する五彩の水着の新進達は、今後ますます技を磨くチャンスが与えられているというものだ。[196]

専門誌で読者層は限られていたとはいえ、二度目の大会場での選手権試合がここまで絶賛されるということは、技量も見せ方も一年間でかなり向上したと広く認

【画像52】ベルトを獲得した猪狩・田山組。『Inside Wrestling』1972年9月号（18頁）〔197〕

知されていたという証左だろう。前述したとおり、一年前の正月、定子や田山は名古屋のストリップ劇場港座で興行していたのだから。『プロレス』の同号では読者欄でも、「女子プロレスの写真及び記事が少ないことは甚だ遺憾だと思います」という意見とともに、今後希望に沿うよう努める旨の編集部からの返答が掲載されており[198]、専門誌読者であるプロレスファンからも女子レスラーが支持され、その支持は妥当なものだと編集部も認識しているという印象が形成されている。

おわりに

一九五六年一月始めの第二回女子プロレス選手権大会では、さらなる団体の参戦、技術の向上、試合内容の充実などがみられ、興行はまたもや成功だったといえる。だがそれ以降、大会場での試合の頻度は徐々に減っていったようだ。『リングサイド』一九五六年一〇月号「女子プロレスの両姐御　田山猪狩さん訪問記」では、田山と定子が順にインタビュアーの新和子《しんかずこ》に心境を吐露している。

「私達は皆こうして一生懸命になっているし若い子もどん〳〵上手になってくるしファンはおかげ様で皆支持してくれるし〈略〉それなのに待っていたような大会もないし、各クラブ対抗の試合も思ったほどなし、全く私達はどうすればいいのよ。」／「〈新に向かって〉どうかしら、ママさんプロモートしてくれないかしら、私達一生懸命てつだうわよ他の人達だってきっとよろこんで参加するしがんばってやって頂戴よ」と猪狩さんが又々バクダンを投げつける。どうも私は悪い日に来たらしい、それからコミッショナーが弱体なことが共通の話題になる。[199]

コミッショナーが「弱体」だったというのは具体的にどういうことかわからないが、上野がうまく各団体を調整できなかったのも女子プロレスが衰退した一因だったかもしれない。上野には何かしらの問題があったようで、二〇二四年、定子にインタビューした際も、「やーっぱ上野さんはお金儲けの人だったんだよね」と記憶していた。インタビュアー新和子についても、「何かあるとよく中野の田山さんの下宿に話を聞きにきてくれた」と覚えていたが、『リングサイド』誌の記者だったのかフリーライターだったのかはわからないそうだ。[200] いずれにせよ、当時女性が女子レスラーを取材してコンスタントに記事にしていたケースはたいへん珍しい。

前記の記事「女子プロレスの両姐御」で、続いて定子は自分たちの切実さを、次のように説明している。

私達は女子レスリングのあり方というものはこの前に来たアメリカのミルドレッド・バークさんたちのやり方が非常に良かったし又事実美しいものだし、私達全部があすこまで日本のプロレスを持って行きたいと夢でない夢を持っているでしょう? だからこうしてムキになってしまうんだけど。[201]

「夢でない夢」とは、自分たちの「あられもないストリップ」から「健全なスポーツ」への変容の軌跡をふまえての発言だろうが、やはり具体的にはバークたちを目標とし、そのレベルに達するにはレスラー個人だけでなくコミッショナーの力量で団体対抗の大会などの機会を増やすことが必要だとしている。そもそも個々の団体の経営者が、パンはボードビリアン、ユニバーサルや全日本はヤクザ系、東京女子はストリップ劇場経営者と、それぞれ近似しているようで微妙に畑の違う者たちだったため、上野が全体のコミッショナーとして彼らを調整してまとめるのに苦労したであろうことは想像に難くない。記事の最後は新が、「私達の期待程女子レスリングがのびないのは一体どこに大きな欠陥があるのでしょうか[202]」と読者にも問いかけている。

ちなみに同頁にはショパンが猪狩誠二郎名義で書いた「ゴングの合間」と題したエッセイが掲載されており、ここでは女子プロレス特有の問題として、選手が結婚を機に辞めてしまうこと、またそのせいで現在は選手のほとんどが一〇代で、海外の三〇代のレスラーの「色気個性等はっきりみせてくれた」

試合ぶりに比して試合が「子供っぽい」ところを挙げている。[203] ショパンからみた問題点はレスラー個人のプロとしてのあり方に帰するもので、田山と定子が挙げた、コミッショナーによって調整されうる、おそらくは社会の認識にも関わる問題とは質の違うものだ。とはいえ、一九五六年の一〇月の時点では両者ともに女子プロレスが、その人気にもかかわらず思うように発展できていない現状を危惧している点は一致している。また両者の記事を見開き頁に並列させていることから、『リングサイド』側も女子プロレスに関する危機感を共有していたことがうかがえる。

急拡大した女子プロレス人気は批判も誘発し、それが試合をしづらくさせてもいたようだ。たとえば一九五六年二月二一日付の『朝日新聞』は、千葉市の教育会館で予定されていたユニバーサルの興行に批判が集まっていると報じている。[204] 批判者側は、「教育の殿堂」を「好ましくない興行」や「教育上感心しない催し」に貸すべきでない、と主張した。記事によればそうした批判に対して、会館維持財団理事長が、赤字続きの会館の「経営難のためどうにもしようがない」と弁明している。[205] やはり集客が見込まれていたための開催だったようだが、女子プロレス人気の上昇とともに当事例のように一部では興行への風当たりも強くなっていたといえる。

では、そもそもその人気とは、具体的にはどのようなものだったのだろうか。一九五五年初頭から五六年にかけての女子プロレスの盛り上がりは、専門誌や新聞だけではなく小説、映画、演劇など一般向けのフィクションにも女子レスラーのイメージが進出することを促した。それにつれて多くの記者や作家が女子レスラーのもたらす想像力、女子プロレスのイメージを通じた現状批判、比喩としての女子レスラーなど、多様な表現による表象を生み出していった。次章では、第一次女子プロレスブーム期における「描かれた女子レスラー」を追跡する。

注

〔1〕 Rosalind Gill, "Critical Respect: The Difficulties and Dilemmas of Agency and 'Choice' for Feminism, a Reply to Duits and van Zoonen," *European Journal of Women's Studies*, Vol.14, No.1 2007, 73.
〔2〕 『中国新聞（夕刊）』一九五四年一〇月二五日、三頁。
〔3〕 「女だてらに」、『アサヒグラフ』一九五四年一一月二四日号（朝日新聞社）六・七頁。
〔4〕 泉和幸「大和撫子のプロ・レスラー 平和都市ヒロシマでの「商魂?・ショー」」、『週刊サンケイ』一九五四年一二月五日号（産業経済新聞社）六二～六三頁。
〔5〕 「名誉会長 ご挨拶」、『一木会ホームページ』(https://www.ichimokukai.net/honorary/）二〇二四年四月一一日閲覧。
〔6〕 泉前掲誌、六三頁。
〔7〕 前掲。
〔8〕 塩見俊一「戦後日本における女子プロレス生成に関する試論――「いかがわしさ」と「健全さ」のはざまで」、有賀郁敏編『スポーツの近現代――その診断と批判』（ナカニシヤ出版、二〇二三）一六二～一六三頁。
〔9〕 平林たい子「女子野球」、『朝日新聞（東京版朝刊）』一九五〇年八月一〇日、四頁。
〔10〕 「女子プロレスラー大いに語る 結婚相手は運動選手 恥しいとは思わない リングを下りたらやっぱり

〈11〉前掲。

〈12〉『名古屋タイムズ』一九五五年一月一日、八頁。「女のプロレス大当たり　行くところなし？　過剰正月」、女」、『名古屋タイムズ』一九五五年一月二四日、三頁。


〈13〉『名古屋タイムズ（夕刊）』一九五五年一月五日、一頁。

〈14〉『名古屋タイムズ』一九五五年一月一日、八頁。

〈15〉前掲「女のプロレス大当たり」一頁。

〈16〉『名古屋タイムズ』一九五五年一月一六日、四頁。

〈17〉『名古屋タイムズ』一九五五年一月一五日、三頁。

杉森「秋季国体終る　天皇、皇后杯東京へ　福岡、陸上に三連勝」、『朝日新聞（東京朝刊）』一九五〇年一一月二日、四頁。


〈18〉前掲「女子プロレスラー大いに語る」三頁。

〈19〉前掲。

〈20〉帝国秘密探偵社編『大衆人事録　第20版　東京篇』（帝国秘密探偵社、一九五八）八六四頁。

〈21〉「女子プロ・レスへ愛読者優待」、『毎日新聞（都内中央版）』一九五五年一月一三日、八頁。

〈22〉秋岡義之・山内道子「リングの女虎たち」、『毎日グラフ』一九五六年四月八日号（毎日新聞社）七頁。

〈23〉「力道も顔負け？　きょう女子プロ・レス始る」、『毎日新聞』一九五五年一月一四日、八頁。

〈24〉筆者による猪狩定子電話インタビュー（二〇二〇年四月）。

〈25〉「ニュース追跡　渦巻くエロ、グロ、騒音　リングサイド500円の女子プロレス　あっという間に50円に値下げ」、『讀賣新聞（夕刊）』一九五五年一月一六日、四頁。

〈26〉『お気に召すまま』日劇ミュージックホールパンフレット（一九五六年一月）一頁。

〈27〉「女だてらに　女子プロレスラー登場」、『サンデー毎日』一九五五年二月六日号（毎日新聞社）四四～四五頁。

〈28〉「山口、キャットをフォール」、『スポーツニッポン』一九五五年一月三日、二頁。

〈29〉『月刊ファイト』一九五五年二月号（月刊ファイト社）二三頁。

〈30〉谷口勝久「山口選手関西勢　沖縄遠征の土産話」、『月刊ファイト』一九五五年四月号（月刊ファイト社）二四頁。

〈31〉「女子レスに関する8章」、『サングラフ』一九五五年三月号（サン出版社）四七～四八頁。

〈32〉「現われた女力道山　柔道五段も顔負け　その名は東富士子嬢」、『内外タイムス』一九五五年二月三日、二頁。

〈33〉金水敏『ヴァーチャル日本語——役割語の謎（もっと知りたい！日本語）』（岩波書店、二〇〇三）八～九頁。

〈34〉前掲「現われた女力道山」二頁。

〈35〉M.K.「浅草ストリップの検挙事件」、『ボオム』一九五四年七月号（音楽と舞踊社）三三頁。

〈36〉「女子プロレスリング試合　浅草公演劇場」、『内外タイムス』一九五五年二月一五日、三頁。

〈37〉「ストリップの話題　女子プロレスで二本立て　ロック座を出し抜いた公演劇場で」、『内外タイムス』一九五五年二月一七日、一頁。

〈38〉前掲。

〈39〉前掲「女子プロレスリング試合」三頁。「当劇場独占公開　女子プロレス試合」、『内外タイムス』一九五五年二月二二日、四頁。

〈40〉「女子レスブーム　時ならぬ大さわぎ　入場料百七十円で入りは上乗　出し抜かれた東洋興行」、『内外タイムス』一九五五年二月二五日、四頁。

(41) 前掲。
(42) 『内外タイムス』一九五五年二月二六日、四頁。
(43) 『内外タイムス』一九五五年三月二日、三頁。
(44) 「春はひと足早く　ネオン街は花盛り」、『内外タイムス』一九五五年三月三日、三頁。
(45) 原浩三『売春風俗史』（鱒書房、一九五五）一七二〜一七三頁。
(46) 原前掲書、一七三頁。
(47) 「女子プロレス騒動　六区ストリップの話題」、『内外タイムス』一九五五年三月一六日、四頁。
(48) 「浅草六区歩る記」、『内外タイムス』一九五五年五月二五日、四頁。
(49) 安蔵「女子プロレス楽屋裏」、『内外タイムス』一九五五年三月二七日、三頁。
(50) 『毎日新聞（都内中央版）』一九五五年二月六日、八頁。
(51) 「雑記帳」、『毎日新聞』一九五五年二月一三日、一一頁。
(52) 週刊朝日編『値段史年表　明治・大正・昭和』（朝日新聞社、一九八八）六七頁。
(53) O「女子プロ・レスの内幕　大和撫子の新商売見てある記」、『週刊サンケイ』一九五五年三月二〇日号（産業経済新聞社）二二〜二三頁。
(54) 「文壇人國記　東北の巻」、『文章俱楽部』一九五一年九月立秋號（牧野書房）二九頁。
(55) 大平陽介「探訪女子プロ・レス入門試験」、『面白俱楽部』一九五五年五月号（光文社）二八五頁。
(56) 「暴力新地図　いま問題の「愚連隊」とは」、『新聞月鑑』一九五六年八月号（新聞月鑑社）二〇頁。
(57) 細田昌志『力道山未亡人』（小学館、二〇二四）一〇七・一九二頁。
(58) 大平前掲誌、二八五〜二八六頁。

(59) O前掲誌、二三頁。
(60) 山平重樹『不退の軍治——藤田卯一郎の生涯』(雷韻出版、二〇〇〇)一五八〜一五九頁。
(61) 大平前掲誌、二八七頁。
(62) 安藏前掲紙、三頁。
(63) 前掲。
(64) 『讀賣新聞(下町版朝刊)』一九五五年二月三日、八頁。
(65) 安藏前掲紙、三頁。
(66) 宮崎学『不逞者』(幻冬舎アウトロー文庫、一九九九)一六一〜一六二頁。
(67) O前掲誌、二二頁。
(68) 前掲。
(69) 安藏前掲紙、三頁。
(70) 渋沢秀雄『やたら漬』(河出書房、一九五六)一頁。
(71) 渋沢前掲書、一七二頁。
(72) 渋沢前掲書、一七四〜一七五頁。
(73) 安藏前掲紙、三頁。
(74) 秋山訓子『女子プロレスラー小畑千代——闘う女の戦後史』(岩波書店、二〇一七)四六頁。
(75) 安藏前掲紙、三頁。
(76) 秋山前掲書、四九頁。
(77) 秋山前掲書、五四頁。

(78)「吉田豪インタビュー　小畑千代「最古参」女子プロレスラーが語る戦う少女達の歴史」、『ＢＵＢＫＡ』二〇一七年二月号（白夜書房）七六頁。
(79)「姉妹仲よく……」、『読売グラフ』一九五五年七月五日号（読売新聞社）八〜九頁。
(80)前掲「姉妹仲よく……」九頁。
(81)前掲。
(82)前掲「吉田豪インタビュー」七六頁。
(83)前掲「姉妹仲よく……」八頁。
(84)ロラン・バルト著、花輪光訳『明るい部屋——写真についての覚書』（みすず書房、一九九七〈新装版〉）三七〜三九頁。
(85)バルト前掲書、六三頁。
(86)尾形圭史「女も負けないプロレス時代来る」、『ベースボール・マガジン　プロレス』増刊三号、一九五五年一〇月（ベースボール・マガジン社）一一〜一四頁。
(87)Tomoko Seto, "From the Stage to the Ring: The Early Years of Japanese Women's Professional Wrestling, 1948–1956", *Journal of Women's History*, Vol. 33, No. 3, Fall 2021, 71–72.
(88)筆者による猪狩定子インタビュー（二〇二〇年五月）。
(89)尾形前掲誌、一二頁。
(90)前掲。
(91)尾形前掲誌、一四頁。
(92)前掲。

〈93〉「女プロレス・クラブ生る　天晴れアプレ撫子」、『内外タイムス』一九五四年一一月一七日、三頁。

〈94〉小川武「W＋M時代のセンタンをゆく　女子プロレス選手銘々傳」、『ベースボースマガジン　プロレス』増刊三号、一九五五年一〇月号（ベースボール・マガジン社）三三頁。

〈95〉『月刊ファイト』一九五五年九月号（月刊ファイト社）三九頁。

〈96〉「初の女子プロレス選手権決定戦　初代コミッショナー上野才一氏就任」、『月刊ファイト』一九五五年九月号（月刊ファイト社）三八頁。

〈97〉『月刊ファイト』一九五五年一〇月号（月刊ファイト社）五八頁。

〈98〉「東洋一の室内リンク　八日からローラースケート場に　両国国技館お化粧替え」、『讀賣新聞（朝刊下町版）』一九五五年五月三日、六頁。

〈99〉前掲。

〈100〉笹森文彦「写真ニュース　終戦後の人々の生きる希望や勇気を…混乱の中で流れた歌謡曲、並木路子「リンゴの唄」誕生秘話」、『日刊スポーツ』二〇二二年八月一五日（https://www.nikkansports.com/general/nikkan/photonews/photonews_nsInc_202208150000121-1.html）二〇二四年五月三日閲覧。

〈101〉日本経済新聞社社史編纂室編『日本経済新聞八十年史』（日本経済新聞社、一九五六）六七二頁。『スイングジャーナル』一九五五年八月号（スイングジャーナル社）二〇頁。時事通信社編『時事年鑑　昭和31年版』（時事通信社、一九五五）一九一頁。『週間論調』一九五五年八月二五日号（内閣総理大臣官房調査室）三三頁。

〈102〉「温泉浴場になる両国国技館　来年初め店開き　スタジアム経営が行き詰り」、『讀賣新聞（中央版）』一九五六年七月三〇日、八頁。

(103) 「上野会長国際スタジアムら逮捕　旧国技館乗っ取りの陰謀」、『讀賣新聞（夕刊）』一九五七年七月二七日、五頁。
(104) 「女子プロレス　オール日本タイトルマッチ開催さる」、『リングサイド』一九五五年一〇月号（リングサイド社）一四頁。
(105) 前掲。
(106) 「「オンナ力道」は誰か　迫る女子プロレス日本選手権」、『内外タイムス』一九五五年九月一日、六頁。
(107) 『内外タイムス』一九五五年九月一〇日、三頁。
(108) 『讀賣新聞（朝刊）』一九五五年九月一〇日、五頁。『讀賣新聞（朝刊）』一九五五年九月一一日、八頁。
(109) 浅野記者「W＋M　女プロレス　初の王座決定戦大盛況」、『月刊ファイト』一九五五年一〇月号（月刊ファイト社）三六頁。
(110) 南博『社会心理照魔鏡　一九五六年版』（光文社、一九五六）一五七頁。
(111) 関根義一「そこが聞き題　女子プロレス東富士子さん」、『内外タイムス』一九五五年九月二一日、六頁。
(112) 藤原審爾『東京のサラリーガール――ご存知ないのはあなただけ』（東洋書館、一九五六）一二八～一二九頁。
(113) 浅野記者前掲誌、三六頁。
(114) 田鶴浜弘「女子プロレス拝見記」、『月刊ファイト』一九五五年一〇月号（月刊ファイト社）三六頁。
(115) 斎藤文彦『昭和プロレス正史　上巻』（イースト・プレス、二〇一六）六頁。
(116) 「テレビ放送種明かし　アナさん座談会」、『月刊ファイト』一九五五年一〇月号（月刊ファイト社）一五頁。
(117) 前掲。
(118) 前掲。

(119) 前掲。
(120) 前掲「テレビ放送種明かし」一〇頁。
(121) 「なんともはや・勇ましいこと　初の全日本女子プロ・レス　立花、吉葉を体固め（バンタム級）力道山顔負けの大乱闘」、『報知新聞』一九五五年九月一一日、三頁。
(122) 前掲「なんともはや・勇ましいこと」三頁。
(123) *Nippon Times*, Sept. 11, 1955, 5.
(124) 「お色気とスリル　コーナーのバケツの水相手の頭上へザーッ　猪狩らチャンピオンに」、『報知新聞』一九五五年九月一二日、三頁。
(125) 前掲。
(126) 「女子レスラー負傷　客に牛乳ビン投げられ」、『毎日新聞（東京朝刊）』一九五五年九月一二日、七頁。
(127) 「女子プロレス選手負傷　観客に牛乳ビン投げられ」、『朝日新聞（東京朝刊）』一九五五年九月一二日、七頁。
(128) "Flying Milk Bottle Hurts Lady Grappler" *Nippon Times*, Sept. 12, 1955, 5.
(129) "Bottle KOs Lady Wrestler" *Pacific Stars and Stripes*, Sept. 13, 1955, 20.
(130) ここでの「資格」はケイト・マンの著作タイトル*Entitled*の訳語。ケイト・マン著、鈴木彩加・青木梓紗訳『エンタイトル――男性の無自覚な資格意識はいかにして女性を傷つけるか』（人文書院、二〇二三）一五頁。
(131) 「女子プロレス　女力道奮戦す」、『明星』一九五五年一二月号（集英社）八三頁。
(132) 「ニュースの穴　女子プロレス」、『日本観光新聞』一九五五年九月二三日、五頁。
(133) Seto, "From the Stage to the Ring." 72.
(134) 宮内寒彌「エロ・ショウからスポーツへ　女子プロ・レスラーの生態」、『国際新聞』一九五五年九月二四日、三頁。本記事は松崎貴之氏（Xアカウント@gelcyz）にご提供いただいた。

(135) 前掲。

(136) 山本芳明「市場の中の〈私小説家〉——宮内寒弥と上林暁の場合」、『學習院大學文学部研究年報』六一号（二〇一四）九七頁。

(137) 一九五五年の女子短大進学率は二・六パーセント、女子大学進学率は二・四パーセント。文部科学省統計調査企画課「文部統計要覧」（https://www.ipss.go.jp/syoushika/tohkei/Data/Popular2005/09-03.htm）二〇二四年七月一一日閲覧。

(138) イヴァン・ジャブロンカ著、村上良太訳『マチズモの人類史——家父長制から「新しい男性性」へ』（明石書店、二〇二四）七頁。

(139) Freddy Hayward, "'Men are trapped in a gender prison': Ivan Jablonka on the crisis of modern masculinity" *The New Statesman*, Feb. 16, 2022（https://www.newstatesman.com/encounter/2022/02/men-are-trapped-in-a-gender-prison-ivan-jablonka-onthe-crisis-of-modern-masculinity）二〇二四年五月二〇日閲覧。

(140) 柄谷行人『日本近代文学の起源』（講談社文芸文庫、一九九六〈第一八版〉）一三一頁。

(141) 宮内寒弥「私の八月十五日」、『文学者』一九五五年九月号（十五日会）三五頁。

(142) 宮内前掲誌、三八頁。

(143) 何義麟「GHQ占領期における在日台湾人のメディア経営とその言論空間」、『日本台湾学会報』第一七号（二〇一五年九月）一一〇〜一二七頁、一一六頁。

(144) 小川前掲誌（一〇月号）三一頁。

(145) Seto, "From the Stage to the Ring," 70.

(146) 小川前掲誌（一〇月号）三三頁。
(147) 小川前掲誌（一〇月号）三三～三四頁。
(148) 小川前掲誌（一〇月号）三四頁。
(149) 小川武「続・女子プロ選手銘々伝」、『ベースボール・マガジン　プロレス』一九五五年一一月号（ベースボール・マガジン社）三一頁。
(150) 前掲。
(151) 小川前掲誌（一一月号）三三頁。
(152) 前掲。
(153) 亀井好恵『女子プロレス民俗誌——物語のはじまり』（雄山閣出版、二〇〇〇）三九頁。
(154) 小川前掲誌（一一月号）三四頁。
(155) 「日米対抗　女子レス公開」、『両毛民友新報』一九五五年五月一日、一頁。
(156) 前掲。
(157) 「日米対抗女子プロレスリング　五月五日足利市大日境内」ポスター。
(158) 「日、米一勝一敗　人氣の女子プロレス」、『両毛民友新報』一九五五年五月七日、一頁。
(159) 前掲。
(160) 塩見俊一「戦後初期日本におけるプロレスの生成に関する一考察——一九五〇年代におけるプロ柔道の展開に着目して」、『立命館産業社会論集』第四三巻第四号（二〇〇八年三月）一二五頁。
(161) 「柔道対ボクシング　17、18日に第一回公式試合」、『讀賣新聞（朝刊）』一九五四年四月一〇日、四頁。
(162) 「復興ゆめ舞台〈3〉　大衆に根差す娯楽の殿堂　79年の存続危機」、『讀賣新聞（西部朝刊）』二〇〇四年一月二三日、二三頁。

(163) 「日米対抗女子プロレス大会」、『下野新聞』一九五五年五月三日、一頁。

(164) 「美貌相搏つ熱戦　八日宮市で日米女子プロレス」、『下野新聞』一九五五年五月三日、三頁。

(165) 「四千名が熱狂　日米女子プロレス」、『下野新聞』一九五五年五月九日、三頁。

(166) 「日米対抗女子プロレス大会」、『下野新聞』一九五五年五月七日、三頁。

(167) 筆者による猪狩定子インタビュー（二〇二四年八月）。

(168) 「日米対抗女子プロレスリング　日本女性対白人女性の紅の血闘！」、『福島民報』一九五五年六月四日、四頁。

(169) 「日米対抗女子プロレスリング」、『福島民報』一九五五年六月八日、六頁。「日米対抗女子プロレスリング」、『福島民報』一九五五年六月一二日、六頁。

(170) 「桃色の肉弾戦　男性方は汗を流しての観戦　福島で　女子プロレス大盛況」、『福島民報』一九五五年六月一七日、三頁。

(171) 前掲。

(172) 『笑の泉』（笑の泉社）一九五五年五月号、八〜九頁。

(173) 「世紀の血戦　女子プロレスリング」、『山陽新聞』一九五五年七月二九日、三頁。

(174) 「お色氣のあるプロ・レス　見物衆は男性ばかり」、『山陽新聞（夕刊）』一九五五年七月二九日、一頁。

(175) 中国新聞社編『中国年鑑　昭和32年版』（中国新聞社、一九五六）二九七〜二九八頁。

(176) 横浜都市発展記念館「野毛山プールの女子プロレス　1955（昭和30）年」、『戦後横浜写真アーカイブズ　常盤とよ子』（http://www.tohatsu.city.yokohama.jp/sengo/photoarchive/index-tokiwa.html）二〇二四年九月一一日閲覧。

(177)『神奈川新聞』一九五五年九月一九日、一頁。
(178)「ブロンドの美女と熱戦　迫る日米対抗女子プロレス　豊満の肢体から火花　日本選手も強豪ぞろい」、『都新聞』一九五五年一〇月三〇日、三頁。
(179)『都新聞』一九五五年一〇月三一日、四頁。
(180)「これが首投げだ!　女子プロレスリング米選手本社を訪問」、『都新聞』一九五五年一一月一日、一頁。
(181)「姫御前の大立回り　日米女子プロレス　悲鳴を交え大熱戦」、『都新聞』一九五五年一一月三日、一頁。
(182)粟津実「お話とお遊び」、『看護学雑誌』一九五六年一月号(医学書院)五七頁。
(183)土俵が粟津の筆名であるという事実に関しては河原梓水氏からご教示いただいた。『奇譚クラブ』誌上の「女闘美」言説については、亀井好恵『女相撲民俗誌――越境する芸能』(考古民俗叢書)』(慶友社、二〇一二)の第二章「女相撲の観客論――明治以降の新聞雑誌記事から見る観客反応を中心に」に詳しい。
(184)手塚正夫『臍下たんでん』(光源社、一九五九)一九頁。
(185)「W+M女子プロレス　第二回王座決定戦」、『月刊ファイト』一九五六年二月号(月刊ファイト社)一四頁。
(186)『リングサイド』一九五六年八月号(リングサイド社)三六頁。
(187)『毎日新聞』一九五六年一月四日、五頁。『毎日新聞』一九五六年一月五日、九頁。
(188)小川武「女子プロレス初場所観戦記　第二回王座争奪戦」、『ベースボール・マガジン増刊　プロレス』一九五六年二月号(ベースボール・マガジン社)三九頁。
(189)前掲。
(190)小川前掲誌(二月号)四〇頁。
(191)「多彩な技の応酬　各チャンピオン、タイトル防衛　女子プロ・レス王座戦」、『報知新聞』一九五六年一月五日、八頁。

(192) 前掲「W＋M女子プロレス」一四頁。

(193) 小川前掲誌（二月号）四〇頁。

(194) 小川前掲誌（二月号）四一頁。

(195) 前掲。

(196) 前掲。

(197) Toshi Suzuma, "Special Report: Girl Wrestling" *Inside Wrestling*, September 1972, 18.記事の入手にあたりChris Bergstrom氏にご協力いただいた。

(198) プロレス狂「取材を広範囲に」、『ベースボール・マガジン増刊　プロレス』一九五六年二月号（ベースボール・マガジン社）五八頁。

(199) 新和子「女子プロレスの両姐御　田山猪狩さん訪問記」、『リングサイド』一九五六年一〇月号（リングサイド社）四二頁。

(200) 筆者による猪狩定子インタビュー（二〇二四年七月）。

(201) 新前掲誌、四三頁。

(202) 前掲。

(203) 猪狩誠二郎「ゴングの合間」、『リングサイド』一九五六年一〇月号（リングサイド社）四三頁。

(204) 「教育会館で女子プロ・レス　千葉「建物を汚す」と批判」、『朝日新聞（東京夕刊）』一九五六年二月二一日、三頁。

(205) 前掲。

第四章 インターセクショナルな女子レスラー表象

はじめに

一九五〇年代の女子プロレスに関する一次資料を探していくうちに、思いがけず数多の女子プロレスラー表象や比喩としての「女子レスラー」に行き当たった。たとえば「第一次女子プロレスブーム」が始まりつつあった一九五五年二月ごろから新聞や雑誌の一コママンガに女子レスラーが頻繁に描かれるようになるが、たいていは大柄なレスラーを揶揄したり、「強い女」をコミカルに描くものだ[1]。コスチュームも描きやすいうえに、話題性もあるとくれば、マンガ家にとっては手頃な題材だったのだろう。また、かつて『あんみつ姫』が連載されていたことで知られる少女雑誌『少女』一九五六年一月号の日本易道学校監修「名前うらない」には、「優子　真佐子　美奈子　卯子　弟子　豆子　里子　角子　舛子」などの名前（らしきもの）が羅列され、一九五六年の運勢が次のとおり書かれている。

【画像53】『内外タイムス』1955年2月28日（2頁）

あなたはからだがじょうぶでいつもほがらかです。あばれるのはいいですが、うっかりすると大けがをしますよ。女プロ・レスのまねなんかしてはいけません。ことしは、ぐんぐん成績がよくなる年ですから、うんと勉強してください。そしてたくさんごほうびを買っていただくのです。[2]

なんというか、「あばれるのはいいですが」（いいのか）、「ごほうびを買っていただくのです」（断言）、といった雑な表現には執筆担当者の文言作成の苦労がしのばれるが、少なくともその作成者が「女プロ・レス」を女子小学生にもなじみのある単語とみなしていたことはわかる。

【画像54】『実話読物』1955年7月特大号（7頁）

さらに例を挙げると、一九五五年一月から一二月まで『小説倶楽部』に連載され、現在でも版を重ねて読まれている横溝正史（一九〇二〜一九八一）の長編小説『三つ首塔』の登場人物の一人、飲食業の島原明美は、お約束の相続争いのもつれで惨殺されるまで「プロ・レスラーのような女」「脂肪の塊のような女プロ・レス」と繰り返し形容されている。[3] 横溝は、大柄な中年女性である島原の欲深い言動や外見の派手さ、下品さ、醜悪さを強調するために、女子レスラーや「女プロ・レス」（ここでは興行そのものではなく女子レスラーを指す）を喩えとして執拗に使っている。また小説家・吉屋信子（一八九六〜一九七三）は、五五年に浅草公園で試合を観たという記述とともに「梅雨暑し　女子プロレスの阿鼻叫喚」と一句詠んでいる。[4] 特に戦前には、清楚な女学生同士の恋愛物語を多く描いたことで知られる吉屋にとっては、梅雨時の浅草公園で女子レスラーが水着で暴れ回るさまは暑苦しく感じられたのだろう。どうやら横溝や吉屋にとって女子レスラーの印象は芳しいものではなかったようだが、当時彼女た

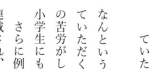

ちの存在がメディア等で無視できないものになっていたからこその言及だったとはいえる。

そうした表象や比喩からは、戦後一〇年を経て形成されつつあった消費礼讃型冷戦文化と、それを支えるかたちでポスト占領期に再構築された日本的家父長制イデオロギーの両方が、若い女性への理不尽な規範や期待となって、ときには補強し合い、ときには反発し合っていたことがうかがえる。一九五五年からの女子プロレスブームは、同時代のグラビア、映画、小説などさまざまな形態で、多様な女子レスラー像を社会の変化を象徴する新しいタイプの若い女性として拡散させた。一九五〇年代日本における冷戦文化の文脈において、露出の多い若い女性イメージには階級的序列があり、その最上位には西側諸国に通用する理想の「八頭身」と知性に裏打ちされた自尊心を表現したミス・ユニバース日本代表が位置づけられ、これに続いたのが映画スターや歌手が披露したビキニ姿、ベリーダンス、胸や背中が大きく開いたドレス姿などだった。その真逆の位置には、異性愛男性の性的な対象としての理想の身体をさまざまな形で体現したストリッパーや性労働者のイメージがあったといえる。この露出の多い若い女性イメージの序列の両極のあいだに突然現れ浮遊した女子レスラーは、前章で示したように、いわゆる「美人」やあどけなさの残るハイティーンから、大柄な女性や田山勝美のような三〇代の「ベテラン」まで、外見的には多様だった。しかし彼女たちは、身体にフィットする水着でリングに上がり、鮮やかに技をかけたり受けたりしながら、ときには「女ならでは」の噛みつきや髪の引っ張り合いや場外乱闘も見せながら闘う。つまり当時の美人の基準、男性にとっての性的な理想、スポーツの正当性、女性に期待された慎ましさなど、多くの規範を何重にも逸脱、あるいは攪乱する存在でもあった。

アメリカ主導の冷戦文化において、強い女性、闘う女性、自分の意思で稼ぐ女性、女性の進出が珍しい場面で活動する女性は、多くの分野でもてはやされた。このような近代性は戦前の日本でも浸透していたため、一九五〇年代にもその価値のかたちは変わろうとも概ね許容されていたはずだ。同時に、その価値観に同調したり部分的に異を唱える主体として、男性のみならず女性もライターや表現者としてメディア上で活躍する枠を与えられたが、そのなかには自身もまたジェンダー的・階級的な序列や偏見を内面化している様子が多くみられた。そもそも彼らは、現在手に入りうる資料に痕跡を残せるような自己表現手段があったという時点で何らかのエリートだったともいえる。当時のメディア空間に日本の女子レスラーが誘引した感情や想像力は多種多様で、前章で紹介したような嘲笑や軽蔑や共感以上に、ときにはジェンダー変革の意義を矮小化する道具として、またときにはマゾヒスト男性のプレイにおける架空の相手として、さらにときには性差別に不満をもつ女性の希望の星としてなど、その存在は多義的に表現されていた。結果として、前章で取り上げた女子レスラーの実際の活動とは別に、だがそれらを参照軸として、多くの女子レスラー像がさまざまな層の男女の想像力によって、一九五六年中盤以降に女子プロレス興行が減少したあとまでも生産され流通することになった。

高度経済成長が始まりつつあった一九五〇年代中盤は、政治的にも文化的にも大きな変化の渦中にあった。一九五五年だけをふり返っても、砂川反米軍基地闘争、日本共産党の六全協での方向転換、三井三池争議、原水爆禁止運動、日本母親大会開催、親米保守政党「自由民主党」結党からの「五五年体制」の始まりなど、その後の政治構造や市民社会を大きく左右することになった出来事が続いた。一九五〇年代の政治的側面が広く研究される所以だが[5]、一方でテレビや映画の暴力描写や性風俗雑誌などに代表される大衆文化全般の「低俗化」が懸念され、かつ「核の平和利用」言説が流布し始め、のちに「一億総白痴化時代」としても回顧されるという、矛盾と雑多性に富んだ時代だったといえる[6]。こうした複雑さの背景には、一九五六年の政府経済白書による「もはや戦後ではない」という宣言とは裏腹に、人びとの「敗戦」がさまざまな形で片づけられたりくすぶったりしていたこともあろうし、また占領も終わり「朝鮮特需」で経済も上向きになり、新たに意味づけられた冷戦秩序における「日本」のあり方への不安や期待などの多様な反応があっただろう。戦中生まれ戦後育ちの当時の若者にとっても、社会階層、文化資本、居住地域、ジェンダー、民族などの違いによって、政治や文化との関わり方は一様ではなかった。

そのような文脈で、ストリップとも男子プロレスとも似て非なる大衆娯楽として一九五五年初頭から急拡散した日本の女子プロレスは、社会的に許容される範囲内（すなわちリング内）でのジェンダー秩序からの逸脱を一時的に提示することで、より支配的なジェンダー規範を補強する「安全弁」として、言い換えれば見た目だけは奇抜な現状維持推進要員、または「真っ当な女子」の反面教師としておもに消費されたのは確かだ。とはいえ、実際の試合を会場やテレビで観た経験、あるいは試合やレスラーについてのメディア報道から着想を得て女子レスラー「像」を構築する側の想像力・創造力の幅広さは、ミス・ユニバースやストリッパーのそれの比ではなかった。そうした女子レスラー表象は全体的には否定的・嘲笑的な多数派保守的な文脈が主流ではあったものの、当時で言う「変態性欲」、フェミニスト的な視点、女性の同性愛などのかたちで、多方面の表現者たちの想像力もはぐくんだことがわかる。女子レスラーの特殊な身体スキルと外見は、ある者たちにとっては規範的イメージの反面教師として、また別の者たちにとってはその規範を攪乱する可能性を帯びていたのだ。

プロレス表象研究といえば、社会心理学者・諸井克英著『表象されるプロレスのかたち』（二〇二一）という、レスラー間や団体間の関係性やレスラーの体格や興行の多様性など、現代のプロレス愛好者からの視点でさまざまなかたちでイメージされるプロレスを論じた名著がある。[7] それに比して本章では、カルチュラル・スタディーズ寄りのフェミニスト歴史学（名前はまだない）の立場から、一九五〇年代中盤から後半に限定して女子プロレスラー表象を取り上げる。特に、女子プロレス業界の外側にいた人びとが作りあげたさまざまなイメージを、その歴史的な位置づけを加味し、近年のジェンダー研究やクィア論の助けも借りながら整理したうえで、冷戦文化のインターセクショナリティを理解する道筋の一つとして分析する。そのため本章では「表象」を、「あらゆる形式で表現され、流通したイメージ」と広く定義し、メディア史料にあらわれたこの時期の女子レスラー像の雑多性に注目する。

女子レスラーとお笑い芸人

まずはノンフィクションの形式で、定番でありながら言説枠組み的には問題もある女子レスラー表象を紹介する。月刊誌『明星』一九五五年三月号の「漫才探訪　お喋りアベック珍道中」という記事では、人気漫才コンビの宮田洋容（一九一五～一九八三。羊容の表記もある）と不二幸枝（一九三二～。幸江、布地由起江表記も）が、「女子プロレス道場一日入門」と題して全日本女子レスリング倶楽部のパン猪狩、リリー猪狩とローズ勝見（田山勝美）を訪問している。当時の『明星』の記事は芸能人たちの誌上バラエティ・ショーとでもいうべきつくりのグラビアがしばしば見られ、映画や歌の宣伝を兼ねて芸能人に誌上で何かやらせるような企画記事が多いが、この記事では人気お笑いコンビが道場を訪ねた様子が次のとおり不二の語りで構成されている。

〔出かける前の宮田は女子レスラーを侮っていたが〕まず指導者のパン猪狩さん〔この方はレッキとした男性〕にごあいさつしているとき、いきなり「ヤッ」という黄色い掛けごえと共に、庭から一人の女性が縁側へ飛び上ってきたってワケよ。／トタンに洋容クン、さッと青くなっちゃった。面白いったらありゃしない。ホントは私もちょっとキモをツブしたんですけど。／〔略〕さて、いよいよ道場に案内されます。本当の試合のときは、彼女たち、水着一枚のサッソーとした姿だそうです。もっとも胸とモモにはピッチリ、ゴム輪が入っていて、どんなに乱暴な試合になっても、オッパイがとび出すようなアラレもない姿にならぬよう、チャンとシカケがあるんですって…。アラ、残念だなんて…ダメよ、そんなお下品な男性は。／今日は練習ですし、水着姿の逞しい肉体を見せられては、それだけで洋容クン、のびてしまうかも知れないので、彼女らはトレーニング・パンツで稽古をつけてくれます〔略〕洋容さん、私の顔を覚えていろとばかりニラんで、どんとリリーさんにとびかかっていったのは全くイジラしいみたいなものでした　でもイケませんまるで柳にとびつく蛙よりミジメな姿です。私のコンビながら、応援もクソもないんですもの。／それでも二、三回もみ合っているうちに、担ぎあげられたのは…ムザンや、わが洋容クンです。見事きまったリリーさん投げようか投げまいかと思案中のようです。洋容クン手を合わせてリリーさんの目許で何か言ってます。／「投げないで下さい」だって。／次はローズさん相手に、胴締めにあわされました。出発前の高言はどこへやら、女の子に締められるのは、コリゴリといった顔で、苦しそうに冷や汗を流す図は見られたものでありません。／とうとう、しまいにフラフラになって、カンベンしてくれって言い出した洋容クンに、リリーさんが言いました。／「でもコワレなくってよかったですね」／あとで感想をきいたら、「レスリングはやるもんじゃなくてみるもんだよ」だなんて。／ザマアゴランアソバセ。[8]

この記事では、のちにお笑い番組で定番化した「女子レスラーに負かされる男性芸人」という、その場だけジェンダー役割が逆転したイメージがコントよろしく表現されているが、それが女性である不二の目線から実況風に語られているのが斬新だ。「面白いったらありゃしない」「ダメよ、そんなお下品な男性は」「ザマアゴランアソバセ」など、女子レスラーを前にした男性芸人のふがいなさを面白がったり、男性読者の「下品さ」を過剰な女言葉でたしなめたりと、若い男女の読者にも楽しめる構成になっている。訪問者はまず「レッキとした男性」のパンに挨拶することで真っ当な「一日入門」を始めようとするが、早くもリリーが「ヤッ」と乱入して特異な女性ぶりを発揮し、宮田だけでなく不二も驚かせる。そんな破天荒なイメージのリリーは順当に宮田を担ぎあげるが、そのあとには「でもコワレなくってよかったですね」と敬語で真面目にコメントし、それまでの怪力ぶりとのギャップからくるおかしさを強調しているようだ。前章で紹介した、同時期に『内外タイムス』で述べられていたストリップ劇場での女子レスラー像とは違い、ここでは語り手が女性であることと、一〇代の男女を読者として想定しているアイドル雑誌だったこともあってか、女子レスラーをストリッパーに近いものとは描かず、「女性」と呼び「さん」づけで表記するなど、敬意も感じられる。また、水着にゴム輪を使って「チラ見え」防止策としているという言及も、女子プロレスの「エロ扱い」を極力排除するかのようだ。

ただしこの記事が喚起している笑いは、「強い女性」と「弱い男性」が、どちらも日本社会にしみついた家父長制をベースにしたジェンダー規範から露骨に逸脱しているからこそ起こるものであり、両者を反面教師として、「笑われないこと」「逸脱しないこと」「男女ともに「正しい」性役割を生きること」の価値を笑いとともに共有し確認し合うような効果もある。メディア史研究者の阪本博志は、一九五〇年代の大人気雑誌『平凡』とその模倣誌である『明星』などの大衆雑誌の主要読者層は一〇代や二〇代前半の働く若者であり、内容にも「対抗文化的なメッセージは乏しい」と指摘している。[9]『明星』の若い働く読者を代弁する「逸脱していない」側の語り手として登場する不二は、あたかもジェンダー規範の共有を円滑におこなうための橋渡し役を演じているかのようだ。道化であることは一部の選ばれた演者にだけ許され、その他の大多数である読者は既存の規範に疑問をもたず、橋渡し役の指示に従って笑う無名の観客の側にいることを強いられる。あるいは、読者はリリーと宮田を笑うことでみずからの無意識の多数派特権をさらに強固に内面化し自明化するという、よく考えると恐ろしい構図ともいえる。とはいえ不二の饒舌さとは対照的なリリーとローズの寡黙さと真面目さは、『明星』の若い女性読者には自分の代わりに男性を負かしてくれる存在、さらには痩身プレッシャーからの解放の象徴などとして受容された可能性もある。

森繁久彌と女子レスラー

一九五五年、人気絶頂だった俳優の森繁久彌（一九一三〜二〇〇九）主演の新東宝映画『森繁のデマカセ紳士』（監督：渡辺邦男）に、小畑千代など東京女子プロレスリング協会のレスラーが出演している。映画の東京での封切りは同年九月六日の火曜日。当時は映画の初公開は必ずしも金曜日ではなかったようで、この日から四日後の土日、一〇・一一日には、前章で言及した、国際スタジアムでの第一回全日本女子プロレスリング選手権大会があった。森繁はおなじ一九五五年九月一三日公開の東宝映画『夫婦善哉』（監督：豊田四郎）でブルーリボン主演男優賞を受賞、翌年の「長者番付」の映画俳優部門では三位につき、[10]俳優としても芸能人としても大注目されていた。『デマカセ紳士』は広告【画像55・56】にもあるとおり、「女プロレスと激闘《つかみあい》！」「女プロレスと大乱闘《つかみあい》！」を見せ場の一つにした喜劇だ。[11]唯一セリフもありクレジットもされているレスラーの「ダイナマイト・ローズ」役を演じたのは鍛治田文子とあるが、[12]東京女子所属かどうかなどの詳細は不明。『デマカセ紳士』は、一九五〇年代に限れば、また前章で触れた興行のドキュメンタリー作品をのぞけば、管見の範囲では唯一女子プロレスラーがかなり長尺で出演した大手映画会社配給による作品だ。しかも二〇一〇年にＤＶＤが発売されたため内容の検証も可能であり、次からの本作の分析はそのＤＶＤによる。ちなみに小畑に取材して書かれた前出の秋山訓子『女子プロレスラー小畑千代』では『デマカセ紳士』について、「東京女子プロレスのメンバーで映画に出たこともある。新東宝の映画でタイトルは不明だが、コメディアンの坊屋三郎と一緒に撮った記念写真が残っている[13]」と言及されているだけだが、これは後述するように小畑が端役だったからだと思われる。

『デマカセ紳士』での女子レスラーは、森繁扮するペテン師堀川をリング上でやっつけるが、その前にコメディの一部として堀川によるいささか失礼な「イジり」を受けている。映画が始まってすぐ、堀川は銀座の通りで浪江（江畑絢子・一九三八〜）に財布をスラれるがその場で意気投合し、素人の彼女をなぜか女子プロレス道場に売り込みにいく。場面

【画像55】『讀賣新聞（夕刊）』1955年9月4日（4頁）

【画像56】『毎日新聞（夕刊）』1955年9月5日（4頁）

は変わり、道場で東京女子のレスラーたちが各自トレーニングをしている。リング上には小畑千代のほか、妹の小畑紀代と佐倉輝美らしき小柄なレスラーも立っているが終始目立たない。

リングに上がった森繁はそこにいたレスラー、ローズに話しかける。

堀川　「（まずローズの上腕を触りながら）全部本物ですねこれ。あ……こんちは」
ローズ　「こんちは」
堀川　「はー、体のわりに可愛い声ですな。あのぅご飯は一日何杯ぐらいですか？」
ローズ　「三杯よ」
堀川　「あ、たった三杯ですか？」
（背後から小沢路子扮する「セカンド」の声）「どんぶりでよ」
堀川　「（セカンドに向いて）え、あ、どんぶりでですか」
セカンド　「一日六回」

堀川　「三杯を六回ですか、じゃあサブロク一八杯ってわけですねえ。（ローズを指して）あの人もやっぱりあの、レスリングの志願者ですか？」
セカンド「とんでもない。あんた知らないの？」
（このあたりからふたりの会話はアドリブ風になり、聞き取れない部分も多い）
堀川　「知らない」
セカンド「あの人はね、えーダイナマイトローズってね、あのー、えっとー、日本のレスリング界の第一人者」
堀川　「あそうですか。コラどうも失礼いたしました。（ローズに向いてお辞儀する）そうですか。（セカンドの頬に触りながら）あなた可愛い顔してますね。あなたは何？」
セカンド「あたしですか。あたしはセカンドよ」
堀川　「あ、ここは女野球もやってんですか」
セカンド「レスリングのセカンド」
堀川　「あ、支配人の二号かなんかですか」
セカンド「セーカンドだよ！」
堀川　「あ、そうか失礼しました。あんたもなんかやるんですかコレ（両腕を振って闘うふり）」
セカンド「ま、ちょっとはね」
堀川　「僕もね、外国にちょっと行った時にね（注・一部聞き取り不能）心得があってね」

この場面での終始アドリブっぽいやりとりもあいまって、ローズもセカンドも役を演じているのではなく、共演した女性へのセクハラで有名だった現実の森繁に腕や顔を触られたり茶化されたりしているように見える。そもそも映画のタイトルも『森繁のデマカセ紳士』であるため、森繁と彼が演じたペテン師堀川との区別は曖昧だ。このような森繁イコール堀川によるセクハラ的イジりは、当時の観客にとっては笑うポイントだったのだろうが、二〇二四年現在の筆者から見ると正直言ってかなり不快だ。

このやりとりに続いて堀川が、「じゃあちょっとやってみますか」と、まずは小柄なセカンドとレスリングを始める。アップテンポの音楽がかかり、堀川はすぐにコーナーポスト付近に立っていたほかのレスラーの方に振り投げられ、チョップを打たれ、またよろけた先には別のレスラーがいて投げられる、という具合にリング上で複数のレスラーのあいだをたらい回しにされ、散々な目にあう。堀川もやられっぱなしではなく、途中でトーホールドや首投げで反撃を真剣に試みており、もちろん受け身もできている。森繁はかなり練習したようだ。しかも彼のリアクションがいちいち過剰で、コメディを演じることには縁がなかったであろう東京女子のレスラーたちの無言の攻撃を受けつつ、リングを瞬時に笑いの空間に変えてしまうような体の動きと表情の変化は圧巻だ。やはり森繁は一流の喜劇俳優でもあったことがよくわかる。

映画の中盤でローズと東京女子のレスラーたちが再登場するが、このときのローズは若干悪役色を出しており、道場の会長一味の手先のような役割を負っている。会長らは堀川に一〇万円を騙し取られた腹いせに、人質同然だった浪江に東京女子のコスチュームである黒い水着を着せ、リングに放り込む。浪江はローズから連続してボディスラムを受けるが、かろうじて受け身を取るだけでまったく反撃できない。リングは東京女子のレスラーと見物人たちに囲まれている。浪江はローズに捕まったり投げられるたびに、「ごめんなさい」を連発、最後には、「ぎゃー助けてー」と、背を向けて逃げようとするところをまたつかまれて投げられる。見ている会長たちは、「原爆やれ、原爆!」〈原爆投げのこと〉とヤジを飛ばす。浪江は技をかけられることで堀川の代わりに罰を受けているため、会長たちは浪江が逃げ回り投げられる様子を見て喜んでいるのだ。そこに堀川が浪江を助けにやってきてリングに上がろうとするが、それを会長は、「スポーツじゃねえかよう」と静止する。浪江がいたぶられているのを前にしての「スポーツ」という言い訳にはまったく説得力がない。

堀川はいたたまれず、「あんなおめえ、弱々しい者をよう……」と抗議するが、会長は、「〈浪江は〉男を殴り殺すほどの腕前のはずだろう? それともヒゲの生えた聖徳太子〈堀川が巻き上げた一〇万円のこと〉返してもらおうか」と挽回を試みる。リング上の浪江はついにのびてしまい、横たわっている。堀川は静止を振り切って浪江に駆け寄り、それを追ってリングに上がった会長に向かってローズが、「会長、この子は無理ですよ」と伝える。レスラーが発する、唯一のセリフらしいセリフだ。会長は、「そんなことは始めっからわかってるからな。あっち行け」と、ローズに対しても口のきき方は荒い。ここでの女子レスラーの役割はヤクザ映画でいえば組長を守る寡黙な若い衆のようなもので、揃いの水着で小畑を含むレスラー六名ほどが集まっているのはそれだけで凄みがある。

このあとリング上の堀川は浪江を引き取るため一〇万円の入った封筒を会長に返そうと自分のポケットを探るが、紛失していることに気づく。堀川は、自分が道場に来る直前に会っていた会長の愛人の田鶴子が盗んだ、と騒ぎ、そこで一同は堀川と浪江を残して田鶴子を捕まえに走り去る。リング上にのびて横たわっていた浪江はうわごとを言いながら堀川を招き寄せ、胸の谷間から一〇万円の束を出す。先ほど堀川が駆け寄った一瞬の隙に浪江がくすねていたのだった。重要なドンデン返しのシーンではあるものの、ここでも森繁扮する堀川があまりに自然に当時一七歳の江畑扮する浪江の水着の胸のなかに手を入れて札束を確認するのが、当時の観客には笑えたのだろうが、やはり現在の筆者からすれば気色悪い。

『デマカセ紳士』では女子レスラーの表象も興味深いが、より目立つ存在なのは会長を始めとする、女子プロレス団体を仕切るヤクザまがいの男性たちだ。会長役はベテランの江川宇礼雄（一九〇二〜一九七〇）、その手下が阿部九洲男（一九一〇〜一九六五）に坊屋三郎（一九一〇〜二〇〇二）と、個性豊かな喜劇俳優たちが演じており、堀川とおなじようなペテン師で欲が深いわりには堀川にも浪江にも何度も騙されるというダメさ加減をコミカルに誇張している。一九五五年から林立し始めた実際の女子プロレス団体のなかにはヤクザや愚連隊の有力者が会長を務めていた場合もあったことは前章で述べたが、『デマカセ紳士』の会長たちは、人身売買まがいの取引で堀川から浪江をレスラーとして譲り受け、堀川はその報酬として一〇万円を受け取るも、その後堀川によるペテンに気づいた会長たちは彼を追いまわす。だが最後にはさらに堀川に騙され、浪江も取り返されてしまう。

第一章で述べたように、一九五〇年ごろの新聞・雑誌は、女子プロレス団体を仕切っていたのはレスラーの兄たちであると紹介していたが、五五年には、おそらくまずストリップ劇場で人気を博したということもあってか、胡散くさい中年男性が若い女性を使って新奇な興行で金儲けをしている、というようなステレオタイプに変わっていた。たとえば、『明星』一九五五年二月号に掲載された横山泰三（一九一七〜二〇〇七）のギャグマンガ『テンチャン』に登場する「女プロレス会社」側の男性も、盛況だった興行後に怖い顔で「利益独占」する者として描かれている[14]【画像56】。余談だが、このマンガでは女子レスラーが会社側の「利益独占」に対して賃金値上げのためのハンストを決行、「円満解決」するも激痩せした体でリングに上がるハメになるというオチで、同時代に多かった労働争議と女子プロレスを題材にしたからこそ着想できた秀逸な内容だ。

【画像56】『明星』1955年2月号（147頁）

　さらに、文芸誌『作家』の一九五五年一一月号のコラムでは、女子プロレスを観た匿名の筆者が、女子レスラーは「すべてがせい一杯の感じで、好ましいものであった」と肯定的に評価するが、興行主については次のとおり批判的だ。

みているうちに筆者はふとかなしい気持ちになった。というのは彼女たちの演技そのものとは別に、彼女たちを「演技させている」興業《ママ》主のことをふいに考えたからである。／彼女たちはモロモロの世間の批判をよそに、明るく、たのしく、のびのびと、レスリングをたのしんでいる。（ように見えた――また、ムツカシイことを考えない世代のムスメさんばかりのようである）けれど、その彼女たちをオドらせている人たちのほうはそうでないのだ。明らかに彼女たちを「見世物」として、大いにモウけようとする商魂の発露に他ならない。／「オンナ」を売りものにしたアクラツなサクシュは、そこに気がつくと、何としてもかなしいのである。[15]

この筆者は興行主を直接知っていたわけではないようだが、「見世物」を単なる金儲け主義として否定的に解釈し、自身のパターナリズム全開で未熟な女子レスラーが「アクラツ」な「サクシュ」の対象となっていると想像し憐れんでみせる。「ムツカシイことを考えない世代のムスメさんばかり」なる表現も丁寧なようでいてかなりバカにしており、やたらと片仮名を使うのは筆者自身の権威主義をインペイするような効果を意図したのだろうか。女子レスラーの側に立っていると見せかけて興行主を悪者扱いしているが、レスラーや興行主の主体性・多様性に考えが及んでおらず、全体的に偏見に満ちた印象を受ける。

同様に、『デマカセ紳士』に登場した会長たちも偏見と侮蔑に満ちた描かれ方をしている。彼らはどう見ても「アクラツ」ではあるが、ペテン師堀川とスリの浪江に負けっぱなしであるため「サクシュ」は結局成功しない。むしろ、威勢がいいようでいて中途半端な悪者ぶりが嘲笑されるという役回りだ。当時実際に女子プロレス団体を運営していた男性たちは、当然ながらレスラー同様多様なバックグラウンドがあり、それぞれに個性のある興行を展開していたはずで、おそらくその多様性のためにコミッショナーがまとめ切れなかったのも衰退の一因だったのだろうと推察される。だが映画のなかの会長たちは単に胡散くさいうえに無能な中年男性の集まりとして消費されてしまう。人気上昇中だったとはいえ、女子プロレスラーと運営主体の地位の低さやイメージの悪さが反映された表象だったといえる。

最後に、映画のなかの東京女子所属レスラーたちの「寡黙」という表象について考えてみたい。前述の登場場面では、まず道場で各自トレーニングをしている様子が映し出され、次に堀川がリング上でローズに話しかける。このとき小畑を含む六名ほどのほかのレスラーはリング内外でエキストラのように散らばっており、堀川が手合わせを始めると数名が交互に技をかけはするものの、終始言葉を発しない。中盤でローズが浪江を何度も投げるシーンでは、ほかのレスラーたちは周りで黙って見ているだけだ。すなわち、ローズ以外のレスラーはそこにいるだけで何も演じていないため、観客にとっては揶揄の対象なのか「強くて怖い大女」なのか、どう解釈してよいのか伝わってこないのだ。

レスラーたちが何も演じていないことについて考えられる理由はおそらく単純なものだっただろう。当時は女子レスラーの存在自体が新奇で、集団で画面に登場するだけでも絵になったからとも考えられ、あるいは演技経験のないレスラーたちがセリフのある役を演じるには無理があったのかもしれない。だがそのせいでこの寡黙なレスラーたちは、ほかのセリフのある登場人物たちとおなじ映像空間にいるにもかかわらず、隔たりがあるように見えてしまう。もっと言えば、画面のなかの物言わぬ彼女たちは、イジられ役や弱い女性を痛めつける役をレスラーに押しつけてくる物語の世界を拒絶し、道場で稽古する「本物」の女子レスラーとして現実の世界に生きているように映ってしまうのだ。タイトルロールにも「東京女子プロレスリング協会」とあるだけで、各自のリングネームも役名もないため、個人ではなく東京女子所属のレスラーの一団として出演していることだけが強調され、逆説的にその匿名の表象が、演じられた役ではなく現実のレスラーとしてよりリアルな存在感を示しているといえる。

文学研究者のマイケル・ボーダッシュ著『さよならアメリカ、さよならニッポン』(二〇一二)によれば、笠置シヅ子は『ジャングル・ブギー』の「肉体的な愛」を強調したオリジナルの歌詞内容がトーンダウンされるまで歌おうとせず、また台本に風紀上好ましくないセリフがあれば自分から異を唱える、と自身で「わざわざ強調」した。[16] ボーダッシュは続ける。

笠置が自らに科した沈黙に隠された意味を、ここで特定するつもりはない。それはおそらく、複雑なファクターがいくつか合わさった結果だった。けれども少なくとも解放のひとつのモデルは、沈黙を守る権利、自分のために書かれたセリフをあえて口にしない権利だということは言えるだろう。ふたたび、この種の解放については簡単に問題を指摘することができる――沈黙はその受動性ゆえに、口にすることを拒んだ流れに加担するかたちになってしまいかねないのだ。にもかかわらず、しゃべったりうたったりすることを拒む権利、ノーと言う、あるいは何も言わない権利はここで、込み入ったパズルの一環をなしているように思える。(17)

もちろん『デマカセ紳士』のなかの女子レスラーたちは、「何も言わない権利」を主体的に行使していたわけではない。逆に演出家に言われるままにカメラの前でトレーニングをし、ローズが浪江をいたぶるそばで指示どおりの位置にただ立った可能性のほうが高い。だが、白っぽい道場と白っぽいリングを背景に、黒の揃いの水着に均整がとれた体型のレスラーたちが沈黙して姿勢良く立って画面に収まるだけで、その存在感は十分に観客に伝わる。そしてその姿ゆえに、映画のなかの女子プロレスとその道場の会長たちを貶めて成り立つペテンの物語に参加せず、寡黙に真面目に稽古し、素人である浪江のリング上での動きを見守るようなレスラー像が観客に印象づけられはしないだろうか。観客のなかには、前出の森繁が技をかけられまくるシーンのみならず、スクリーンに見え隠れする女子レスラーの独特のたたずまいにも誘発され、改めて実際に女子プロレス選手権大会を会場やテレビ中継で観た者もいたかもしれない。いずれにせよ、大会場での初めての選手権試合のわずか四日前に『デマカセ紳士』が公開されたことは女子プロレスにそれだけ注目が集まっていたということでもあり、本作はさらにその人気を高めることに少なからず貢献したのだろう。

舞台『お軽と勘平』の女子レスラー

女子レスラーはミュージカルの舞台にもあらわれた。第一章で、一九五一年の帝国劇場で越路吹雪主演の舞台『マダム貞奴』で女子プロレス・ショウが登場したことを紹介したが、五五年一一月には越路と榎本健一（一九〇四～一九七〇）主演の東京宝塚劇場でのミュージカルス『お軽と勘平』に猪狩定子、法城寺宏衣、パン猪狩が出演した。この舞台は『マダム貞奴』同様に秦豊吉が手がけたもので、タイトルのとおり『忠臣蔵』の名物カップルを題材にした長編のミュージカルコメディ。出演者はほかに、久慈あさみ（一九二二～一九九六）、有島一郎（一九一六～一九八七）、トニー谷（一九一七～一九八七）、大泉滉（一九二五～一九九八）、ジム財津（のちの財津一郎、一九三四～二〇二三）など、そうそうたるメンバーだ。

主要新聞に掲載された同作の劇評はおしなべて芳しくなかったが、各紙ともに女子プロレスに言及しているのが興味深い。『朝日新聞』は、「せっかく面白いアイデアを取り入れながら、今日の社会風刺や時事的なギャグが乏しいのは物足りないし、あの手この手の趣向の中に女子プロレスリングやヌードを登場させたのは、作者秦豊吉の余計なお道楽である」[18]と書いた。『讀賣新聞』も、「いかんせん三部二四場の長編を最後まで引張るための奇策が雑然ともりこまれ全部を相殺している。こんなに膨大なものにせず、スッキリしたミュージカルスに仕上げるべきだった」と評し、「女子プロレス、フレンチカンカン、ヌードなどのサービス品をつけているが、このサービス品は不潔で、不必要」[19]だったそうだ。『毎日新聞』は、「吉良邸大茶会にカンカン踊りや女子プロが登場、どん底の歌や、カルメンまで現れるといえば、大体察しがつくだろう。この和洋折衷のごった煮は見た目にはきれいだが味が悪い[20]」と言い切る。主要三紙ともに、「余計なお道楽」「不潔で、不必要」「きれいだが味が悪い」と、かなり批判的な書きようだ。

同作のパンフレットによれば、女子レスラー二人は第一部三場の吉良邸大茶会での余興に登場し、パンがレフェリー役[21]。有島や谷など準主役たちが掲載される頁に三人の写真が載っているため、やはり女子レスラーは見どころの一つとして目立たせたかったのだろう。定子の名前の下には、「全日本女子レスリングチャンピオン　オールジャパンライト級タッグマッチチャンピオン」、法城寺には「全日本ライト級ランキング第一位[22]」と、九月の選手権試合の結果をもとにした肩書きもしっかり書かれており、新聞での評価はともあれ存在感は群を抜いていたようだ。【画像58】では向かって左の法城寺が優しい笑顔でパンの首をおさえ、右から定子が今にも襲いかかりそうな怖い笑顔でパンのアゴを撫でており、そのせいでパンは遠くを

【画像58】東宝歌舞伎十一月公演『お軽と勘平』パンフレット、1955年

【画像59】『二等兵』シリーズ主演の二人と倶楽部のレスラーは雑誌でも共演した。『平凡』1956年12月号（54-55頁）

見て薄ら笑いで震え上がっているという、かつてのパン・スポーツショウで定子がレフェリーのパンを殴って退場するネタを思わせるイメージになっている。これも独創的なパンによる演出だったのだろうが、「チャンピオン」「ランキング第一位」の肩書きとのギャップが際立つお笑い路線だったと思われる。『デマカセ紳士』の東京女子とは違い、ボードビリアンだったパンが率いた倶楽部のレスラーにとって、このようなお笑い的パフォーマンスは慣れたものだったはずだ。

『プロレス』一九五六年一月号には、定子たちが『お軽と勘平』に出演した様子が写真とともに好意的に描写されている。

東宝舞台に女子プロ進出／東宝本拠の日比谷東宝劇場に帰って満都の人気をさらっている榎本健一、越路吹雪久慈あさみ出演『お軽《マ》勘平《マ》』に一役買った女子プロレス選手が舞台一杯に暴れ回って名うての芸達者をびっくりさせた。／プロレスの至芸を見せている女子レスラーは全日本女子タッグ・マッチ選手権保持者の猪《マ》飼貞《マ》子田山勝美の両嬢で、投げる、打つ、蹴るの荒ワザは満員の観客を喜ばせ、役者も口アングリのご見物…。／（写真上と中左は多勢の人気役者が両嬢の活躍に見とれている『お軽勘平』の華やかな舞台[23]）

パンフレットには法城寺の名前と写真があったが、実際は田山が代わって出演していたようだ。掲載された写真からは、リングのない舞台上で相撲の行司のような服装のパンが見守るなか水着姿で闘う二人の様子がうかがえる。本人役として技を披露し、まさに「余興」として登場したようだ。プロレス専門誌ということもあり当然ながら否定的なことは書かず、華やかな舞台上で他の出演者たちも「見とれる」ほどの「至芸」だったと伝えている。ただし、「満員の観客を喜ばせ」たとはいえ、前述した新聞各紙の劇評を考えると、観客側の反応はあまり芳しくなかった可能性もある。いずれにせよ、先の森繁の主演映画に続き、最大二六〇〇名収容可能な東京宝塚劇場で[24]一ヶ月間スター俳優たちとおなじ舞台にレスラーとして出演できるようになったことに鑑みれば、この時期の女子プロレスは一般的な大衆娯楽として迎えられつつあったといえる。ちなみにこのあとも女子プロレスラーは複数の映画や舞台に脇役・端役で登場したようで、確認できる範囲でも、一九五六年七月公開の『続二等兵物語　南方孤島の巻』（監督：福田晴一[25]）と同年八月公開の『恋すれど恋すれど物語』（監督：斉藤寅次郎[26]）、一九五七年五月の日劇ミュージックホールでの公演『そよ風さんお耳を掻いて頂戴』（演出：岡田恵吉[27]）が挙げられる。

マゾヒストが観た女子プロレス

女子プロレスを観てインスピレーションを得たのは、芸能界の人びとだけではなかった。当時「マゾヒスト」を自称した作家・鬼山絢策《きやまけんさく》は、男性レフェリーが女子レスラーに投げられる場面に価値を見出し、また女子レスラーをサディストのポテンシャルがある者として期待していた。この時期の女子プロレスをレフェリーのパフォーマンスも含めたショウとして言及するのは碧眼だが、その独自の性的快楽へのこだわりのためか、期待どおりではない日本の女子レスラーの現状に対する不満も吐露し、しまいには理想のケアをしてくれるサディスト的女性像の押しつけの様相を呈してくる。

鬼山の論考「女子プロレスリング雑感」は、性風俗雑誌『奇譚クラブ』の一九五五年一一月号に掲載された。[28] 性文化史研究者・河原梓水の『SMの思想史』(二〇二四)による『奇譚クラブ』の説明は次のとおり。

> サディズム、マゾヒズム、フェティシズム、同性愛や異性装など、当時精神疾患として病理化され、さらには潜在犯罪者として強くスティグマ化されていたセクシュアリティの持ち主を読者・執筆者とする月刊誌であった。一九四七年に大阪で創刊され、幾度かの休刊をはさみながらも七五年まで刊行された。[29]

『奇譚クラブ』はこのジャンルでは珍しく長く刊行が続いた読者投稿誌であり、「マニア」と自称したサディストやマゾヒストの寄稿が特に多かったようだ。一九五三年から『奇譚クラブ』に寄稿した飯田豊一（一九三〇～二〇一三）はその特徴として、「『奇譚クラブ』からは他のカストリ雑誌などと異なり、孤独な変態性愛者たちの味方だというメッセージが伝わってきた」と懐古している。[30] いくら戦後日本で基本的人権の尊重が憲法で保証されたとはいえ、マイノリティに分類される性的快楽を追求した者たちは、日常的な差別や偏見を恐れ自身の関心を隠しながら孤立していたことは想像に難くない。とりわけSMマニアとなると、暴力と合意のあいだの線引きをともなう分野であるうえにジェンダー化が顕著な領域であるため、周囲からの偏見や無理解、また自身の逡巡などのせいで沈黙を選ぶ人びとも多かっただろう。当然ながら自身の性関心が他者への差別感情を土台にしていた場合もあっただろうが、いずれにせよ一般的に可視化されづらく偏見をもたれやすいジャンルだったことは事実だ。一九五二年からは「性を扱う大衆雑誌」への弾圧も厳しくなり、[31] 寄稿者も読者も閉塞感を共有していたと思われる。『奇譚クラブ』はそんな人びとの「味方」として、快楽を得たり新しい愉悦を知る機会になったり、読者欄を通じて趣味の合う他者とつながる契機を提供したのだろう。ちなみに鬼山は『奇譚クラブ』にシリーズ物の「Mレポート」「M派交友録」など、マゾヒストが楽しんで読めそうな記事を一九七〇年代までほぼ毎月寄稿し、また複数の類似媒体で多くの文章を残しており、詳細は不明だが息の長いマゾヒスト作家だったようだ。

『奇譚クラブ』の特徴である読者への親しみは「女子プロレスリング雑感」にも見受けられる。鬼山によれば、「女子プロレスの人気の根元は、珍しいこと〻、荒々しい女の子の動きと、サヂズム及びマゾヒズムの妙味と、勝負の特質である「さきがわからない興味』に繋がれているようだ」とのこと。[32]「珍しいこと」「荒々しいこと」までは目新しくはないが、次に来るのがいきなり「サヂズム及びマゾヒズムの妙味」と、独特の飛躍が当たり前のようにサラリと書かれている。この雑誌の読者なら共感するだろう、という信頼感がよく伝わる書きぶりだ。

「女子プロレスリング雑感」では、当時台頭してきた女子レスラーをいち早く「マゾヒストを痛めつけてくれる女性」と期待した様子がうかがえる。ただしそれはレスラー同士の試合内容とはあまり関係がなく、あくまで男性レフェリーを「見事に」投げることができた場合だったようだ。おもに全日本女子プロレスリング協会の試合を観ていたらしい鬼山だが、レスラーの技術に関してはあまり満足していないようで、むしろレフェリーのショーマンシップを次のとおり高く評価している。

演技としては選手よりもレフェリーの方が遥かに巧い。レフェリーには選手を育てた木島幸一や外人がやっていたが、この二人の投げられっ振りは実に見事である。／試合がエキサイトしたごとく見せかけて、選手の中に割って入るレフェリーを投げ飛ばすのであるが、ちょっと手が触れただけで実に景気よく、綺麗に、大ゲサにヒックリ返って見せるのである。[33]

レスラー同士のやりとりではなく、「ちょっと手が触れただけで」男性レフェリーが「景気よく、綺麗に、大ゲサにヒックリ返って見せる」、そんな展開にマゾヒスト鬼山は興奮し、楽しんでいたようだ。第二章で紹介した、一九五四年の「世界女子プロレスリング大試合」を伝えたニュース動画のなかで、バークが白人男性レフェリーをリング外に投げ飛ばす場面がある。彼の動きは確かに素早いうえに豪快だ。鬼山の言うように日本の女子プロレスでのレフェリーの「投げられっ振り」が「実に見事であった」とすれば、それはバークたちの試合に登場したレフェリーからの影響だったかもしれない。前章で述べたとおり木島は自身の柔拳の経験から、レフェリーでも観客を楽しませるようなパフォーマンスに長けており、それが鬼山にも注目されたのだろう。ちなみに二〇二四年七月、定子にインタビューしたところ、「木島さん」はパンを慕っており、「レスラーにケガをさせないように」と言うパンからの提言を真摯に守って「ほんとに真面目な仕事をしていた」と記憶していた。[34]

さらに試合において鬼山が特に評価した「マゾヒストの眼から見て傑作と思える場面」は次の二つで、いずれも木島が関わるものだった。

タッグマッチで、選手がクリンチしたのを解いたのが不服で、リングの外に休んでいた選手が、木島レフェリーの背中をドンと突いた。突きとばされてリングの中央へよろ〳〵と出て行った木島レフェリーの頭が、仁王立ちに脚をひらいて立っていた選手の股の間へ首を突込んでしまった。それが不服を唱えた側の選手だったので、得たとばかりヘッドシーザーで責めつけて、レフェリーをグロッキーにしてしまった場面があった。／これは前からも時々試みられたが、恰度うまく脚の間へ頭が行かず、失敗していたアクションだった。[35]

描写が克明ゆえに多くを付言する必要はないが、リング上のレスラーと場外の選手の連携でレフェリーをうまく巻き込み、高度な見せ方が成功した例だったといえる。

ちなみに男性の頭を女性の股のあいだに挟む行為（のちの「顔面騎乗」）については、鬼山が『風俗草紙』一九五四年一月号に寄稿した「醒まされたマゾ」で、「私」がマゾヒズムに目覚めたきっかけとして、彼が一度性的関係をもった嗜虐的な女性に酒場で頭をつかまれ、彼女の太もものあいだに挟まれたことを描写している。そのとき「私」は、「母の乳房の間に顔を埋めて乳を飲んだ幼な頃を思い出した」と感激しているため、[36]鬼山自身が好んだ体勢だったか、あるいは少なくとも当時のマゾヒストに好まれがちだった体勢だった可能性もある。その体験をリング上で木島が代わりに理想的なかたちで再現してくれたように見えたのだろうか。試合を公正に裁くはずのレフェリーがレスラーを怒らせて倒されるという、ルールからの逸脱を劇的に見せる趣向が一九五五年にはさらに洗練されて、リングの内外のレスラー同士による連携プレーというかたちで木島を痛めつけたのが鬼山を魅了したのだろう。以前失敗した場面も観ていた鬼山からすれば、連携の見せ方がうまくいったことでより一層の達成感が得られたのもうなずける。

次に鬼山が挙げたのは、またもや木島レフェリーが関わる見せ場だ。

【画像60】「佐々木小次郎」の名でもとおっていた佐々木一枝。『リングサイド』1956年10月号（35頁）

佐々木一枝という選手も、演出の上手な女でレフェリーを投げ飛ばす意気も一番ピッタリ合うが、彼女が木島レフェリーを首投げで、派手にリンク《ママ》の中央へ投げとばし、続いてとびかゝってきた相手の女を腰投げでとばすとこれがレフェリーの上へドタンと折り重って倒れた。恰度女の子のお尻がレフェリーの顔の上にドシンと落ちて重ね餅になったところを、佐々木一枝が、二人の上に馬のりに跨がって布団むしの要領で上からグイ〱と押し潰す場面があった。これなどは最初から企劃されたものでなく、偶然そうなったものゝようであった。[37]

こちらは練習の成果ではなく偶然の賜物とのことだが、ここでは木島もさることながら佐々木の技のかけ方が鬼山の趣味に合っていたようだ。佐々木が、相手レスラーを「重ね餅」よろしくレフェリー木島の上に投げ、さらに馬乗りになって屈辱的な「布団蒸し」のように行儀悪く痛めつけるさまは、サディスト的な役割を佐々木が鮮やかにこなし、木島は鬼山にとって理想の痛めつけられ方をしている「アブニスト」ということになるのだろう。「布団むし」

（「布団蒸し」とも表記される）とは、当時使われた表現では、被害者に布団を巻いた上からおこなう、リンチなどで頻繁にみられた暴力行為のこと。[38]しかも、それが芝居がかった演技のように計画的になされるのではなく、リアルに「偶然そうなった」ように見えたのだから、なおさら「傑作」と呼ぶにふさわしいものになったのだろう。

鬼山は最後に日本の女子プロレスの将来性について書いているが、この部分では上から目線のアドバイスに終始している。まず、「このまゝではすぐ飽きられてしまう」と断言し、その対策として、当時おなじく流行していた女剣劇を例に挙げて次のように説明する。

〔女剣劇は〕あられもないエロが売りものゝ如く思われているが、それ専門では長続きしないので、やはりその他面の正常な芸の力がものを言うのは明らかなことで、女子プロレスももっと技を勉強して、多彩なスピーディーな技の研究を努力する必要があると思う。／さきにあげた人気の根源となっている条件のうち、（1）物珍しいと言う点と、（2）特異な荒々しさと、（3）異常なエロチシズムと、（4）アクシデントによる興味と、（5）レスリングそのものゝ技術の五項目があげられるが、このうち（1）、（2）の項は永続性がない。持続できる興味の条件は（3）と（5）のみしかないが、（3）の条件が果してどの程度まで観客を把握することができるかは、今後の演出の如何にもよるが我々本誌読者にとっては興味ある課題である。[39]

「アブニスト」も「正常な芸の力」を肯定的に評価するというのが興味深いが、ここで期待されている女子レスラーの「異常なエロチシズム」は、男性レフェリーも巻き込んだうえでのサディズムとマゾヒズムをスピーディな技によって披露し、しかも鬼山を含めた『奇譚クラブ』読者が納得のいくような洗練された見せ方、すなわち、「異常」なエロチシズムを「正常」な技術力で提供してほしい、ということだろう。その将来性は、すでにレベルの高い(と鬼山が判断する)「投げられっ振り」が示せる木島よりも、今後より多くの練習と技術の向上が必要な女子レスラーにかかっている、ということになる。

先に挙げた、レフェリーの木島が痛めつけられる演出の例では、鬼山は見ていて美しく、いわば見事に「キマる」場合の試合運びを高く評価している。となれば、マゾヒスト鬼山が満足するには、女子レスラーの能力や技術も高水準のものでなければならない。男性レフェリーを痛めつけるタイミングも含めた技術力の高い女子レスラーを理想とした背景には、冷戦期の自由主義陣営でもてはやされた、自発的に競争に参加する有能な女性像があったとも思われる。さらに、女子レスラー同士の試合よりも男性レフェリーを巻き込んだ乱闘に価値を感じるという、独自の視点からの女子プロレス観にも注目したい。これは、おそらく異性愛者男性でマゾヒストであったと思われる鬼山が、自身のこだわり満載の快楽を手助けしてくれる、言い換えれば理想的な母のように有能で、かつ献身的なケアをしてくれる、形容矛盾的ではあるが「従順なサディスト女性」を希求していた証左なのではないだろうか。だとすれば、鬼山が価値を見出した「アブノーマル」な性的理想は、日本社会の家父長制を支えたジェンダー規範と親和性の高い、きわめて「ノーマル」な異性愛男性の快楽だったともいえるはずだ。

「胸がすーっとする」・女子レスラー対太陽族

女子レスラーのメディア露出が増えていくにつれて、レスラーに対する想像力もお色気、お笑い、「家父長制的なアブノーマル」以上の進歩的なものが女性の書き手によって表現されるようになった。ここでは、医学研究のかたわら俳優としても活躍していた河上敬子（一九三一〜）が一九五六年に著しベストセラーになったエッセイ集『女だけの部屋』のなかの「女レスラー」と題された短い章を取り上げる。東京女子医科大学出身の河上は、一九五三年に医師国家試験に合格し、五六年の時点では慶應義塾大学医学部病理学教室で研究職にあった。同時に一九五四年に日活に入社、五五年の『乳房よ永遠なれ』（監督：田中絹代）や翌年の『太陽の季節』（監督：古川卓巳）に出演し、さらに新聞の医療相談や「ラジオ・ドクター」も担当している。[40] 当時メディアに頻繁に登場した産婦人科医のドクトル・チエコ（一九二四〜二〇一〇）の、演技もできる若手版といった立ち位置だっただろうか。

『平凡』一九五六年一二月号によれば、「スーパーレディ」河上が『女だけの部屋』で「映画界の内部事情を赤裸々に」綴った内容は相当話題になったようで、同書は、おなじ年に元新派俳優の森赫子（一九一四〜一九八六）が出版した暴露本『女優』と並び、「書きますわよ」という流行語の語源となったという。[41]『女だけの部屋』は、一九五七年一月には浅草・常盤座で同名のミュージカルスが上演され河上本人も医師の役で出演したというから、[42] 原作者も巻き込んだメディア・ミックス作品でもあった。暴露本的に受容された『女だけの部屋』だが、河上が複数の助監督から受けたセクハラへの不満、自身が理想とする男女平等社会、さらには太陽族への嫌悪感も書かれており[43]、その流れで「女レスラー」の章では次のように女子レスラーへの希望的見解が表明されたと推察する。

河上はまず昨今の男子プロレス人気について触れ、次に女子プロレスの台頭について言及している。

〔女子プロレスは〕始めのうちは技が未熟で海水着一枚で若い肉体をぶつけ合う姿は姫御前のあられもないの形容が一番ぴったりで好奇心につられて来る客が多かったそうだが今ではクラブも沢山出来ほんとに真剣なトレーニングをつずけているそうである〔原文ママ〕。試合の要領も上手になり、佐々木小次郎などというつばめ返しを見せる美人レスラーがあらわれて女子プロレスの人気も高まって来た。彼女たちのほとんどが合宿生活できびしい訓練をうけているのだそうだが、リングをはなれれば、やっぱり平凡な年相応の乙女にかえってしまう。全日本選手権大会も行われ年々歳々隆盛の一途をたどっているが、女子プロレスの場合は見せるための意識がいくらか過剰のような気もする。髪の毛をつかんだり、馬乗りになって相手の足に嚙み付いたりする男子プロレスに見られない場面も少なくない[44]。

【画像61】『平凡』1956年12月号（267頁）

おそらく河上は、前章で触れたような女子プロレス報道に接していたようだ。「リングをはなれれば、やっぱり平凡な年相応の乙女」などというくだりは、一部の新聞や週刊誌が強調していた女子レスラー像の典型だ。「佐々木小次郎」という「美人レスラー」とは、前節で紹介した鬼山も評価していた、全日本の佐々木一枝のことだ。前年九月から始まった選手権大会にも触れ、「見せるための意識がいくらか過剰」と自身の感想も述べており、会場かテレビで観たことがあったかのような書きぶりだ。

ここから河上の想像力は飛躍する。

女レスラーを女房にしたら大変だぜという男性もいらっしゃる。なるほど一杯きげんでかえって来た途端に夫の衿首つかんでハンマー投げなどやられてはいたずらに恐妻患者をふやすだけの事である。ところが夏の海岸などで暴力を振っている太陽族などにおそわれてもプロレスラーだったら手もなく相手をやっつける事位は朝飯前で思っただけでも胸がすーっとする訳だ。弱き者汝の名は女なりなどという言葉はこうなると通用しなくなり今まで横暴ぶりを示していた男性にとってはまことに物騒な時代になったものだ。まことに頼もしい限りである。[45]

河上が、女子レスラーを男性からの性暴力や抑圧に抵抗しうる存在として肯定的に評価し、期待していたことがよくわかる。

河上自身も一作出演した経験のある「太陽族映画」は、一九五六年から約二年のあいだに複数作られた人気のジャンルで、プロットや結末にバリエーションはあるものの、ほぼいつも富裕層の若い男性がおなじ富裕層の若い女性に身体的暴力や性暴力を振るったり、そうでなければ暴行して妊娠させた女性を自殺に追い込んだり、たまにみずからも無謀なことをして死んだりという、エリート家庭の若い男性の鬱憤を、若い女性への暴力と刹那的な行為の言い訳として描くのが特徴だ。逗子や葉山の海岸沿いにある別荘で豪勢なパーティをしたり高級な外車やクルーザーを乗り回したりと、ブームの火付け役となった小説『太陽の季節』（一九五五）の作者・石原慎太郎（一九三二〜二〇二二）の実生活を思わせる、特権階級の若者の放蕩三昧をファッショナブルに描いて大流行した。

太陽族に対してはおなじ若者からの批判も続出していた。一九五六年五月一五日付『朝日新聞』の「声」欄では東京の学生・栗林茂樹が、「太陽族と呼ばれる有閑階級の不良青少年どもが大手をふって横行していることに対して、世間は無関心などころか多分に迎合的であること」に不満を述べている。具体的には、石原だけでなく彼を、「出版界や映画館が金儲け主義のためにかつぎ上げている様子、また世の大衆がそれを何の思慮もなく受けて入れてしまうこと、果てはそれを世情なりと書き立てるジャーナリズム」まで、「猛省をお願いしたい[46]」というものだ。石原ぎらいが高じて彼をもてはやす大衆やジャーナリズムまでが憎くなったようだ。二日後にはさらに別の男子学生からの共感が掲載されている。彼にとって「ニガニガしい」のは、「何のとりえもない未熟な文学をかつぎ回る出版社のタイコもち的な態度」で、「そろそろ、これらのタイコもち連中も金儲けのための出版社や映画業者のおみこしかつぎをやめて、自らの名に恥じない、厳密な批評を下すときが来てもよいのではないか[47]」と苦言を呈している。筆者から見ればこの学生の幇間という職業への無知からくる偏見もかなり「ニガニガしい」がそれはさておき、これらの投書は若者の気持ちを忠実に再現したというよりは、『朝日新聞』がアンチ太陽族的な意見を読者と共有し、それを拡散する意図があったのだろう。二つめの投稿が掲載されたのはちょうど映画『太陽の季節』公開日だったため[48]、さらなる太陽族人気の拡大を憂慮したとも考えられる。いずれにせよ、二人の投稿者はともに批判の矛先を石原作品の退廃的露悪趣味とそれをもてはやす業界や大衆など全体の傾向に向けており、太陽族をあつかった小説や映画作品内で頻繁に描写されている「不良青少年ども」による女性に対する暴力についての具体的な批判ではない。

これに対して河上は、自身が映画に出演してもいたことから、おそらく石原のような実際の太陽族を直接知っており、若い女性が彼らの被害にあっていたことに憤慨していたのだろう。偶然だが小説『太陽の季節』の現実味については、前出のマゾヒスト作家鬼山も『奇譚クラブ』一九五六年八月号に「『太陽の季節』を斬る」という論考で批判的に述べている。曰く、『太陽の季節』のような「背徳小説」は作品内の悪徳行為を現実と区別できるよう「空想的」に描くべきであり、「だからそれ等の材料の中で、いかに悪徳が行われ、讃美されたとしても、読者をして実在感と分離させるならば、社会的に害毒は流さないと思う。／然るにあれ（『太陽の季節』）はあまりにも生々しくリアリスティックに書いている。読者をして現実と分離することは（殊に十代二十代の青少年の読者には）不可能である。それだけに非常に危険な作品だと思う[49]」とのこと。

鬼山は、小説のなかの「背徳」に現実味があり過ぎるがために若い読者への影響を危惧している。

「女子プロレス雑感」ではレスラーやレフェリーが「演じる」乱闘の妙技に注目していた鬼山ならではの「リアル」に対する警戒心ではあるが、同時に若い読者の判断力や感性を信用しない、パターナリスティックな価値観ともいえる。さらに社会学者の市川孝一によれば、当時の太陽族への一般の認識は、単なる石原慎太郎的な「有閑階級の不良青少年ども」に限定されたものではなく、より広い意味で、「ヤクザ—愚連隊—太陽族というヒエラルキーに位置付けられる「犯罪集団あるいは犯罪予備軍」とみなされていた」[50]というから、河上が述べた「夏の海岸などで暴力を振っている太陽族」も階級を問わず若い不良男性全般を指していたとも考えられる。いずれにせよ、この時代の若い女性にとって、男性からの性暴力や性加害はあまりにも身近だっただろうし、また女性や子どもへの性暴力が現在よりもさらに軽視される傾向にあった当時の日本社会では、被害者が泣き寝入りすることも常態化していたはずだ。この時期、アメリカ大使館に勤務していたとされるジャニー喜多川(一九三一～二〇一九)による日本の男児への性加害もすでに始まっていたという証言も、喜多川の死後数年を経てやっと明るみになった。[51]そんななか河上は、強い女子レスラー像に希望を見出し、暴力的な太陽族だけではなく「今まで横暴ぶりを示していた男性」までをもやっつけてくれることを、「思っただけで胸がすーっとする訳だ」と表現したのだろう。

当時の有名人の女性が女子レスラーについてここまで肯定的な想像力をもって表現しているのは、筆者が調査した限りではほかに例がない。とはいえ、女子レスラーが体現する強さを男性による暴力へのカウンターとして「まことに頼もしい」、そして男性にとっては「まことに物騒な時代になった」とする文脈は、前章で取り上げた宮内寒彌の、試合会場で女子レスラーの強さを観た男性は「女性を侮れないはずだ」という期待を綴った記事と重複する点もある。さらにこれも前章で紹介したとおり、プロレス専門誌は、倶楽部所属のレスラー香取由美が電車内で実際に痴漢を取り押さえたというエピソードを掲載していた。女子レスラーが男性の暴力や横暴に打ち勝つ「正義感のある強い女性」として想像され期待されたということは、当時多くの若い女性たちが耐えさせられ、泣き寝入りさせられていた性暴力や性差別がそれほどまでに深刻だったことの残念な証左でもある。

同時に、女子レスラーへの期待を表明するかたちで女性への性暴力に対する批判を明言できたのは、医師というエリート階級に属しながら芸能活動にも文筆活動にも長けた「スーパーレディ」河上だったからこそだということは強調しておきたい。『女だけの部屋』には、スターになることを夢みた大部屋の若い女性たちが、仕方なく、もしくはほぼ自発的に性的搾取に巻き込まれた挙句に使い捨てられ消えていったケースも複数記録されており、当時の芸能界ではすでにグルーミングが常態化していたことはあきらかだ。河上が「書きますわよ」と軽やかに行使した批判や告発の特権は、野心と圧力のはざまで自身の肉体しか賭けるものがなかった多くの若いプロレタリアート女性たちには、あまりに縁遠いものだったに違いない。もちろん、だからこそ『女だけの部屋』を上辞した背景には、河上なりのノブレス・オブリージュ的な責任感があったことも想像に難くない。

同時代の女性著名人が女子レスラーに注目した例では、赤線地帯の女性を多く撮影したことで知られる写真家・常盤とよ子（一九二八〜二〇一九）のフォトエッセイ『危険な毒花』（一九五七）が挙げられる。

ここでの常盤は撮影者という、河上のような演者よりさらに権力性を内面化しやすい立場にあったからか、レスラーへの階級的な差別意識がより露骨ににじむ一文を書いている。常盤は自身が一九五五年の夏に女子プロレスの稽古場に撮影に行ったときのことを述懐し、「どの娘も新しい職業的スポーツマンシップに燃えていて、明るい感じが溢れている」と肯定的な印象を表現する。ところがそこでレスラーに、「あんた、観にこない?」と誘われて翌日横浜のキャバレーでのショウを観にいくと、印象が次のように一変する。(52)

既に顔馴染みの彼女たちが、うえになり、下になって、奇怪な曲線を描いてもつれ合っている。それはもはやスポーツとしてのプロレスではなく、ストリップ・ショウのヴァリエイション――文字どおりのアトラクション以外の何ものでもなかった。けれども、息をはずませ、汗を流して、試合らしきものに熱中している彼女たちが、それを意識しているとは思えない。ふと、わたしはそういう彼女たちが憐れな存在のように思えた。しかし、意識していないことが、却って彼女たちにとっては幸せかもしれない、いや、幸せなのだ、と私は思いなおした。(53)

レスラーが見せているものが、「ストリップ・ショウのヴァリエイション」だからあたかもスポーツより劣っているかのように決めつけ、さらにレスラーは「憐れ」だが意識していないのが「幸せなのだ」と、これまた勝手に判断している。だが、常盤が稽古場で感じた「職業的スポーツマンシップ」があったからこそ、レスラーたちはそれぞれの会場の観客に合わせたショウができていたはずだ。常盤本人こそ、自身の写真家としての特権的な立場を「意識していない」からこそ、偏見と思い込みに満ちた無知で「幸せ」な物言いができているのだ。また、「既に顔馴染み」になっていたほどのレスラーの名前も団体名も一度もあきらかにしていないことから、常盤は個々のレスラーについてはそもそも無関心だったのではと訝ってしまう。常盤はさらに続ける。

わたしのきるシャッターには、女子プロレスがストリップ・ショウ的な見世物であっては駄目なのだ、という、その現実を鋭くえぐりたい思いがこめられていた。／できあがった作品を見て、客観的に、そのわたしの思いが、具象化しているのを感じ、わたしはひそかに失敗でなかったことを嬉しく思った。[54]

そもそもなぜ「見世物であっては駄目」なのか不明だが、見世物に対する偏見に満ちた嫌悪感を使命感に置き換え、その結果撮影した写真には、自身が信じる「現実」が「客観的」に具象化している、と自賛している。他者に対する傲慢な態度をここまであからさまに示しているにもかかわらず、当時の読者にとって女性写真家は珍しかったというだけで称賛する価値があったのだろうか。

常盤は『新婦人』一九五六年八月号に掲載された記事でも差別意識を悪気なく開陳している。曰く、「女性の特権を利用した写真術」として、常盤の地元である横浜の「マドロスの中で黒んぼの大きな身体をした男などに興味を感じると、高い甲板へ手を挙げてカメラを見せ、写したいという様なジェスチャアをすると、そのクロちゃんが即座に甲板から降りてきて、猛獣使いにあったライオンよろしく私の云うことを右向き左向き協力してくれます[55]」と言う。また自身が撮影にかよった赤線地帯の女性に関しては、最初は警戒されたものの徐々に親しくなると、「とても単純で、人なつこい。〔略〕彼女達は自分の職業に麻痺していて、はたの人が騒ぐ程深刻に考えている人は少ないようです[56]」と、おそらくは自身とおなじような中流以上の『新婦人』読者に向けて、人種や階級にまつわる率直な思い込みを面白おかしく炸裂させている。黒人男性を「クロちゃん」と呼び「猛獣使いにあったライオン」と喩えてしまうのは時代と常盤の知性の限界だろうが、常盤の前で娼婦たちが「深刻に考えて」いないように見えたのは、常盤の傲慢な態度のせいで打ち解けて話せないと感じた可能性ゆえかもしれない。もちろん、当時の女子レスラーのなかにはユニバーサル所属の豊田善美のように、キャバレーに出演するのを拒んで団体をやめてしまった者もいた[57]。だがそれは、常盤のような無知な部外者が勝手にレスラーを憐れんだうえに、あろうことかその境遇に無自覚な方が幸せだと勝手に決めつけてよいことにはまったくならない。

常盤が属したフォトジャーナリズム業界のように男性が主流の世界で、女性である自身を差異化して認められるには、取材に協力してくれた他者を貶め、自身の立場を特別なものとして売り込むことしかできなかったのだろうか。とはいえ、当時すでに報道写真家としてよく知られ、一九五五年には「女流写真集団」を率いて展示もおこなっていた笹本恒子（一九一四〜二〇二二）の発言などは[58]、殊更に差別的だったわけではないようだ。ならば常盤は自身の選択として、自分より恵まれない（と自身がみなした）

女性たちを、独自の特権的な視点から撮った、ということになろう。常盤の思いが「具象化」したという写真【画像62】のとおり、各レスラーの顔は不明瞭なものがほとんどだ。しかも、一番目立つ右上の写真は、白人女性のように見えるレスラーに日本のレスラーがヘッドロックをかけられている。詳細は不明だが、あえてこの写真をこの位置・この大きさに選んだということは、日本の女子プロレスの未熟さを強調したかったのだろうか。頁下部のキャバレーでの試合の様子は、いずれも躍動感はなく、試合の単調さが強調されているように見える。

キャプションにはさらなる階級的勘違いというか、勝手に他者を憐れんで悦に入るような表現が含まれている。「ここにも『働く女性』の果敢な姿がある。プロ・レス・ブームの波にのっての女性の進出であるが、やはりどことなくスポーツとは異質なサーカスの女を思わせる暗いものをわたしは感じた[59]」とある。常盤が働く女性にどんな期待をしていたかは不明だが、写真を掲載しておきながらその被写体を勝手に「暗い」と決めつけるとは、レスラーにもサーカスで働く女性にも失礼極まりないことは確かだ。そもそも『危険な毒花』というタイトルも、ヌード撮影会、娼婦、

【画像62】常盤とよ子『危険な毒花』1957年（160-161頁）

海女など肉感的な女性の写真を多く掲載しているとはいえ過剰にセンセーショナルで、シスヘテロ男性の覗き見趣味を満足させるような意図でつけられたのかもしれない。

ちなみに同書は同時代人の評価も芳しくなかった。『朝日新聞』の書評欄は、「写真としてすぐれたものは一、二枚あるかなしだ」[60]と言い、写真家・土門拳（一九〇九～一九九〇）も、「自分が彼女たちと同じ立場だったらという人間同士の悲しみを分け合う連帯意識が全くない。あの作品には夢がない、詩がない、芸術がない」[61]と的確に酷評している。とりわけ「詩がない」とは言い得て妙で、確かに常盤が女子レスラーを被写体にした写真には、カメラに目を向けている人物は一人もおらず、血のかよった人間同士の対話も、そこから生まれる逡巡や当惑をすくいとることも拒絶するかのような距離を感じる。

ただし、おそらく偶然だが、常盤はこの時期の女子プロレスのあり方がよくわかる貴重な一場面を写真に残してもいる。『危険な毒花』には未収録で、その刊行以前の一九五五年に撮影された、「野毛山プールの女子プロレス」と題された作品【画像63】が横浜都市発展記念館のホームページに掲載されている。[62] おそらく常盤も意図していなかっただろうが、その写真には、夥しい数の観客が女子レスラーの熱い闘いぶりを見つめる様子が臨場感あふれる構図でとらえられている。男子も女子も、国内外のものも含めた、一般的なプロレスの試合報道写真としても、かなり高品質の作品だ。

この作品は『危険な毒花』には収録されていないため、常盤自身にはそこまで思い入れはなかった可能性もある。例によってどの団体のどのレスラーによる試合なのか、詳細が記されていないのがたいへん残念だが、撮影者の意図を超えて、真剣に闘う二人のレスラー、それを別のコーナーから見つめるカ

【画像63】常盤とよ子「野毛山プールの女子プロレス」、1955年［栗林阿裕子氏寄贈、横浜都市発展記念館所蔵］

メラマンと関係者らしき男性たち、その背後を上方まで占める無数の観客という、被写体すべての一体感を絶妙なバランスで伝えている素晴らしい写真だ。プールにリングを設営し、すり鉢状の会場構造のおかげで、客席の一番上端に陣取っている者たちを含む、観客すべてが固唾を呑んでリング上の二人を凝視しているように見える。この場に居合わせた老若男女は女子プロレスにどのような印象をもっただろうか、大勢の観客を前にしてレスラーたちはどのような気持ちで試合を展開したのだろうか、別の角度から撮った写真や動画は残っていないだろうか、などなど、この一枚から喚起される新たな問いは尽きない。『危険な毒花』で常盤が書き残した女子レスラーへの偏見に満ちた思いは確かに問題だが、第一次ブーム時のインパクトを伝える貴重な作品を一点だけでも残したことは賞賛に値する。この写真におさめられたレスラーや団体について、詳細をさらに調査していきたい。

河上と常盤という、特権的な立場にあった女性がまなざした女子プロレスラー像には、境遇の違う他者への敬意のあり方に大きな違いがある。河上は、おそらく観客または視聴者として観戦して批評したうえで「太陽族をやっつけてくれる」存在として女子レスラーを想像したが、常盤の場合は直接女子レスラーと知己は得ているものの、キャバレー、ストリップ、見世物などを嫌悪したままでの独善的な価値判断にもとづいたレスラー像を形成している。もっといえば、常盤は女性写真家としてあたかも被写体の女性たちと意思疎通ができていたかのように装いながら、自己主張のために女子レスラーを含むさまざまな女性たちを撮影し、差別的な文言とともに写真を発表した。自身の「感動ポルノ」ならぬ「シスターフッドポルノ」ともいうべき傲慢さには無自覚だ。とはいえ、河上と常盤のケースからは、冷戦文化の一部として西側諸国で喧伝された女性の解放と、それに付随してもてはやされた若い女性の執筆・創作活動は、階級や社会的地位に大きく左右されるかたちで経験されていたということがよくわかる。

強くて頼れる「美人プロレスラー」

この時期は大衆小説家も女子レスラーを主要な登場人物として描き、鮮やかに痴漢や卑劣漢を撃退させ、前述の河上が想像した女子レスラー像を具現化してみせている。『読切倶楽部』一九五六年一一月号に掲載された大谷竹雄による短編「台風記者」は、東京から東海地方のS市の支局に左遷された正義感の強い新聞記者・一色太助が土地の有力者の悪事をあばくアクション小説だ。冒頭頁の欄外には「美人プロレスラーと、正義一徹の「一心太助記者」が敢然いどむ青春の冒険！」とある。作者の大谷竹雄の詳細は不明だが、日本共産党の活動家で一九七〇年代には講談師にもなった大谷竹山（一九一一〜一九九七）の本名が「大谷竹雄」であることから、同一人物の可能性もある。[63] 詳細は不明だが、一九五〇年代中盤には大谷竹雄名義の短編時代小説が『小説倶楽部』『読切倶楽部』『講談倶楽部』に複数掲載されていることが確認できるため、大谷は少なくともまったく無名の作家だったわけではないようだ。

「台風記者」冒頭で太助は、東京からS市に移動する列車内で「誰の目にも堅気には見えない」男が隣席の若い女性にちょっかいを出しているところに遭遇する。男はまず彼女の手を触るが、それが払いのけられると今度はもちこんだウィスキーを勧め、女性が丁重に断っているにもかかわらずなおも瓶を押しつける。見かねた太助が通路越しに、「君、失礼じゃないか」と声をかける。[64] だが男は太助の青二才ぶり（実は柔道四段）を見ていい気になり、なんと女性の胸の方にまで手を伸ばす。これに対して太助がさらに声をかける。

「おい、君！」／太助が一ト声、立ち上がろうとした時、それより早く、娘の平手がピシャッと男の頬を叩いた。／「何しやがる！」男は立ち上がりざま、娘の洋服の襟を摑んで、グイッと自分の方へ引っ張った。こうなっては、太助記者の我慢の限界点だ。男へ飛びかかろうとしたのだが、その一瞬、意外な場面が展開した。娘の肉体が躍ったと見る間に、猛烈な唐手チョップが男の猪首めがけて、ピストンの如く正確に打ちこまれた。そのたびに女の筋肉の盛り上がった真白い腕が人々の目の前で眩しいほどに躍動した。見物人総立ちの中で、男が簡単に伸びてしまったことは云うまでもない。／この時になって、太助記者は初めて思い出した。実は何処かで見たような顔だとは思っていたのだが。／「そうだ、あなたは女子プロレスの北上さんでしたね」／「はい、そうです。」／明るい、ハッキリとした答だった。娘は美人プロレスラーとして評判の北上千代であった。(65)

筋肉のついた腕で男の首に何度もチョップを放つ千代の抵抗は、前述した河上が見たら「胸がすーっとする」と言いそうな鮮やかなものとして描かれている。しかも千代は強くて「美人」で態度も「明るくハッキリ」していただけでなく、その後は控えめな女言葉の敬語で話す女性として描かれ、一般的な男性が想像した女子レスラー像のいいところばかりを寄せ集めて一つにしたような存在だ。当然ながら語り手や他の登場人物からのからかいや憐れみの対象にもなっていない。

その後、痴漢は場面から退場し、列車内で千代と太助は親しくなる。千代によれば、所属するクラブと喧嘩したため「都落ち」してS市の女子プロレス団体にコーチとして赴くところだという。列車がS市に着いたところで二人は一旦別れる。新しい職場で記者の仕事を再開した太助は、S市の地元有力者・瀬良の資金源を不審に思い一人で探りを入れにいくが、帰り道で瀬良の子分の男たちに襲われた次の瞬間からがこう描かれる。

「ぶわーッ！」／と、獣のような叫び声を上げて、右手の男が仰向けに倒れた。太助も残った男もハッとしてその方を見た。夜目にも鮮やかなワンピースの娘が、月光の下で、太助を見て微笑していた。北上千代だった。／太助が千代に言葉をかける暇もなく、残った一人の手で、ヂャック・ナイフが弾き出された。男は、突然の妨害者を先に片付ける気なのか、／「このアマ！」／と叫びざま、狂った猪のように、ナイフを突き立て、千代めがけて一直線に突っ込んで行った。と、気合いとともに脚が大地を蹴って千代の体が宙に浮いた。／華やかなワンピースの裾が捲れて白い脚が月の光で太腿の辺りまで見えたと思った瞬間、足蹴にされた男が、ワーッと悲鳴を上げて仰向けにすっ飛んだ。「大丈夫、私の靴、ラバーソールだし、お手柔らかにやったから…」／伸びてしまった男をチラリと見てから、千代は落ち着き払って、太助に云った。[66]

この場面で急に再登場した千代は、複数のチンピラに絡まれた太助を救い、最後に襲ってきた男にはドロップキックを決め、またもや倒してしまった。「裾が捲れて白い脚が月の光で太腿の辺りまで見えた」というあたりはエロ目当ての読者へのサービスのような言い回しだが、千代は痴漢を撃退するだけではなく、英雄的な男性主人公の窮地をも救う女性だ。しかも、相手のチンピラは丸腰の千代に向かってナイフを使おうとする絵に描いたような卑劣漢なのだから、千代の反撃は正当だ。本作品は、特に文学的に特筆すべき表現や複雑なストーリー展開はないが、男性作家が描いた女子レスラー像が、強くて美しく、しかも正義の人という、女性に憧れられ、男性には敬意をもたれるようなかたちで描き出されているのが興味深い。

ただし千代の行く末はハッピーエンドとはいえない。太助は赴任直後、瀬良の資金源を探る過程で知り合ったキャバレーの女給の美枝子が瀬良に手篭めにされかけるのを単身助け出しにいく。そこで太助に明かされるのは、太助の先任記者で、おなじく瀬良の資金源に探りを入れたために瀬良の手下から重傷を負わされ再起不能になり東京に戻った藤田記者の妹、という美枝子の正体だ。彼女は兄の負傷の真相を探るため女給になりすまして瀬良が経営するキャバレーに潜入していた。美枝子を救った太助は瀬良の悪事を記事に書き、これにより瀬良一味は法の裁きを受けることになる。太助は功績が認められ本社に呼び戻され、美枝子こと藤田美子とともに将来を約束した恋人同士として東京に戻っていく。

千代も自分の雇い主が瀬良とつながっていたことで職を辞し、おなじ列車の別の車両で東京に帰るが、千代が太助に抱いていた恋愛感情は伝えられずに終わる。太助が最後に当然のように選ぶのは、兄の「不名誉と屈辱を晴らすために」[67]健気にも女給に化けて行動したものの腕力はおよばない女性・美子だ。美子も自分の意志で行動する女性であるところは冷戦期西側民主主義の価値観を体現しているが、その行動は兄に対する忠誠という、すぐれて家父長制的な規範に動機づけられている。千代は自分で痴漢を撃退し、男性主人公の窮地をも救う英雄的な女性ではあるが、その強さと自立した社会的立場ゆえ男性中心的異性愛のヒエラルキーでは不利になる。主人公に尽くしはしても、結果として主人公からは選ばれない、哀しきモンスター的な役割を与えられている。この小説で女子レスラーが登場するのは、単純な筋書きのアクション小説に「W＋M時代」の流行を添えるような意図があったためだろうが、当時の男性からみた理想の日本女性像——適度に自立してはいるものの、家族思いで腕力は弱く、男性から守られることを当然の喜びとする女性——を図らずも顕在化させたといえる。

同性愛者の女子レスラー

前章でも触れたように、女子プロレスブームは一九五六年中盤から下火になった。それから二年以上経った一九五九年、京極美岐による短編小説「烈しい女」には主要登場人物として同性愛者の女子レスラーが登場した。[68] 初出は雑誌『裏窓』一九五九年二月号だが、内容は単行本『雌花のいたずら』（一九五九）所収のものでしか確認できていない。ちなみに『裏窓』は一九五六年創刊の性風俗雑誌で、当初は一九五五年に起きた性風俗雑誌弾圧に懲りて抑制的なタイトルの読み物やさほど刺激的でないイメージを掲載していたが、五九年一月号から、「次第にサディズム、マゾヒズム、フェティシズムに特化する雰囲気を見せるようになる」[69]とのことで、「烈しい女」は雑誌が転換点にあったころの掲載だったようだ。『雌花のいたずら』に収録された短編小説の初出はすべて『裏窓』であり、すべて女性同士の恋愛や性愛を扱っている。『雌花のいたずら』の広告には、「女にしか理解できない女の美と奇妙な女同志の同性愛に身も心もとろけてしまった女の行きつく果を心にくいまでマザマザと書き現わした異色篇」[70]とあるため、『雌花のいたずら』は、真偽はともかく女性作家による女性の同性愛を描いた作品群という触れ込みで流通したと思われる。宣伝の文言からは異性愛男性読者が「奇妙な女同志の同性愛」を覗き見する願望を満たせるような「異色」の官能小説集として売り出したことがうかがえるが、「烈しい女」は他の作品とは違い性行為の描写もなく、若いレスラーと画家の出会いと別れを描いた、純愛小説のような内容だ。

物語の舞台は都心部で、主人公の弓子が一人在廊する油画展にサンダルばきの「二十二、三のずんぐりした女」が入ってくるところから始まる。弓子の年齢は「十七、八」で、この個展のために髪を短くしてパンツスタイルで「画家らしい姿をしてみた」にもかかわらず、「いかにも箱入娘然とした可憐な容貌」のため、画家ではなく「会場の番人くらいにしか思われない」ことに不満をもっている。[71]現代の美術界におけるジェンダー不平等にも通じるような苛立ちだ。これに対して「ずんぐりした女」は、服装も都会的でなく、「誰が見ても絵に関心を持っているとは考えられない」風貌だ。そこに学生風の不良青年が三人冷やかしに入ってきて、そのうちの一人は弓子が描いたヌード作品を茶化し、絵の胸のあたりに手を触れようとする。弓子が怒り心頭に達して文句を言おうとしたところ、「ずんぐりした女」が不良たちに向かって、「出て行きなよ、この絵を描いた人がどんな気持ちになると思うんだい」と諭す。だが去り際に、不良青年のうちの一人が弓子の絵に唾を吐いた。「「待ちなよ」／女の声と、サンダルが脱ぎ捨てられたのと同時だった。女の体は唾を吐いた男へどしんと打ちあたり男はよろめいてぐたりとその場に倒れた」。そこからつぎつぎに男たちを倒した女は、「人の絵に唾を掛けるなんてお前らそれでも人の子かい！」と言い、弓子の前で男たちに謝らせてから追い払う。女は、ショックで口がきけずにいる弓子に、「あんな奴ばかりじゃないよ。まじめに見ている人だってたくさんいるんだからね」

「しっかりやってね。次の展覧会にもきっと来るよ」と励ます。

後日、弓子は浅草のお好み焼き屋でその女が若い男といるのを偶然見かけ、助けてもらった礼を言おうとするが、女は面倒がって先に出ていってしまう。連れの男から女の居場所を聞き出すと、彼は浅草のストリップ劇場S座の入場券を渡すのだった。S座を訪れた弓子は、女はそこに出演しているプロレスラー宮崎さかえだと知る。楽屋にさかえを訪ねると、「こんなことをしているのは知られたくない」と追い返されるが、すでに弓子はさかえの「烈しさの魅力に吸われて」いるのだった。

次に弓子がさかえに偶然再開するのは新宿の喫茶店だ。だがその店にはこれまた偶然に、弓子の絵に唾をかけた不良青年の一団がたむろしており、彼らは店内でさかえを見つけると、ともに外に出て前回の復讐のための喧嘩を仕掛けた。当然ながら、今回もさかえが全員をぶちのめす。見ていた弓子が駆け寄ると、さかえは弓子の腕を「ぐいとつかんで」歩き出した。歩きながらさかえは、弓子が自分の妹に似ており、その妹は、さかえがプロレスをしているせいで自殺したのだと告白する。ここから結末までを引用する。

急にさかえは立止った。「〔妹は〕やっぱり油絵描いてたのよ。あんたにそっくりなのよ。」／そしてまた歩き出した。が二歩といかないうちに、弓子はいきなりさかえに抱かれた。／「あんた、好き！」／弓子はかっと頭に血が上って夢中でさかえにしがみついた。／と、今度はさかえがもがくように身を振って弓子を振り放し、つきとばして、「あたし、変態なんだよ！」泣き声が混っていた。／さかえはそのまま弓子に背を向けて、どんどん走りだして、暗やみの中に消えてしまった。弓子は、放りだされたままで呆然と立ち尽くしていた。／「もうすぐあたし泣くわ」／うっすらと弓子はそう感じた。[72]

二一世紀の読者である筆者にはなかなか意味不明な終わり方ではある。それはさておき、本作は女性同士の恋愛の展開が物語の主軸で、さかえが弓子を不良青年たちから救うことで弓子がさかえに惹かれる、という流れを成り立たせるためにさかえがレスラーであることは必要な要素だったようだ。とはいえ本作で特徴的なのは、女子プロレスの社会的地位の低さが如実に現れた表現が随所にみられることだ。弓子がさかえに会いにストリップ劇場の楽屋に来た場面で、さかえは、「あんたのくる所じゃないんだよ、ここは」「あんたには特に知られたくなかったんだよ」と言う。続けて地の文も、「確かにストリップ劇場でレスリングを見せていることは、人に云える商売でない。誰だって知られたくないに決まっている」[73]とたたみかけるように強調しているように、かなりの蔑みようだ。妹の自殺の理由が、姉のさかえがレスラーだと知ったから、というのも実際にありえたかどうか疑わしい。だがこの作品が『裏窓』に掲載されたのが一九五九年二月号で、女子プロレス最初の全盛期が終わって三年近く経っていたため、作者の京極だけでなく社会全体が、女子プロレスは人気がなくなった場末のもの、だからレスラーであることは人に知られたくないもの、と理解するようになっていたのだろう。余談だがこの「人に知られたくない」という感覚は第一次女子プロレスブームのころに実際にレスラーだった多くの女性たちも内面化していた可能性があり、おそらくそれが影響してか、猪狩定子、小畑千代、佐倉輝美、吉葉礼子、柳みゆき以外のレスラーのその後の消息はほぼまったくわからないのが現状だ。一九五五、五六年ごろにレスラーだった経験のある女性かそのご家族に、本書をきっかけにご縁ができることを期待したい。

話を戻そう。「烈しい女」における さかえの描かれ方は、女子プロレスラーへのスティグマもさることながら、同時に同性愛女性への嫌悪・無理解・差別・偏見が強かったことも改めて考えさせる。クィア論研究者のジュディス・ハルバースタムは、『*Feminine Masculinity*（女性的マスキュリニティ）』（一九九八）において、男性的な女性が異性愛者である場合は一般的に許容されるが、男性的な女性がレズビアンである場合は脅威とみなされると指摘する。[74]「脅威」の具体的な理由の一つとして、社会学者・杉浦郁子が示したように、女性同性愛者は性愛において「男性の能動性という支配から自由」だから、[75]ということが挙げられる。たとえば、先に紹介した「台風記者」で描かれたレスラーの千代は、卑劣漢を倒したり男とのケンカにも勝てる点ではさかえと重複するが、主人公太助にひそかに恋していたとも描かれていることから、単なる「おてんば」であり、男っぽい異性愛女性として一般に許容され、最後に主人公に結婚相手として選ばれない点で同情すら煽る。現実の女子レスラーたちも、メディアで紹介される場合はほぼいつも、「リングを離れればおしとやかな若い女性」というイメージが強調され、インタビューでは好きなタイプの男性や理想の結婚相手を挙げることで異性愛者であることが自明のものとされていた。東京女子や、のちの全女や近年のセンダイガールズプロレスリングのレスラーに課されている有名な「三禁」（飲酒、喫煙、男性との交際の禁止）[76]も、女子レスラーがどれだけ男性的でも異性愛者であるという前提があればこそ機能した規制だろう。定子によれば、当時他団体所属のレズビアンのレスラー同士で交際していたケースもあったが、当人たちも女子プロレス関係者も公言することはなかったそうだ。[77] 同様にさかえも、ブームが去って社会的地位がさらに低くなった時期の女子レスラーであると同時に同性愛者であるというインターセクショナルなアイデンティティを作品内で公にはしていない。

さらに厄介なことに、一般に流布した男性的な同性愛女性の「脅威」はさかえ自身も内面化しており、最後は自身を卑下したまま「消えて」終わる。最後の場面に行き着く前までのさかえは、単なる男っぽい女性ではなく、弓子のために不良青年たちをやっつけ、被害にあった弓子を勇気づける言葉をもつ、強くて優しい女性として描かれている。さらに物語の終盤で、好意を寄せている弓子の腕をとって歩く様子からは、自身の愛情表現にも躊躇しない自信がうかがえる。そもそもストリップ劇場の楽屋を訪ねてきた弓子に、「あんた、この前よりかきれいみたい」と口走り、直後に地の文が、「からかって、いるのではない。さかえの目には皮肉な色や茶化そうとする表情はなかった。真実そう考えたのだろう」とあえて強調しているほどストレートな愛情表現もしているのだ。さかえの真摯さはその場で弓子にも伝わり、さかえに「弱い自分を示すため」、つまり甘えるために泣き出す。[78] けれども最後の場面で弓子もさかえへの気持ちをはっきり伝え、恋愛が成就しそうになると、あろうことか「あたし、変態なんだよ！」と自分を否定し弓子から逃げ出してしまう。同性愛女性が自身を「変態」と形容することで、女性のマスキュリニティがクィアな自己と結びつくことについて社会が共有した嫌悪感を、当のさかえ本人も（というかおそらく作者が）忌まわしいものと感じている、と描くのは、この時代の限界なのだろうか。

あるいは、性的少数者であるさかえは、弓子の気持ちが自分に向いていることを知ったものの、弓子を大切に思うあまり、彼女も世間から「変態」のレッテルを貼られ差別に直面することに耐えられず、自身の逃避によって弓子を困難から遠ざけるという、いわば愛ゆえの苦渋の選択をしたのかもしれない。そのつらさがおそらく被差別の経験が少なくさかえの突然の行動に混乱していたであろう弓子にもじわじわと伝わり、「もうすぐあたし泣くわ」と思わせたともいえる。

いずれにせよ、さかえの行為は二人の恋愛を一瞬輝かせたあとに唐突に終わらせるだけで、読者に向けて性的少数者ゆえの悲しみを伝えたり、同性愛差別の理不尽を訴えたり、または社会変革の重要性を説くことにはつながらない。それどころか自身を「変態」と呼んで関係性の構築から逃げてしまうさかえを描くことで、女性の同性愛をますます背徳的で隠微な快楽、つまりは世間のシスヘテロ規範が強固であればあるほど高められる快楽として、私的領域に位置づけてしまう。結果として、女性の同性愛の存在自体は、隠れている限りはマジョリティの秩序を乱さない、害がないものとして存続することになる。もちろんこの図式は前出の「マゾヒスト」にも同様に当てはまり、だからこそいわゆる「風俗雑誌」市場が一九五〇年代の経済成長とともに、弾圧を受けながらも拡散したとも考えられる。「烈しい女」の結末は、当時の日本社会のマイノリティ差別、特に同性愛女性へのそれが苛烈だったことの片鱗を伝えてはいるものの、当事者の読者にとっても期待はずれだっただろう。日本でレスビアンたちが「フリーセックス・ブーム」の影響で「レスビアン・バー」に集い、メディアに「おしゃれで先端的なイメージ」（と同時に「性に放縦な女性」イメージ）が現れるのは一九六〇年代後半[79]、そして当事者たちが独自の共同体を作り仲間への呼びか

けを始めるのは、七一年の「若草の会」結成を待たなくてはならない。(80)

おわりに

本章では、一九五五年の第一次女子プロレスブーム以降、数年にわたる女子レスラーのメディア表象の多様性を詳述してきた。大部分はジェンダーに関しては保守的な言説の範疇ではあったものの、さまざまな女子プロレスラー像を流通させた者たちが託した思惑や期待、それに製作者たちが意図しないかたちであふれ出た多義的な解釈の可能性は、アメリカ主導の冷戦文化が自明のものとした民主主義や自由主義をベースにした近代主義的な価値観や、その価値観に付随しつつ新たに強化された日本的家父長制にもとづくジェンダー規範を浮き彫りにするものでもあった。プロレスメディアにおいては、第一次女子プロレスブームが二年足らずで終わったことをもってして、この時期の女子プロレスを失敗だった、または意義のないものとみなしてきた。だが本章で示したように、多種多様な女子レスラー像はブーム以降も散見されたのだから、一九五〇年代中盤の女子プロレスは現在思われている以上に当時の人びとにとってインパクトがあったのだろう。

表象の面では残り香のように女子レスラー像が一九六〇年代まで雑誌や小説にときどき登場したものの、興行のブームが終わった五六年中盤以降、現実の女子レスラーたちは小畑、佐倉、吉葉、柳以外のほとんどが活動を続けられず、それぞれが別の道を進んだようだ。ユニバーサルの豊田は五四年に一五歳で入門し、翌年九月の選手権大会でミドル級王者になった。だが一九五七年のインタビューでは、衰退期に団体の会長が「選手を安売りするようになり」、収入が減り、キャバレーに出演させられることになるに及んで辞めたと語っている。(81) 給料が下がった際には「ストまでやった」(82)というから、前述の横山泰三のマンガを現実が追随することになった。一方、猪狩定子は一九五九年に引退し、倶楽部も同時に解散したが、「女子プロレスが下火じゃなかったらやってたと思う」とも述懐しているため、(83)やはり始まりと同様「食っていくため」の手段としては重要だったようだ。その後、長い停滞の時期を経て、小畑千代によって牽引されテレビ中継が盛り上がった第二次女子プロレスブームが訪れるのは、一九六八年になる。

注

〔1〕岩田東風「タイム」、『内外タイムス』一九五五年二月二八日、二頁。三郎「細君は女子レスラー」、『実話読物』一九五五年七月特大号（日本社）七頁。

〔2〕『少女』一九五六年一月号（光文社）一八七頁。

〔3〕横溝正史『三つ首塔』（角川文庫、二〇二三〈改版第四七版〉）七三・八〇・八三・八七頁。

〔4〕吉屋信子著、吉屋千代編『吉屋信子句集』（東京美術、一九七四）一三一頁。

〔5〕近年の主要な研究成果には、北河賢三『戦後史のなかの生活記録運動――東北農村の青年・女性たち』（岩波書店、二〇一四）や、宇野田尚哉・川口隆行・坂口博・鳥羽耕史・中谷いずみ・道場親信編『「サークル

の時代」を読む――戦後文化運動研究への招待』（影書房、二〇一六）が挙げられる。
（6）代表的な研究は、藤木秀朗『映画観客とは何者か――メディアと社会主体の近現代史』（名古屋大学出版会、二〇一九）、松山秀明『はじまりのテレビ――戦後マスメディアの創造と知』（人文書院、二〇二四）など。
（7）諸井克英『表象されるプロレスのかたち――多様化する眼前のエンターテインメント』（ナカニシヤ出版、二〇二一）。特にプロレスラーの体型表象の変遷を統計的に調査・分析した第三章は秀逸で、この方法で草創期の女子レスラーの体型の分析も委託したくなるほどだ。
（8）宮田洋容・不二幸枝「漫才探訪　お喋りアベック珍道中」、『明星』一九五五年三月号（集英社）一一八～一一九頁。
（9）阪本博志『『平凡』の時代――1950年代の大衆娯楽雑誌と若者たち』（昭和堂、二〇二二〈第五版〉）三六～三七頁。
（10）「森繁、淡島に主演賞　五五年ブルー・リボン賞決る」、『朝日新聞（東京夕刊）』一九五六年一月一九日、二頁。「森繁躍進　トニー・谷陥落　作家、芸能人の長者番付」、『朝日新聞（東京朝刊）』一九五六年三月二〇日、七頁。
（11）『讀賣新聞（夕刊）』一九五五年九月四日、四頁。『毎日新聞（夕刊）』一九五五年九月五日、四頁。
（12）「森繁のデマカセ紳士」、『キネマ旬報』第一二八号、一九五五年九月下旬号（キネマ旬報社）六四頁。
（13）秋山訓子『女子プロレスラー小畑千代――闘う女の戦後史』（岩波書店、二〇一七）五九頁。
（14）横山泰三「テンチャン」、『明星』一九五五年二月号（集英社）一四七頁。
（15）「Pit　女子プロレス」、『作家』一九五五年一一月号（作家社）一〇九頁。
（16）マイケル・ボーダッシュ著、奥田祐士訳『さよならアメリカ、さよならニッポン――戦後、日本人はどのようにして独自のポピュラー音楽を成立させたか』（白夜書房、二〇一二）六二〜六三頁。

〈17〉ボーダッシュ前掲書、六三頁。

〈18〉輝「欲ばって印象が薄い　東京宝塚公演『お軽と勘平』」、『朝日新聞（夕刊）』一九五五年一一月一三日、二頁。

〈19〉孝「まとまり欠く舞台　『お軽と勘平』東宝劇場」、『讀賣新聞（夕刊）』一九五五年一一月九日、二頁。

〈20〉日下「和洋せっちゅう　『お軽と勘平』東京ミュージカルス」、『毎日新聞（夕刊）』一九五五年一一月一〇日、二頁。

〈21〉東宝歌舞伎十一月公演『お軽と勘平』パンフレット（一九五五）、五頁。

〈22〉前掲『お軽と勘平』パンフレット、グラビア頁。

〈23〉「ニュースを追って　東宝舞台に女子プロ進出」、『ベースボール・マガジン　プロレス』一九五六年一月号（ベースボール・マガジン社）五五頁。

〈24〉前掲『お軽と勘平』パンフレット、一四頁。

〈25〉猪狩定子によれば、『続二等兵物語　南方孤島の巻』には彼女と田山が参加し、看護婦集団対慰安婦集団による乱闘シーンを鹿児島県志布志市の海辺で撮ったそうだ。同作のVHSビデオでは各自の顔までは確認できなかったが、おそらくスタントのような立ち位置だったと思われる。レスラーや団体のクレジットもないが、この乱闘シーンでは女性全員が投げと受け身はできているように見える（松竹ホームビデオ、一九九二）。

〈26〉「宝塚映画撮影所だより　スタジオは大騒ぎ」、『歌劇』一九五六年七月号（宝塚歌劇団）六九頁。

〈27〉孝「調子外れの「なやましさ」『そよ風さんお耳を掻いて頂戴』日劇ミュージック・ホール」、『讀賣新聞

（夕刊）』一九五七年六月七日、四頁。
(28) 鬼山絢策「女子プロレスリング雑感」、『奇譚クラブ』一九五五年一一月号（天星社出版部）一五二〜一五四頁。
(29) 河原梓水『SMの思想史――戦後日本における支配と暴力をめぐる夢と欲望』（青弓社、二〇二四）一五頁。
(30) 飯田豊一『『奇譚クラブ』から『裏窓』へ（出版人に聞く12）』（論創社、二〇一三）三〇頁。
(31) 河原前掲書、一三一〜一四一頁。
(32) 鬼山前掲誌（一一月号）一五二頁。
(33) 鬼山前掲誌（一一月号）一五二〜一五三頁。
(34) さらに猪狩定子によれば「木島さんは実は作詞家志望だった」ということからも、詳細は不明だが多彩な人物だったようだ。筆者によるインタビュー（二〇二四年七月）。
(35) 鬼山前掲誌（一一月号）一五三頁。
(36) 鬼山絢策「醒まされたマゾ」、『風俗草紙』一九五四年一月号（日本特集出版社）一〇六頁。
(37) 鬼山前掲誌（一一月号）一五三頁。
(38) 岩尾泰雄・松田豊彦「睡眠剤中毒か窒息かを疑われた一鑑定考察」、『東京医科大学雑誌』一九六〇年一月、二二二頁。
(39) 鬼山前掲誌（一一月号）一五四頁。
(40) 「医学と芸能と二つの道を行く女性その一　病理学教室と日活映画の河上敬子さん」、『それいゆ』一九五六年八月号（ひまわり社）二一〇頁。
(41) 「話題のスタア訪問『女だけの部屋』で話題を投げたスーパーレディ河上敬子さん」、『平凡』一九五六年一二月号（平凡出版）二六七頁。

（42）「話題に拾う（3）河上敬子　研究室と舞台を往復　そのものズバリの作者自演」、『毎日新聞（夕刊）』一九五七年一月二三日、二頁。
（43）河上敬子『女だけの部屋』（四季社、一九五六）二七〜三一・五二・八六頁。
（44）河上前掲書、一五四〜一五五頁。
（45）河上前掲書、一五五〜一五六頁。
（46）栗林茂樹「有閑「太陽族」の横行」、『朝日新聞（朝刊）』一九五六年五月一五日、三頁。
（47）平山修一「かつぎ回る出版・映画」、『朝日新聞（朝刊）』一九五六年五月一七日、三頁。
（48）『讀賣新聞（夕刊）』一九五六年五月一六日、四頁。
（49）鬼山絢策「『太陽の季節』を斬る」、『奇譚クラブ』一九五六年八月号（天星社）五二〜五三頁。
（50）市川孝一「高度成長期の若者文化――「太陽の季節」と太陽族ブーム」、『文芸研究　明治大学文学部紀要』第一一九号（二〇一三）二三四頁。
（51）榊真理子・上東麻子「ジャニー喜多川とその時代　「性加害」創業前から　グループ資産、数百億円形成の陰で」、『毎日新聞（東京夕刊）』二〇二三年一二月一一日、二頁。
（52）常盤とよ子『危険な毒花』（三笠書房、一九五七）一七八頁。
（53）常盤前掲書、一八〇頁。
（54）前掲。
（55）常盤とよ子「女カメラマン」、『新婦人』一九五六年八月号（文化実業社）五三頁。
（56）前掲。
（57）「電車に乗るのも恐かった　日本女子プロレスミドル級選手権保持者　豊田善美さん（一八）の場合」、『話題』一九五七年一二月号（話題社）七頁。本記事は小泉悦司氏のご協力で入手した。
(58)「「私たちの腕前」をご披露　銀座で「女流写真集団第一回展」」、『讀賣新聞（朝刊）』一九五五年一〇月二八日、五頁。
(59) 常盤前掲書、一六〇〜一六一頁。
(60)「気負った態度に疑問　赤線地帯を被写体に　常盤とよ子著『危険な毒花』」、『朝日新聞（朝刊）』一九五七年一一月八日、六頁。
(61)「ことしの顔　常盤とよ子」、『毎日新聞（朝刊）』一九五七年一二月二二日、一一頁。
(62) 横浜都市発展記念館「野毛山プールの女子プロレス　1955（昭和30）年」、『戦後横浜写真アーカイブズ　常盤とよ子』(http://www.tohatsu.city.yokohama.jp/test_sengo.html) 二〇二四年七月二六日閲覧。
(63)「中共の英雄談語る？　日共離党した大谷竹山」、『毎日新聞（夕刊）』一九六七年九月五日、七頁。深谷市役所「ふかやデジタルミュージアム　人物館4（大正・昭和）　大谷竹雄」、『深谷市ホームページ』(https://www.city.fukaya.saitama.jp/soshiki/kyoiku/bunka/digitalmuseum/jinbutsu04/1489398988415.html）二〇二四年六月二一日閲覧。
(64) 大谷竹雄「台風記者」、『読切倶楽部』一九五六年一一月号（三世社）二二四頁。
(65) 前掲。
(66) 大谷前掲誌、一三四〜一三五頁。
(67) 大谷前掲誌、一四二頁。
(68) 京極美岐「烈しい女」、『雌花のいたずら――秘められたレスボス物語』（あまとりあ社、一九五九）五八〜八四頁。

〈69〉河原前掲書、一四〇～一四三頁。

〈70〉南部三郎『女国・道しるべ――総まくり・女の旅』（あまとりあ社、一九六四）二三九頁。

〈71〉京極前掲書、五八～五九頁。

〈72〉京極前掲書、八四頁。

〈73〉京極前掲書、七四～七五頁。

〈74〉Judith Halberstam, *Feminine Masculinity* (Duke Unievrsity Press, 1998), 28.

〈75〉杉浦郁子「日本におけるレズビアン・ミニコミ誌の言説分析――１９７０年代から１９８０年代前半まで」、『和光大学現代人間学部紀要』第一〇号、二〇一七年三月、一六一頁。

〈76〉秋山前掲書、五七～五八頁。柳澤健『１９９３年の女子プロレス』（双葉文庫、二〇一六）七五九～七六〇頁。ただしセンダイガールズプロレスリングでは「三禁」は入門から三年間のみとしている。

〈77〉筆者による猪狩定子インタビュー（二〇二四年一月）。

〈78〉京極前掲書、七五～七六頁。

〈79〉赤枝香奈子「戦後日本における「レズビアン」カテゴリーの定着」、小山静子・赤枝香奈子・今田絵里香編『セクシュアリティの戦後史』（京都大学学術出版会、二〇一六）一四五～一四七頁。

〈80〉杉浦前掲論文、一六二頁。

〈81〉前掲「電車に乗るのも恐かった」七頁。

〈82〉前掲。

〈83〉松永高司述、柴田恵陽取材・構成『女子プロレス終わらない夢――全日本女子プロレス元会長松永高司』（扶桑社、二〇〇八）五三～五四頁。

終章　種をまき続ける者たち

男子プロレスの持続的な人気とは対照的に、一九五五年から花開いた女子プロレス人気は長くは続かず、五六年中盤からは試合の様子なども徐々にメディアに取り上げられなくなっていく。本章ではブームのあとの女子プロレスにまつわる記事を紹介し、次に各章からあきらかになった女子プロレス草創期の変遷を俯瞰する。

一九五〇年代後半の新聞雑誌記事においては、次のとおり元レスラーや関係者が犯罪に走ったり、アメリカから来日した男子小人レスラーとゴシップのネタになるなど、試合や興行に直接言及するものを見かけることが少なくなった。一九五七年一月一八日付の『讀賣新聞』によれば、どの団体かは不明だが、二四歳の片山正男という女子プロレスのレフェリーが浅草の貴金属店でダイヤの指輪を盗んで逃走、新宿の宝石店に売りつけにきたところを逮捕されたという。「「金欲しさに」とあっさり犯行を自供」[1]したとあるから、興行の仕事が減り生活が苦しくなったために悪事に走ったのだろうか。あるいは、そもそも犯罪常習者がレフェリーを務めていた可能性もなくはない。

同年九月一日付の『讀賣新聞』は、「少女グレン隊手入れ　錦糸町が根城　元女子プロ・レスラーが首領」という記事を掲載している。[2]不良少女グループ五名が窃盗で捕まり、リーダーは一七歳の「女子プロ・レスラーだったというT」とのこと。捕まった少女たちは一四〜一九歳で、錦糸町駅近辺で会社重役を旅館に誘ってスキを見て財布を盗んで逃げたり、洋品店に出かけて集団で万引きするなど、おもに窃盗を繰り返していたという。一七歳ですでに「元」女子レスラーだったということは、中学を出てすぐ、一九五五年か五六年にはどこかの団体に所属していた可能性もある。レスラーの経験があったことで、若い女性を率いる強いリーダーとしてリスクの高い犯罪に関わったのかもしれない。

すでに『娯楽よみうり』一九五七年三月八日号では、女子プロレスの「都内四つの道場も解散同様」としており、この時点で唯一続いていたのはユニバーサル女子プロレス協会と「広島女子プロレス団」だったと書いている。[3] 実際には、パン猪狩率いる全日本女子レスリング倶楽部も一九五九年まで解散はしていなかったようだが、全体的に興行の頻度が減っていたのは確かだ。『娯楽よみうり』の記事によれば、ユニバーサルに残った選手は農村・漁村出身で、「今では興行の申し込みがあれば、いつでも所属選手を呼び戻してやっているというが、選手の大半は新潟や長野や福島あたりに帰農して、興行を待っている」[4]とのこと。もしこれが事実なら毎日稽古もできず、興行の機会があっても観客が楽しめるような質の高いプロレスは提供できなかっただろう。もし事実でなくても、このように書かれることで女子プロレスの寂れ具合が読者に印象づけられたはずだ。ほんの一年前、各団体のレスラーたちは新聞雑誌のみならず映画やミュージカルスにも登場していた。プロレスファン向けの各専門誌も、一九五六年夏ごろまではほぼ毎号女子レスラーについて言及していた。女子プロレス人気はその後の一年足らずで急落したといってよい。『娯楽よみうり』の記事には、早くも自身のレスラー時代をふりかえる「田舎から上京していたF嬢」(おそらくユニバーサル所属)の声も掲載されている。

生活のことも、恋愛や結婚のことも、リングに立てば、それこそ一切忘れてリングいっぱい暴れ回るの。こんな素晴らしいスポーツがあるかしら。きれいな試合、表情、ゼスチュア——といったよ

うに、その場の意気がピッタリ合った時の感激、それは映画スターとちっとも変わらないのではないでしょうか。〔5〕

このレスラーにとってのプロレスとは、日常の面倒ごとを「一切忘れてリングいっぱい暴れ回る」という解放感あふれるものだった。同時に「スポーツ」「きれいな試合」「その場の意気がピッタリ合った時」という表現からわかるように、華やかさと巧みさの両方が必須のスポーツ娯楽だった。自身にとってはエンパワメントで、観客にとってはエンターテインメント、という前向きなダイナミクスを懐かしんでいる様子がうかがえる。当然ながら現実には誰もがそのような「映画スターとちっとも変わらない」感激を得られる理想的な興行ばかりできていたわけではないだろうが、少なくともこの記事のなかの「F嬢」は自身の活動を華やかな経験として語っている。読者のなかには、自分たちのテレビや会場での観戦経験を同様に懐古した者もあったかもしれない。

ユニバーサルに所属していた豊田善美の場合はより複雑だ。『話題』一九五七年一二月号掲載のインタビューによれば、プロレスは「一年ぐらい前からやめている」と言い、次のようにその理由を述べている。

私はね、女子プロレスの行き方を改革せねばいけないと思うんです。それが私がやめた理由の第一ですがね。／あるとき、キャバレーでやることになったんです。ナニシロ当時は、エロ的に見る目が多かったときですから、客の中には、女の色気を見にくるものが多いんです。また下品なヤジを飛ばしたりする。もういやでいやで仕方がないんですよ。／もちろん、ショーと云われれば、それに違いないけれど、エロ的なショーには耐えられないんですね。／そこで、私は女子プロレスがショーであることは認めるけれども、エロ的に見られないように、改革しようとしたんです。まず選手の生活を安定すること、次にキャバレーなどには出さないこと——などが私の意見だったのです。〔略〕私ナンカ色気がない、と云われたんですが、私は、「色気なんかいるもんかワザを見せるんだ」といってやりました。〔略〕私の方の協会（ユニバーサル）は会長が理解のある人だったので当初のうちはよかった。ところが、ほかの協会はどんどんキャバレーとかストリップ劇場に出場して、名を売る。協会名も選手個人の名も世間に広まるわけで、人気があがるわけですね。そこでついに、私の方の協会もそんな方面へ進出しよう、という計画が起こってきたんです。／そこで、私は怒って、「そんなところへ出るのはイヤ」って支配人へ交渉に行ったんです。すると「そんなことを言う奴は協会には要らん」と云うのです。それで、思いきってやめてしまいました。(6)

【画像64】現役時代の豊田善美。『リングサイド』1956年6月号（37頁）

第三章で紹介したように、ユニバーサルの会長は関東関根組の藤田卯一郎。おそらくはその支配人もヤクザ関係者だったろうに、豊田は、「色気なんかいるもんかワザを見せるんだ」とか「そんなところへ出るのはイヤ」などと主張していたようだ。ただでさえ「もの言う」若い女性は嫌われ萎縮させられていた時代に、一本気なレスラーだったようだ。同時に、当初は真剣に本格的な選手育成を目指した藤田も人気の陰りには勝てなかったということもみてとれる。豊田は一九五五年九月の選手権大会でミドル級チャンピオンになったあとも空手の道場に入門するなど、[7]「ワザを見せる」アスリート寄りのレスラーとして自身を立てようとしていたことからも、キャバレーへの出演要請に反対したのは頷ける。豊田はこのインタビュー記事の時点では一八歳で、会社勤めをしているとのことだが、選手権挑戦者があらわれたらどうするか、という問いには、「もちろん、受けて立ちますよ[8]」と答えている。協会をやめても選手権保持者としての矜持をしっかり保っていたようである。豊田の消息は現時点では把握できていないのが残念だ。

その後、『週刊明星』一九六一年一〇月一日号には、ブームの時期には全日本女子プロレスリング協会に所属し、豊田同様に一九五五年九月の選手権大会に出場していた吉葉礼子が、アメリカから来日した男子小人レスラーのスカイ・ローロー（一九二八〜一九九八）との「国際ロマンス」のゴシップ記事に登場している【画像65】。第三章で述べたように吉葉は全女会長・松永高司の実妹。その縁でこのような話題づくりに駆り出された可能性があるが、記事のなかでの肩書きは、「東京の洋品店のお嬢さん。〔昭和〕34年から三年連続で全日本バンタム級女子チャンピオンの座についているスター選手だ。／現在は女子プロレスのマネージャーもかねて、興行事務や選手の指導をテキパキとやってのける存在[9]」となっ

小人プロレス・チャンピオン
スカイ・ローローと
日本娘の国際ロマンス

【画像65】『週刊明星』1961年10月1日号（98頁）

ている。ブームが去っていた一九五九年から連続で選手権試合があったかどうかも不明であり、当時の女子プロレス興行の目立たなさから考えても吉葉を「スター選手」と形容するのは無理があるだろう。それはさておきこの記事で興味深いのは、三度目の来日になるローローは吉葉と「結婚したい」と言い、吉葉もローローとの結婚は「もう少し考えてから」と躊躇はしているものの、彼の真面目さと誠実さが次のとおり好意的に説明されている点だ。

礼子さんが心を大きく動かされたのは、スカイが日本の不幸な身体障害者達に明るい太陽をあたえたいと口ぐせのようにいう、その思いやりのためだった。「私は十年前、アメリカで小人のプロレス協会を作り、体が小さくていじけていた仲間たちをプロレスラーに育てた。こんどは何とかして日本にいる不幸な人たちを、レスラーに育て上げたい。そして、われわれといっしょに、明るい幸福をつかんでほしい。」／この提案には、日本小人プロレス協会の玉井会長も、ふかく感動。私財をつぎ込んでも、スカイに協力しようとモロ肌をぬぎ、すでに23歳になる小人の洋服屋さんが『応募第一号』の名乗りを上げている。(10)

ともすれば「見世物」などとして偏見とともに貶められ嘲笑される可能性もあるような男子小人プロレス興行の前向きな宣伝の一環だろうか、第二章で述べたバークの来日試合の宣伝記事と同様に、レスラーの障害者向け慈善事業への関心が道徳的な「イイ話」として強調されている。

記事中の「日本小人プロレス協会」がどのような活動をしていたかは不明だが、第三章で登場した『月刊ファイト』の田鶴浜弘は一九六八年に著した『プロレス血風録』で五八年に結成されたとしている。[11]引用中の「玉井会長」とは、一九六〇年八月に三重県松阪市で、ローローを含むアメリカの男子小人レスラーの初来日興行を仕切った興行師の玉井芳雄と思われる。[12]玉井の詳細はよくわからないが、戦前の血盟団で知られる井上日召（一八八六〜一九六七）率いる「行動右翼団体」護国団が一九五四年に組織された際の結盟に加わっており、[13]また伊勢市でサーカスの興行やテキ屋を仕切っていた杉浦幸次の「兄弟分」として紹介されている記事もあることから、[14]彼もヤクザ方面の興行師だったようだ。おそらく松阪での最初の興行が好評だったためだろう、男子小人レスラーの二度目以降の来日興行は東京や大阪でもおこなわれた。当時の新聞によれば、テレビ中継も何度かあったようだ。初来日の模様はフジテレビが一九六〇年八月六日午後一一時から「プロレスリング実況　小人国プロレス大会」として放送し、[15]日本テレビは六一年四月一四日午後八時から大阪府立体育会館での「小人国プロレス大会」を、同月二八日午後八時から台東体育館での「外人選手エキジビジョン・ゲームと小人プロレス六人タッグ」[16]をそれぞれ生中継している。『ガリヴァー旅行記』から取ったであろう「小人国」という番組タイトル名が独特だ。

一連の変遷を俯瞰して考えると、一九六〇年代初頭は、アメリカの男子小人プロレスが、日本の女子プロレス衰退によってできた空白を補うように、「主流の」男子プロレス以外のプロレス興行の位置を占め注目を集めていたともいえる。『週刊明星』の記事のなかでのローローの意気込みどおり、すぐに日本でも、ダイナマイト・キング（一九二七〜?）、ミスター・ポーン（一九四四〜一九九六）、プリティ・アトム（一九四四〜）、天草海坊主（一九五一〜）など多彩な男子小人レスラーが登場し、一九六〇年代終わりごろから八〇年代にかけては全女の興行で活躍するようになる。(17) プリティ・アトムの洋裁デザイナーという前歴から、(18) 彼が前出のローローと吉葉の記事中にあった「応募第一号」の「小人の洋服屋さん」だった可能性もある。

日本の男子小人レスラーは一九六八年以降には全女や日本女子プロレスに所属していたが、日本では女子小人レスラーは現れなかった。仮にいたとすれば、マイノリティのなかのさらなるマイノリティとして注目され、男子小人レスラー同様にパフォーマーとしての技術とエンターテイナーとしての才能を兼ね備えたレスラーも登場しただろうが、同時にインターセクショナルな困難を多く抱えもしただろう。ちなみに、アメリカでは数は多くはないが女子小人プロレスラーも活躍していた。特にバーク引退後のチャンピオン、ファビュラス・ムーラが一九六〇年代から指導したダイアモンド・リル（一九四四〜）は技量も高く、(19) 八〇年代からのプリンセス・リトル・ダヴ（一九五四〜）との試合がプロレスファンのあいだでは有名だ。

さらに一九六三年六月には、日本の女子レスラーは韓国に招聘されて日韓試合をしている。管見の限りではこれが女子プロレス初の海外での対抗試合だと思われる。参加者だった小畑千代や佐倉輝美からの目線での当時の様子は『女子プロレスラー小畑千代』に詳しいため、[20]ここでは韓国側の新聞記事のみを紹介する。一九六三年六月二九日付『東亜日報』の「韓日女子プロレスリング 日本女子たちの並外れたテクニック」と見出しのついた記事【画像66】によれば、日本選手一二名、韓国側からは四名が参加し、「バトル・ロイヤル」を繰り広げたという。「我が国の選手と比してテクニックに優れ体格も大きい日本選手は、リング外まで血闘を繰り広げ、本物のプロレスリングを味あわせた」と書かれており、場外乱闘などもあったようだ。[21]記事の写真のキャプションは、「韓国「ライト級」一位朴貞玉（体重一七貫）が日本「ミドル級」一位柳勝子（体重二〇貫）を「腕ひねり」で抑え、ポールに追い込まれた柳選手が悲鳴をあげている」とのこと。柳勝子とはおそらくその後全女でも活躍する柳みゆきだろう。

韓日女子프로레슬링
日女들의테크닉越等

○…28일밤 奬忠체육관에서는 우리나라최초로국제여자「프로・레슬링」대회가열려 관중들의 호기심을 모았다。
○…日本의 여자「프로・레슬러」십二명과우리나라 여자「레슬러」四명이참가 「배틀・로얄」로 시합을 벌인 이날 경기에서 수영복바람의선수들은 관중들을 매혹시켰다。
○…국내 선수에 비해 「테크닉」이 농란 하고 체통이 월등한 日本선수들은「링」밖으로까지 나와 혈투를 벌여「프로레

〈韓國「라이트」급一위 朴貞玉（체중=17관）이 日本「미들」급一위「야나기」（柳勝子체중=20관）를「팔비틀기」로눌러「폴」직전의「야나기」선수가 비명을 올리고있다。〉

第二訓練所팀大敗
빅토리팀九次戰
【大田發】

學徒體育大會
國民校部豫選
서울시주최제一二회학도

년부터 국민교와 고등공민학교아동도 참가케되었다。각구별 국민교부예선대회위권교는다음과같다。

【画像66】『東亜日報（ソウル版）』1963年6月29日（8頁）

小畑と佐倉によれば、体育館以外にも軍事施設等で試合をおこない、大統領のいる青瓦台にも表敬訪問したそうだ。[22]この時期、日本以外の東アジアにおけるアメリカの同盟国の体制は軍事独裁政権がほとんどであり、韓国も例外ではなかったため、軍事的・政治的な催しという制限があったと思われる。また韓国の女子プロレスは日本のそれとは違って大衆娯楽として普及することはなかったため、【画像66】のレスラー朴貞玉にどのようなバックグラウンドがあり、どのような活動をしていたのかも不明だが、すでに七、八年のキャリアをもつ柳と互角に闘っていたようで、たいへん興味深い。

では新聞雑誌が伝える以外には、女子レスラーはどのような活動をしていたのだろうか。この時期にいまだ現役レスラーで、その後メディア等に痕跡を残しているのは、一九五五年には東京女子プロレスリング協会所属だった小畑、佐倉と、おなじく五五年には全日本で活躍していた柳だ。柳によれば、「毎日試合があるわけじゃないから、わたしも半分サラリーマン、半分レスラーっていう生活をしました」[23]とのこと。小畑も佐倉も柳も、興行は地方巡業のかたちが多くなり、また団体も多くは機能していなかったため、独立して男子プロレスや男子柔拳興行と一緒に出演することもあったようだ。人気が下火になったせいで、一時的にではあれ、アメリカのように一回の興行で男子同士、女子同士、男子小人同士のカードが組まれるような形態の興行もあったようだ。他のタイプの娯楽同様、ブームが過ぎて停滞したなかで継続していくのは多大な努力と気力が必要だっただろう。だがこの時期に、小畑、佐倉、柳など、あきらめずに活動を続けていたレスラーが少数でもいたこと、またそんな時期でも新たな入門者がいたことが、一九六八年からの第二次女子プロレスブーム、ひいては七〇年代中盤からの全女最初の全盛期につながったということは強調しておきたい。

同時に、第一次ブームが過ぎてレスラーたちが辞めていった理由も、豊田のような興行への不満のほか、収入が減ったこと、果ては女子プロレスの社会的地位が向上しなかったことなど、複合的な理由があったのだろう。けれどもブームのあいだに女子レスラーたちが、有名無名にかかわらずさまざまなかたちで多方面の分野で印象を残していったことも、その後の女子プロレスの隆盛に貢献したはずである。若い女性による短い期間の活動だったため、レスラー引退後の当人たちものちに自身の現役時代の体験を公の場であきらかにすることは滅多になかったようだ。だが本書で示したように、二〇二〇年代の価値観からみても、多義的でインスピレーションにあふれた草創期の女子プロレスが、冷戦初期特有の大衆文化空間の一部を占めていたことは確かである。

本書では、一九四八年ごろに女子プロレスが誕生してから約一〇年にわたる変遷を、レスラーの経験と表象に注目しながらメディア史料をもとに分析し、冷戦初期の大衆文化をインターセクショナリティの視点からあきらかにしてきた。敗戦直後の占領期と経済成長が始まったポスト占領期にまたがる当時の女子プロレスに注目することで、ジェンダーと人種、民族、階級が錯綜するなかで交渉され生成される言説空間の多様性や雑多性を浮き彫りにした。

第一章で論じたように、猪狩きょうだいによって「食べていく」ために始められた進駐軍クラブでの女子プロレスには、アメリカ軍の政策だった「女性解放」にも合致した演目が人気を呼び、その後の試行錯誤の時期においては、ホーキンス軍曹のコーチ・レフェリーとしての参入など「アメリカ」の直接的・間接的な影響がさまざまな形でみられた。メディア表象においても、女子レスラーは男性の保護者とアメリカの存在に何らかのかたちで結びつけられており、敗戦後の日本社会における日本的家父長制とアメリカ型民主主義の共依存関係を象徴するかのようだった。第二章の、一九五四年の「世界女子プロレスリング大試合」では、「本場」アメリカからの女子レスラーのメディア報道から、冷戦期の核の脅威とテレビのインパクト、さらにはアメリカの白人女子レスラーたちにとってのエンパワメントとしての日本ツアーを論じることで、初期冷戦文化のインターセクショナルな広がりを提示した。第三章で描いた、一九五五年からの第一次女子プロレスブームにおいては、ストリップ劇場での公演や「スポーツ」を意識した興行など、さまざまな特徴をもった複数の団体から個性豊かなレスラーたちが日本選手権試合に参加したことで、メディアや観客側もお色気かスポーツか、というスペクトラムを行き来しつつダイナミックな言説が形成された。女子レスラーが意識する「アメリカ」がより抽象的になっていったのもこの時期の特徴といえる。第四章では、第一次ブーム期とその後の女子レスラーのメディア表象に注目し、映画や小説などで、女子レスラー像がいかに多方面の人びとからさまざまなかたちで形成されたかを示した。それらの表象から垣間みえる、ジェンダー、階級、民族に関するイデオロギーにも注目した。女子プロレス草創期の経験と表象の約一〇年にわたる変遷は、日本社会において理想の女性像や男女の関係性が、いかに冷戦期アメリカ主導型民主主義に先導され、また日本的家父長制によって条件づけられていったかがあきらかになる過程でもある。

一九六〇年代前半から中盤の女子プロレスは、「冬の時代」だったといってよい。しかし少数のレスラーたちが地道な活動を続けながら再起の機会をうかがっていたことが奏功し、一九六八年には再度女子プロレスブームが起こった。このときは、アメリカから来日した各種選手権保持者とベルトをかけて闘い、テレビ中継も定期的におこなわれるようになるという、第一次ブームのころには考えられなかったようなレベルで女子プロレスが世間へ拡散する。当時は、テレビはもはや街頭で観るものではなく、老若男女が家庭で楽しむものになっていたことも大きい。第二次ブームは、日本の経済力や国際的プレゼンスが格段に上昇した時期と重なっているのだ。女子プロレスの一九六〇年代の停滞と復活については、前出の『女子プロレスラー小畑千代』に詳しいが、筆者としても今後はより幅広い史料の発掘と学術的な分析を歴史学の立場からおこないたい。

最後に、そもそも女子プロレスの魅力はどこにあるのだろう。いつの時代も、十人十色、多種多様な答えがあるだろうが、たとえば作家の雨宮まみは、女子プロレスを好きになったばかりという二〇一六年、プロレスラー・里村明衣子とライター・柳澤健との鼎談で次のように語った。

雨宮　怒っている女の人は醜いものだとこれまでずっと教えられてきたんですね。教えられてきたし、自分でもそう思い込んでた。「女は笑顔が一番可愛いんだよ。美しいんだよ」って、それがふつうでしょう。怒りを露わにするとか「おまえ、殺してやる」って言うことって、女性として素敵なことではないとずっと思っていたんですよね。

柳澤　その考えが、里村さんの試合を観て変わった。

雨宮　あのとき、怒っている里村さんが凄くカッコよくて、なんか感情を爆発させることって、全然醜いことじゃないんだって凄い衝撃があったんです。自分は何をいままで我慢して生きてきたんだろう」と自分の殻が破れるようでした。(24)

怒る女は可愛くない。そのように「教えられてきたし、自分でもそう思い込んでた」。けれどそんなジェンダーの呪いを否定し、「感情を爆発させることって、全然醜いことじゃない」というメッセージを体現してくれる女子レスラーに「自分の殻が破れるよう」な衝撃を受ける。二一世紀の日本を生きる多くの女性が毎日のように経験している、ありとあらゆる困難に対し、我慢せずに感情を爆発させることは決して醜いことなどではなく、むしろカッコいいことなんだと女子レスラーが身を呈して気づかせてくれる。こうしたメッセージを体感できることが女性観客からみた女子プロレスの魅力の一つなのは間違いないだろう。また、男女のあり方についての思い込みにとらわれた人びとにとっては、そんなメッセージは面倒であり脅威であり屈辱であり、だからこそ軽蔑したり揶揄したり、逆に過剰にもち上げたりしないとやり過ごせないのかもしれない。

観る者・語る者の性別や社会的地位その他によって大きく異なる女子プロレスの多義的な印象は、七〇年以上前の草創期にもみられたものだった。当然ながら当時と現在とでは日本の経済状況もメディアのあり方もまったく違うが、この草創期の変遷を（現時点でわかる範囲ではあるが）あきらかにしたことで、冷戦初期の大衆娯楽を通じて形成された、日本の資本主義と家父長制を支える価値観が、現代のジェンダー規範——とりわけ若い女性にまつわる固定観念に、どのように影響しているかをさらに多方面から考える契機になれば幸いだ。

注

（1）『讀賣新聞（朝刊）』一九五七年一月一八日、七頁。
（2）「少女グレン隊手入れ　錦糸町が根城　元女子プロ・レスラーが首領」、『讀賣新聞（夕刊）』一九五七年九月一日、三頁。
（3）「女力道山のダイゴ味を発散　ファンの見どころは最初の十分間」、『娯楽よみうり』一九五七年三月八日号（読売新聞社）一三頁。
（4）前掲「女力道山のダイゴ味を発散」一二～一三頁。
（5）前掲「女力道山のダイゴ味を発散」一三頁。
（6）「電車に乗るのも恐かった　日本女子プロレスミドル級選手権保持者　豊田善美さん（一八）の場合」、『話題』一九五七年一二月号（話題社）六～七頁。
（7）『月刊空手道』一九五六年八月号（空手時報社）三八頁。
（8）前掲「電車に乗るのも恐かった」七頁。
（9）「小人プロレス・チャンピオン　スカイ・ロウロウと日本娘の国際ロマンス」、『週刊明星』一九六一年一〇月一日号（集英社）九八～九九頁。
（10）前掲「小人プロレス・チャンピオン」九九頁。
（11）田鶴浜弘『プロレス血風録』（双葉社、一九六八）二一三頁。ただしこの著作内での田鶴浜による女子プロレスに関する記述は誤りが多いため、男子小人レスラーの項目も疑わしい可能性がある。
〔12〕髙部雨市『異端の笑国――小人プロレスの世界』（現代書館、一九九〇）二〇六頁。
〔13〕『警察時事年鑑　一九六三年版』（警察文化協会、一九六二）四五四頁。
〔14〕伊勢市の人と事業刊行会編『伊勢市の人と事業　伊勢市制施行五十周年記念』（伊勢市の人と事業刊行会、一九五七）七九頁。
〔15〕『讀賣新聞（全国版朝刊）』一九六〇年八月六日、五頁。
〔16〕『讀賣新聞（全国版朝刊）』一九六一年四月一四日、五頁。『讀賣新聞（全国版朝刊）』一九六一年四月二八日、五頁。
〔17〕日本の小人プロレスの詳細については、鷲羽大介氏のブログを参考にした。「小人プロレスと都市伝説」、『男の魂に火をつけろ！はてブロ地獄変』二〇二一年三月二五日（https://washburn1975.hatenablog.com/entry/2021/03/25/150654）二〇二四年七月一五日閲覧。
〔18〕田鶴浜前掲書、二二四頁。
〔19〕Lillian Ellison, *The Fabulous Moolah: First Goddess of the Squared Circle* (Reagan Books, 2003), 211.
〔20〕秋山訓子『女子プロレスラー小畑千代――闘う女の戦後史』（岩波書店、二〇一七）一一六～一二四頁。
〔21〕「韓日女子프로레슬링 日女들의 테크닉越等」、『동아일보』서울版１９６３년６월 ２９일、八頁。邦訳の確認にはキム・ソンウン氏にご協力いただいた。
〔22〕秋山前掲書、一二二頁。本書で秋山は、小畑と対戦経験のある韓国人元女子レスラーに取材している。
〔23〕亀井好恵『女子プロレス民俗誌――物語のはじまり』（雄山閣出版、二〇〇〇）四五頁。
〔24〕柳沢健『１９９３年の女子プロレス』（双葉文庫、二〇一六）七三四～七三五頁。

あとがき

女子プロレスの草創期を研究するきっかけは偶然によるものだった。私の二〇二五年現在の肩書きは神戸女学院大学の国際学部准教授というものだが、自身はプロレスマニアでもなければ、ジャーナリストやスポーツライターの経験もない。実をいうと日本の現代史の研究を大学院で真剣に学んだこともない。そんな私がよく尋ねられるのが、なぜ日本の女子プロレスの歴史を調べようと思ったのか、ということだ。以降でこれまでの経歴について少し長めに触れながら説明することで、女子プロレスの歴史を探る道筋が、私自身にとってもいかに知的な驚きに満ちたものであったかということが伝われば幸いだ。

私は一九七三年に東京で生まれた。中学時代にはテレビで全女や全日本プロレスの試合も観ていたが、より好きだったのは当時一部で流行していたハードロックやオルタナ系ロックやハードコアパンクだった。公立高校進学と前後して、進学せずフリーターになった女友だち数人と見よう見まねでバンドを始め、すぐにバンド活動もその資金を稼ぐためのバイトも忙しくなり、二年で高校を中退した。しかし、流行に乗っただけの中途半端な活動は長続きせず、周りの友人の関心は、あらたにブームになりつつあった、バックパッカーとして低予算で世界各地をめぐる旅に移っていった。ネットもスマホもない時代、私も『地球の歩き方』や人づての情報を頼りに、東南アジアや南米各国を二、三ヶ月かけて一人でまわり、資金が尽きると日本に戻り、飲食店や雑貨屋などで短期のアルバイトをしながら旅行資金を貯めてまた出かけていく、ということを繰り返した。

日本でバイトをしてお金を貯めて旅をして、お金がなくなったら日本に帰ってまた働いて、という流れを四、五年繰り返して飽きてきたころ、思わぬ心境の変化がやってきた。一九九六年の初夏、北米から南米へ向かう途中、ニューヨークのマンハッタンのゲストハウスに到着して数日間一人で街を徘徊するうち、なぜか「ここに住まなくては！」という、どうしようもなく強い思いにとらわれたのだ。無駄に湧き上がる衝動にいてもたってもいられず、日本人経営の不動産屋などに問い合わせた結果、運よく数日後にはマンハッタンでアパートを格安でシェアしてくれるルームメイトが見つかった。

すぐにイースト・ビレッジの日本酒バーでのバイトも見つかり、パンクのバンドもやり始め、忙しく過ごすうちに三年が過ぎ、今度はいきなり大学で勉強がしたくなった。当時好きだった黒人音楽やビート世代の文学について、より深く学んでみたくなったのだ。バイト先の日本人の女友だちが通っていたニューヨーク市立大学の学費が安いというので、そこでブラック・スタディーズを専攻しようと考えた。けれど、そもそも高卒の資格がなくてはアメリカの学生ビザが取れない。そこでにわかに猛勉強して、まずは当時「大検」と呼ばれていた大学入試資格試験を受けに日本に帰り、合格するとすぐに学生ビザを得てニューヨークに戻り、英語学校を経て一年後にはニューヨーク市立大学のシティ・カレッジに入学することができた。この時点で二六歳になっていた。

大学ではさっそく黒人文学史の授業をとってみたものの、英語の読み書きが驚くほど難しく、あっけなく挫折した。どうしようかと考えているうち、大学二年目の新学期が始まった。直後にニューヨークで同時多発テロが起き、その後アメリカはイラク戦争に突入していった。おなじクラスのラスタマンやドミニカ系の同年代の女性に誘われるままにイラク戦争反対デモに何度も参加し、いろいろな政治活動をする人たちに出会ったことから、アナキズムやフェミニズムにもうっすら興味をもつようになっていた。

当時は、英語が難しくて黒人文学の勉強に挫折したとはいえ、一九二〇年代に活躍したジャマイカ系の詩人クロード・マッケイが影響を受けたという社会主義には興味があったので、よくわからないままに歴史学に専攻を変えて、ヨーロッパの社会主義思想史のクラスをとることにした。三年生までは専攻を簡単に変えられるのがアメリカの大学の便利なところだ。それから一九世紀のヨーロッパの左翼思想や女性史などについてがんばって勉強はしたもののやはり難しく、授業でどんどん落ちこぼれていった。そんなときにおなじ史学部で「日本の帝国主義」という授業が開講されているのを見つけた。日本人学生がほかにいない環境のなか、これなら楽に単位がとれるのでは、というだけの理由で受講した。

この授業も課題が多く決して楽ではなかったが、意外にも私の人生を変えることになった。担当教員は中年で小柄で地味なアメリカ人の白人女性だったが、実は彼女はバーバラ・J・ブルックスという、日本の帝国主義が専門の近代史研究者で、日本語はもちろん中国語も韓国語も堪能で、当然だが日本についての知識が驚くほど豊富だった。授業内容は難解ではあったが、宗主国としての日本やアジアの植民地については初めて知ることばかり。しかもブルックス先生はフェミニストでもあったから、「ジェンダー」や「近代」を問題系として歴史を批判的に考える」という立場で、これはかなり複雑ではあったが、同時になんだか腑に落ちるものでもあった。その学期が終わるころには、「この先生ともっとジェンダーの日本史を勉強したい」という気持ちが固まった。学部修了後は同大学の史学部の修士課程に進み、「師匠」ブルックス先生のもとでさらに踏み込んだ理論や調査法などを学んだ。修士論文では明治の終わりに「大逆事件」で処刑された無政府主義者・管野須賀子の、フェミニスト記者としての側面について書き、そのまま日本の近代史とジェンダー論の勉強を続けるべく二〇〇六年にシカゴ大学の博士課程に進んだ。修士と別大学にした大きな理由は、学費が無料になったうえ、生活費の支給もあったからだ。高校を中退してから約一六年、三三歳になる直前だった。

さて、かなり遠回りしてきたが、やっとここで女子プロレスと出会うことになる。大学院時代のある夏休みにシカゴから一時帰国した際、東京でメディア関連の仕事をする知人が全女の松永高司元会長についての単行本を準備しており、そのための取材をしているところだった。その知人が、終戦直後からプロレスをやっていた「日本の女子プロレスラー第一号」といわれる、猪狩定子さんにインタビューするというので、好奇心から見学にいった。一九五九年に女子プロレスを引退したあとはコメディアンとして寄席の舞台に立っておられた猪狩さんのユーモアに富んだお話はあまりにも楽しく、その後は一時帰国するたびに会いにいくようになった。

二〇一四年にシカゴ大学で博士号を得たあと、韓国・延世大学の国際学部で英語で日本史を教える職に就いた。その後は韓国から一時帰国のたびに猪狩さんとお会いしていたが、自分の研究とは無縁の個人的なもので、おこがましいのを承知で言えば、年の離れた飲み友だちのようなおつき合いだった。

当時の研究テーマは相変わらず明治期の社会主義運動だったが、やがて大学で戦後日本社会や文化についての授業を担当するうち、戦後大衆文化のなかの女性たちにも関心をもち始め、その関心をふまえて猪狩さんに当時のお話を聞くなかで、女子プロレスの始まりについては真剣に調査するに値する、と強く思うようになった。そこで、今までの明治時代の研究がひと段落した二〇一八年ごろから、女子プロレス黎明期の研究を始めた。その最初の成果として、草創期女子プロレスの概観をまとめた査読論文を二〇二一年にアメリカで著したが、集めた史料や収集した聞き書きのメモは紙幅の関係でかなり削らなくてはならなかった。引き続き、削った部分をさらに深堀りした英語の学術書を海外で刊行しようと執筆を進めていたところ、コロナ禍で日韓の往復があまりにも不便になり、しびれを切らして日本での転職を考え、運よく二〇二二年に神戸女学院大学に准教授として着任した。日本で暮らすのは二六年ぶり、日本語で授業をするのは初めてだった。

猪狩定子さん（右）と筆者。2024年11月［筆者撮影］

日本に戻ってからも女子プロレスについての調査・執筆を続けるうち、猪狩さんを始め、長年一時帰国のたびにお世話になってきた友人や家族、そしてあらたに出会った神戸エリアのフェミニストたちと、まずは日本語で自分の研究成果をシェアしたいと思うようになった。当初予定していたように海外で日本の女子プロレスについての学術書を英語で出版したところで、研究者としての業績にはなっても読者は限られている。ならばその前に、まずは日本語で女子プロレスの草創期を俯瞰し、その時期の特に興味深いあれこれを紹介できるような本を、できれば大学生やフェミニストにも読みやすいかたちでつくりたい。ついでに冷戦時代初期の大衆文化の特徴や、ジェンダー史としての女子プロレスについての私見も盛り込みたい。さらに、実はこれが一番重要なのだが、この本をきっかけに、かつての女子プロレスを直接知っている人と出会い、研究をより洗練させられたらなおありがたい。このように多分に私的な興味と思惑をもって本書は成り立っている。

本書の調査・研究・執筆は、ここまでで記した以外にも多くの方々から学んだことがベースになっている。Susan Burns先生、Norma Fieldさん、Michael Bourdaghsさん、James Ketelaar 先生、成田龍一さん、宮本ゆきさん、荻野富士夫先生、林志弦さん、徐俊植さん、Henry Emさん、Helen JS Leeさん、Alisa Freedmanさん、時田アリソンさん、大久保由理さん、鈴木貴宇さん、河原梓水さんなど、学問の世界でお世話になった皆さまには改めてお礼申し上げる。女子プロレス関連の情報や資料については、猪狩定子さんのほかに、柴田恵陽さん、小泉悦次さん、西条昇さん、松崎貴之さん、Jeff Leenさん、ミルドレッド・バークの孫のWendy Koepさん、Chris Bergstromさんに特にご協力いただいた。心より感謝申し上げる。神戸女学院大学の教職員の皆さまからはたくさんのサポートとインスピレーションを受けている。またニューヨーク時代の友だち、Isadora Jaffeeさん、閑人の会の皆さま、シカゴ大学での友人たち、西八王子の古い友だち、特にアルカディアの故・高木純さん&皆さま、保高泰一さん、大野のどかさん、そしてアルテイシアさんを始め神戸エリアのフェミ友仲間たちからも、ことあるごとに励ましてもらっている。春風社編集者の下野歩さんにもたいへんお世話になった。最後に、ずっと応援してくれている瀬戸家・本間家のみんなとパートナーKen Tasakiにも特にお礼を言いたい。おかげさまでがんばれました。

主要参考文献一覧

【単行本】

合場敬子『女子プロレスラーの身体とジェンダー――規範的「女らしさ」を超えて』明石書店、二〇一三年
青木深『進駐軍を笑わせろ――米軍慰問の芸能史』平凡社、二〇二二年
青木深『めぐりあうものたちの群像――戦後日本の米軍基地と音楽1945－1958』大月書店、二〇一三年
秋山訓子『女子プロレスラー小畑千代――闘う女の戦後史』岩波書店、二〇一七年
アーメッド、サラ著、飯田麻結訳『フェミニスト・キルジョイ――フェミニズムを生きるということ』人文書院、二〇二二年
飯田豊一『『奇譚クラブ』から『裏窓』へ（出版人に聞く12）』論創社、二〇一三年
五十嵐惠邦『敗戦の記憶――身体・文化・物語1945－1970』中央公論新社、二〇〇七年
猪狩千重子『スネークショウの箱の中』三一書房、一九九五年
井田真木子『プロレス少女伝説――新しい格闘をめざす彼女たちの青春』かのう書房、一九九〇年
伊藤整『女性に関する十二章』中央公論社、一九五四年
内田雅克『大日本帝国の「少年」と「男性性」――少年少女雑誌に見る「ウィークネス・フォビア」』明石書店、二〇一〇年
宇野田尚哉・川口隆行・坂口博・鳥羽耕史・中谷いずみ・道場親信編『「サークルの時代」を読む――戦後文化運動研究への招待』影書房、二〇一六年
太田稔『ヨコスカ・ジャズ物語――霧につつまれた栄光の軌跡』神奈川新聞社、二〇〇三年

岡村正史『「プロレス」という文化――興行・メディア・社会現象』ミネルヴァ書房、二〇一八年
小田亮・亀井好恵編『プロレスファンという装置（青弓社ライブラリー40）』青弓社、二〇〇五年
小野原教子『闘う衣服（叢書記号学的実践27）』水声社、二〇一一年
堅田香緒里『生きるためのフェミニズム――パンとバラと反資本主義』タバブックス、二〇二一年
亀井好恵『女相撲民俗誌――越境する芸能（考古民俗叢書）』慶友社、二〇一二年
亀井好恵『女子プロレス民俗誌――物語のはじまり』雄山閣出版、二〇〇〇年
柄谷行人『日本近代文学の起源』講談社文芸文庫、一九九六年（第一八版）
河原梓水『SMの思想史――戦後日本における支配と暴力をめぐる夢と欲望』青弓社、二〇二四年
北河賢三『戦後史のなかの生活記録運動――東北農村の青年・女性たち』岩波書店、二〇一四年
金水敏『ヴァーチャル日本語――役割語の謎（もっと知りたい！日本語）』岩波書店、二〇〇三年
郡司信夫『力道山・遠藤幸吉――プロ・レス王者』鶴書房、一九五四年
小島貞二『日本プロレス風雲録』ベースボール・マガジン社、一九五七年
小林正幸『力道山をめぐる体験――プロレスから見るメディアと社会』風塵社、二〇一一年
斎藤文彦『昭和プロレス正史』上下巻　イースト・プレス、二〇一六・二〇一七年
斎藤完『映画で知る美空ひばりとその時代――銀幕の女王が伝える昭和の音楽文化』スタイルノート、二〇一三年
阪本博志『『平凡』の時代――1950年代の大衆娯楽雑誌と若者たち』昭和堂、二〇二二年（第五版）
清水晶子『フェミニズムってなんですか？』文春新書、二〇二二年
下川耿史『日本エロ写真史（写真叢書）』青弓社、一九九五年
ジャブロンカ、イヴァン著、村上良太訳『マチズモの人類史――家父長制から「新しい男性性」へ』明石書店、二〇二四年

ショパン猪狩『レッドスネークCOME ON!——笑いの王様東京コミックショウの誕生まで』三一書房、一九八九年
ショパン猪狩『グリーンスネークCOME ON!——この道東西南北にらめっこ』三一書房、一九九二年
鈴木貴宇『〈サラリーマン〉の文化史——あるいは「家族」と「安定」の近現代史』青弓社、二〇二二年
スモール、クリストファー著、野澤豊一・西島千尋訳『ミュージッキング——音楽は〈行為〉である』水声社、二〇一一年
ソルニット、レベッカ著、ハーン小路恭子訳『説教したがる男たち』左右社、二〇一八年
高部雨市『異端の笑国——小人プロレスの世界』現代書館、一九九〇年
滝大作『パン猪狩の裏街道中膝栗毛』白水社、一九八六年
田鶴浜弘『プロレス血風録』双葉社、一九六八年
ダワー、ジョン著、三浦洋一・高杉忠明訳『敗北を抱きしめて——第二次大戦後の日本人』上巻、岩波書店、二〇〇四年
ダワー、ジョン著、三浦洋一・高杉忠明・田代泰子訳『敗北を抱きしめて——第二次大戦後の日本人』下巻、岩波書店、二〇〇四年
坪井秀人編『ジェンダーと生政治（戦後日本を読みかえる 4）』臨川書店、二〇一九年
中尾麻伊香『核の誘惑——戦前日本の科学文化と「原子力ユートピア」の出現』勁草書房、二〇一五年
長坂英生『写真でみる　戦後名古屋サブカルチャー史』風媒社、二〇二三年
永田久光『サラリーマンの絵日記』学風書院、一九五五年
野澤豊一・川瀬慈編著『音楽の未明からの思考——ミュージッキングを超えて』アルテスパブリッシング、二〇二一年
橋本明子著、山岡由美訳『日本の長い戦後——敗戦の記憶・トラウマはどう語り継がれているか』みすず書房、二〇一七年
原浩三『売春風俗史』鱒書房、一九五五年
バルト、ロラン著、花輪光訳『明るい部屋——写真についての覚書』みすず書房、一九九七年（新装版）

バルト、ロラン著、下澤和義訳『ロラン・バルト著作集3　現代社会の神話　1957』みすず書房、二〇〇五年
ビークマン、スコット・M著、鳥見真生訳『リングサイド――プロレスから見えるアメリカ文化の真実』早川書房、二〇〇八年
平井和子『占領下の女性たち――日本と満洲の性暴力・性売買・「親密な交際」』岩波書店、二〇二三年
ヒル・コリンズ、パトリシア、スルマ・ビルゲ著、小原理乃訳、下地ローレンス吉孝監訳『インターセクショナリティ』人文書院、二〇二一年
藤木秀朗『映画観客とは何者か――メディアと社会主体の近現代史』名古屋大学出版会、二〇一九年
藤高和輝『〈トラブル〉としてのフェミニズム――「とり乱させない抑圧」に抗して』青土社、二〇二二年
藤田文子『アメリカ文化外交と日本――冷戦期の文化と人の交流』東京大学出版会、二〇一五年
フックス、ベル著、堀田碧訳『フェミニズムはみんなのもの――情熱の政治学』エトセトラブックス、二〇二〇年
ボーダッシュ、マイケル著、奥田祐士訳『さよならアメリカ、さよならニッポン――戦後、日本人はどのようにして独自のポピュラー音楽を成立させたか』白夜書房、二〇一二年
保苅実『ラディカル・オーラル・ヒストリー――オーストラリア先住民アボリジニの歴史実践』岩波現代文庫、二〇一八年（第三版）
細田昌志『力道山未亡人』小学館、二〇二四年
松永高司述、柴田恵陽取材・構成『女子プロレス終わらない夢――全日本女子プロレス元会長松永高司』扶桑社、二〇〇八年
松山秀明『はじまりのテレビ――戦後マスメディアの創造と知』人文書院、二〇二四年
マン、ケイト著、鈴木彩加・青木梓紗訳『エンタイトル――男性の無自覚な資格意識はいかにして女性を傷つけるか』人

文書院、二〇二三年
マン、ケイト著、小川芳範訳『ひれふせ、女たち――ミソジニーの論理』慶應義塾大学出版会、二〇一九年
南博『社会心理照魔鏡　一九五六年版』光文社、一九五六年
宮崎学『不逞者』幻冬舎アウトロー文庫、一九九九年
宮本ゆき『なぜ原爆が悪ではないのか――アメリカの核意識』岩波書店、二〇二〇年
毛利嘉孝編著『アフターミュージッキング――実践する音楽』東京藝術大学出版会、二〇一七年
諸井克英『表象されるプロレスのかたち――多様化する眼前のエンターテインメント』ナカニシヤ出版、二〇二一年
柳澤健『１９９３年の女子プロレス』双葉文庫、二〇一六年
山平重樹『不退の軍治――藤田卯一郎の生涯』雷韻出版、二〇〇〇年
吉見俊哉『親米と反米――戦後日本の政治的無意識』岩波新書、二〇〇七年
吉見俊哉『夢の原子力』ちくま新書、二〇一二年
吉見義明『焼跡からのデモクラシー――草の根の占領体験』上下巻、岩波書店、二〇一四年

Ahmed, Sara. *The Feminist Killjoy Handbook*. Allen Lane, 2023.
Atkins, E. Taylor. *Blue Nippon: Authenticating Jazz in Japan*. Duke University Press, 2001.
Bardsley, Jan. *Women and Democracy in Cold War Japan*. Bloomsbury, 2015.
Budgeon, Shelley. *Third-Wave Feminism and the Politics of Gender in Late Modernity*. Palgrave Macmillan, 2011.
Burke, Mildred and Trevor J. Constable. *Sex, Muscle, and Diamond* (n.d., unpublished manuscript).
Cosper, John. *The Girl with the Iron Jaw: The Amazing Life of Mars Bennet*. Eat Sleep Wrestle, 2022.

Dell, Chad. *The Revenge of Hatpin Mary: Women, Professional Wrestling, and Fan Culture in the 1950s*. Peter Lang, 2006.

Ellison, Lillian. *The Fabulous Moolah: First Goddess of the Squared Circle*. Reagan Books, 2003.

Falk, Andrew J. *Upstaging the Cold War: American Dissent and Cultural Diplomacy, 1940–1960*. University of Massachusetts Press, 2010.

Fiske, John. *Understanding Popular Culture*. Routledge, 1989.

Garon, Sheldon. *Molding Japanese Minds: The State in Everyday Life*. Princeton University Press, 1997.

Halberstam, Judith. *Feminine Masculinity*. Duke Unievrsity Press, 1998.

Koikari, Mire. *Pedagogy of Democracy: Feminism and the Cold War in the U.S. Occupation of Japan*. Temple University Press, 2009.

Kramm, Robert. *Sanitized Sex: Regulating Prostitution, Venereal Disease, and Intimacy in Occupied Japan, 1945–1952*. University of California Press, 2017.

Leen, Jeff. *The Queen of the Ring: Sex, Muscles, Diamonds, and the Making of an American Legend*. Grove Press, 2010.

McLelland, Mark. *Love, Sex, and Democracy in Japan during the American Occupation*. Palgrave MacMillan, 2012.

McRobbie, Angela. *The Aftermath of Feminism: Gender, Culture and Social Change*. Sage Publications, 2008.

Nagahara, Hiromu. *Tokyo Boogie-Woogie: Japan's Pop Era and Its Discontents*. Harvard University Press, 2017.

Smith, R. Tyson. *Fighting for Recognition: Identity, Masculinity, and the Act of Violence in Professional Wrestling*. Duke University Press, 2014.

Von Eschen, Penny M. *Satchmo Blows Up the World: Jazz Ambassadors Play the Cold War*. Harvard University Press, 2006.

【学術論文・雑誌関連】
赤枝香奈子「戦後日本における「レズビアン」――カテゴリーの定着」、小山静子・赤枝香奈子・今田絵里香編『セクシュアリティの戦後史（変容する親密圏／公共圏 8）』京都大学学術出版会、二〇一六年
泉沙織「ストリップ「黄金時代」の女性観客――新聞・雑誌記事の言説にみる同一化」、『メディア研究』一〇三巻、東京大学出版会、二〇二三年
市川孝一「高度成長期の若者文化――太陽の季節と太陽族ブーム」、『文芸研究　明治大学文学部紀要』第一一九号、明治大学文学研究会、二〇一三年
大尾侑子「「白ポスト」はいかに〝使われた〟か？――1960－70年代の悪書追放運動におけるモノの位相」、『マス・コミュニケーション研究』一〇〇号、日本メディア学会、二〇二二年
何義麟「GHQ占領期における在日台湾人のメディア経営とその言論空間」、『日本台湾学会報』第一七号、日本台湾学会報編集委員会、二〇一五年
金田英子「興行としての女相撲の研究」、『日本体育大学紀要』二二巻二号、日本体育大学、一九九三年
小林義寛「「健全」なる肉体――異形者を通して考えるわたしたちの世界」、岡井崇之編『レッスル・カルチャー――格闘技からのメディア社会論』風塵社、二〇一〇年
塩見俊一「戦後初期日本におけるプロレスの生成に関する一考察」、『立命館産業社会論集』第四三巻第四号、立命館産業社会学会、二〇〇八年
塩見俊一「戦後日本における女子プロレス生成に関する試論――「いかがわしさ」と「健全さ」のはざまで」、有賀郁敏編『スポーツの近現代――その診断と批判』ナカニシヤ出版、二〇二三年
島田雅彦「散歩者は孤独ではない」、『文學界』二月号、文藝春秋、二〇二一年

杉浦郁子「日本におけるレズビアン・ミニコミ誌の言説分析――1970年代から1980年代前半まで」、『和光大学現代人間学部紀要』第一〇号、和光大学現代人間学部、二〇一七年
千葉由香「やまがた女相撲異聞――興行団石山女相撲の八〇年（前編）」、『別冊東北学』第六号、東北芸術工科大学東北文化研究センター、二〇〇三年
松葉涼子「近世期の画像資料にみる門破り図像の受容と展開」、『立命館文學』第六三〇号、立命館大学人文学会、二〇一三年
三浦雅弘「常盤とよ子の視線」、『応用社会学研究』第五六号、立教大学社会学部、二〇一四年
山本芳明「市場の中の〈私小説家〉――宮内寒弥と上林暁の場合」、『學習院大學文学部研究年報』六一号、学習院大学文学部、二〇一四年
吉見俊哉「アメリカを欲望／忘却する戦後」、『現代思想』七月号、青土社、二〇〇一年

Aoki, Shin. "Singing Exoticism: A Historical Anthropology of the G.I. Songs 'China Night' and 'Japanese Rumba'." *Journal of American History* (March 2017): 943–955.
Callam, Katie A., et.al. "Marian Anderson's 1953 Concert Tour of Japan: A Transnational History." *American Music*, Vol. 37, No. 3 (Fall 2019): 266–329.
Ching, Leo. "Empire's Afterlife: The 'South' of Japan and 'Asian' Heroes in Popular Culture." *The Global South*, Vol. 5, No. 1 (Spring 2011): 85–100.
Crenshaw, Kimberlé. "Demarginalizing the Intersection of Race and Sex: A Black Feminist Critique of Antidiscrimination Doctrine, Feminist Theory and Antiracist Politics." *University of Chicago Legal Forum*, Issue 1, Article 8 (1989):

139–167.

Field, Norma. "War and Apology: Japan, Asia, the Fiftieth, and After." *Positions*, Vol. 5, No. 1 (Spring 1997): 1–49.

Fujime, Yuki. "Japanese Feminism and Commercialized Sex: The Union of Militarism and Prohibitionism." *Social Science Japan Journal*, Vol. 9, No. 1 (April 2006): 33–50.

Gerow, Aaron. "Wrestling with Godzilla: Intertextuality, Childish Spectatorship, and the National Body." *In Godzilla's Footsteps: Japanese Pop Culture Icons in the Global Stage*, edited by William M. Tsutsui and Michiko Ito. Palgrave Macmillan, 2006.

Gill, Rosalind. "Critical Respect: The Difficulties and Dilemmas of Agency and 'Choice' for Feminism, a Reply to Duits and van Zoonen." *European Journal of Women's Studies*, Vol. 14, No. 1 (2007): 69–80.

Gordon, Andrew. "Managing the Japanese Household: New Life Movement in Postwar Japan." *Social Politics* (Summer 1997): 245–283.

Hall, Stuart. Encoding, decoding", *The Cultural Studies Reader,* edited by Simon During. Routledge, 1990.

Hill, Anette. "Spectacle of Excess: The Passion Work of Professional Wrestlers, Fans, and Anti-fans." *European Journal of Cultural Studies*, Vol. 8, No. 2 (2015): 174–189.

Mayo, Marlene J. "A Friend in Need: Esther B. Rhoads, Quakers, and Humanitarian Relief in Allied Occupied Japan, 1946–52." *U.S.-Japan Women's Journal*, No. 50 (2016): 54–92.

Nakano, Yoshiko. "Japan's Postwar International Stewardesses: Embodying Modernity and Exoticism in the Air." *U.S.-Japan Women's Journal*, No. 55/56 (2019): 80–107.

Rubin, Gayle. "The Traffic in Women: Notes on the 'Political Economy' of Sex." *Toward an Anthropology of Women*, edited by Rayne R. Reiter. Monthly Review Press, 1975.

Seto, Tomoko. "From the Stage to the Ring: The Early Years of Japanese Women's Professional Wrestling, 1948–1956." *Journal of Women's History*, Vol. 33, No. 3 (Fall 2021): 61–85.

Shamoon, Deborah. "Misora Hibari and the Girl Star in Postwar Japanese Cinema" *Signs*, Vol. 35, No. 1 (Autumn 2009): 131–155.

索引

人名索引

【あ】

【か】

【さ】

事項索引

【た】

【な】

【は】

【ま】

【や】

【ら】

瀬戸智子（せと・ともこ）

東京都八王子市生まれ。シカゴ大学東アジア言語文化学科博士課程修了。博士（Ph.D）。韓国・延世大学校アンダーウッド国際大学を経て、現在、神戸女学院大学国際学部准教授。専門は近現代日本文化史、ジェンダー史、民衆文化研究。主な論文に、"From the Stage to the Ring: The Early Years of Japanese Women's Professional Wrestling, 1948–1956" (*Journal of Women's History*, 33:3, 2021), "Shoka and Naniwa-bushi in Inoue Hisashi's *Manzanar, My Town* (1993): Violence, Vulnerability, and Women's Solidarity" (*U.S.-Japan Women's Journal*, 55/56, 2019), "'Anarchist Beauties' in Late Meiji Japan: Media Narratives of Police Violence in the Red Flag Incident" (*Radical History Review*, 126, 2016) など。

*本書の研究・刊行にあたっては、JSPS科研費23K11696の助成および、神戸女学院大学研究所の出版助成を受けた。

女子《じょし》プロレスの誕生《たんじょう》
——冷戦《れいせん》期《き》日本《にほん》の大衆文化《たいしゅうぶんか》とインターセクショナリティ

二〇二五年一月二三日　初版発行

著者　瀬戸智子
発行者　三浦衛
発行所　春風社
横浜市西区紅葉ヶ丘五三　横浜市教育会館三階
〈電話〉〇四五・二六一・三一六八　〈FAX〉〇四五・二六一・三一六九
〈振替〉〇〇二〇〇・一・三七五二四
http://www.shumpu.com　info@shumpu.com

印刷・製本　モリモト印刷株式会社

装丁　中本那由子
本文設計　長田年伸

［ジャケット裏表紙カラー写真］
『日本カメラ』一九五六年六月号
（日本カメラ社）、三頁より

乱丁・落丁本は送料小社負担でお取り替えいたします。
 ISBN 978-4-86110-999-7 C0036 ¥3200E